인공지능과 딥러닝

인공지능과 딥러닝

1판 12쇄 발행 2023년 8월 8일

글 쓴 이 마쓰오 유타카
옮 긴 이 박기원
펴 낸 이 이경민

편 집 박재언, 박희정
디 자 인 나무와 책

펴 낸 곳 ㈜동아엠앤비
출판등록 2014년 3월 28일(제25100-2014-000025호)
주 소 (03972) 서울특별시 마포구 월드컵북로22길 21, 2층
전 화 (편집) 02-392-6901 (마케팅) 02-392-6900
팩 스 02-392-6902
전자우편 damnb0401@naver.com
S N S
홈페이지 www.moongchibooks.com

ISBN 979-11-86008-23-2 (03320)

1. 책 가격은 뒤표지에 있습니다.
2. 잘못된 책은 구입한 곳에서 바꿔 드립니다.
3. 저자와의 협의에 따라 인지는 붙이지 않습니다.

※ 이 책에 실린 사진은 위키피디아, 셔터스톡스에서 제공받았습니다.

인공지능과 딥러닝

– 인공지능이 불러올 산업 구조의 변화와 혁신 –

마쓰오 유타카 Yutaka Matsuo

옮긴이 | 박기원

동아엠앤비

차례

An epic drama of
adventure and exploration
2001: a space odyssey

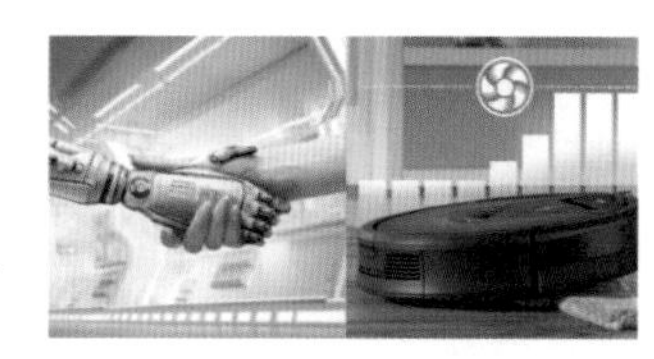

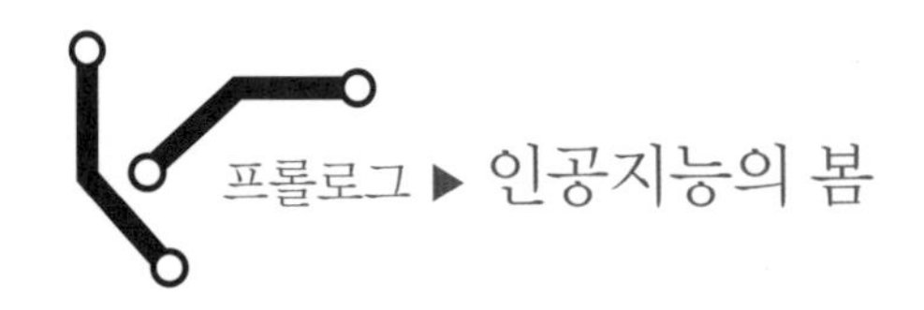

프롤로그 ▶ 인공지능의 봄

'인공지능(Artificial Intelligence: 이하 AI)'이라는 말이 여기저기에서 들려온다. 불과 10년 전과는 다른 커다란 변화다.

필자가 대학원생이었던 1997년~2002년에는 인공지능 연구를 하고 있다고 말하면 의아한 표정을 짓는 사람들이 많았다. "왜 인공지능은 실현되지 않습니까?"라고 주변의 연구자에게 물어보아도 쓴웃음만 지을 뿐이었다. 왜냐하면 '인공지능'이라는 말 자체가, 혹은 '인공지능이 가능하다'고 주장하는 것 자체가 모종의 금기로 되어 있었기 때문이다.

아직도 기억에 남는 사건이 하나 있는데, 필자가 대학원을 수료하고 풋내기 연구자로서 처음으로 도전한 연구비 심사 때의 일이었다. 젊은 연구자에게 있어서 연간 몇 천만 원의 연구비를 받을 수 있는가, 없는가는 연구자로서의 길을 걸을 수 있는가, 없는가의 명암을 가르는 사활의 문제였다. 그렇기 때문에 열심히 고민하고 연구해서 제안서를 썼다.

2002년 당시, 발 빠르게 인터넷 상에 있는 정보 연구에 열을 올리고 있었던 필자는 대량의 웹페이지를 분석해 단어(키워드)들 간의 관련성을 나타내는 대규모 네트워크를 검색할 수 있는 기술을 가지고 있었다. 그것을 사용하면 겉으로는 관계가 없을 것 같은 단어라도 관련성을 자동으로 인식하고 적절한 광고를 내보낼 수 있을 것이라고 확신했다. 그때까진 아직 인터넷 광고 기술에 대해 연구를 하고 있는 사람은 없었기 때문에 이 제안에 대해 자신감을 가지고 있었다.

서류 심사를 무사히 통과한 필자는 의기양양하게 면접에 참석했다. 면접장에는 다른 분야의 중진 선생님들도 몇 분 계셨는데, 그 앞에서 혼자 프레젠테이션을 하게 되었다. 그런데 연구 내용에 대해서 꼬치꼬치 질문을 받은 후, 선생님들이 지적해 준 말을 듣고는 상당한 충격을 받고 말았다.

"광고 따위 시시한 것은 하지 마세요", "언어 네트워크가 간단히 생긴다고 말하지 마세요." 그리고 마지막으로 퍼붓던 말이 더없이 지독했다.

"당신처럼 인공지능을 연구하는 사람들은 언제나 그런 식으로 거짓말을 하네요."

아니나 다를까, 그 제안은 탈락했다. 지금 생각해 보면 필자의 제안은 검색 엔진과 광고 모델이 당연해진 현시대를 미리 내다본 앞서가는 연구였으며, 나쁜 제안이 아니었지만 당시에는 호되게 당한 것이다. 이 경험은 학생 시절, 인공지능 연구자였던 내가 처음으로 세상의 찬바람을 정면으로 부딪친 순간이었다.

'인공지능이라는 말을 사용해서는 안 된다.'

'인공지능이라고 말하는 것만으로도 적개심을 가진 사람이 많다.'

그때 받은 충격은 필자가 처음으로 참석했던 연구비 면접의 쓰라린 추억으로 남아 아직도 통렬하게 마음에 새겨져 있다.

그러나 시대는 바뀌었다.

지금 세상은 인공지능 '붐'에 접어들고 있다. 인터넷 뉴스, 신문이

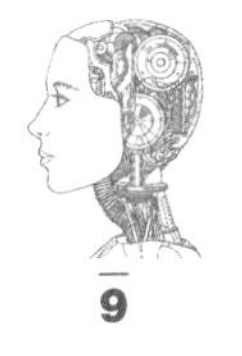

나 잡지, 텔레비전에도 인공지능이라는 말이 넘쳐 나고 있으며 이제는 "인공지능을 연구하고 있습니다"라고 당당하게 말할 수 있게 되었다. 많은 사람들이 "이제는 인공지능의 시대네요"라며 고개를 끄덕인다. 우리 인공지능 연구자들에게는 그야말로 기다렸던 봄이 찾아온 것이다. 씨앗이 싹을 내고 잎을 우거지게 해 드디어 꽃을 피우기 시작했다. 그러나 그것은 동시에 근심의 원인이기도 하다. 어둡고 길었던 긴 겨울의 시대를 상기시키기 때문이다.

인공지능은 지금까지 두 차례의 붐이 있었다. 1956년에서 1960년대가 제1차 붐이었고, 1980년대가 제2차 붐이었다. 필자가 학생이었을 때는 정확히 제2차 붐이 사라진 후였다.

인공지능 연구자들은 과거 두 번의 붐에서 인공지능의 가능성을 떠들썩하게 이야기했다. 아니 어쩌면 널리 알릴 의도가 없었던 것일지도 모르지만 세상이 그것을 부채질했고, 그 붐에 연구자들도 동승했다. 많은 기업이 인공지능 연구에 뛰어들었고 고액의 국가 예산이 투입 되었으며, 그 패턴은 언제나 같았다.

"인공지능은 조만간 가능하다!"

그 말에 모두 춤을 추었다. 그러나 생각했던 만큼 기술은 진전되지 않았고, 마음에 그리고 있던 미래는 실현되지 않았다. 인공지능은 여기저기서 벽에 직면하고, 막히고, 정체했던 것이다. 이런 일들이 반복되는 동안 사람들은 떠나고 예산도 삭감되어 "인공지능 따위는 불가능하다"며 세상이 외면했다. 기대가 컸던 만큼 실망도 커졌고, 즐거운 시간 뒤에는 차디찬 현실이 기다리고 있었다. 인공지능 연구자에게 있어서는 큰 괴로움의 시기였던 긴 겨울이 온 것이다.

두 번째 겨울의 시대, 인공지능이라는 말을 꺼내는 것조차 꺼려지던 분위기 속에서 '언젠가 인공지능을 만들고 싶다', '지능의 수수께끼를 풀고 싶다'라는 연구자들의 생각이 인공지능 연구를 겨우 유지하고 있었다. 표면상으로는 인공지능이란 간판을 내건 연구들이 진행되었지만 실제로는 많은 연구자들이 현실적인 테마로 옮겨 가고 진정한 지적 호기심은 감춰 가며 연구를 해야했던 시기였다.

지금 세 번째로 찾아온 인공지능의 봄을 맞이하면서 같은 과오를 되풀이해서는 안 된다는 생각이 강하게 든다. 붐은 위험하다. 실력을 넘은 기대 상황에 대해서는 그 어느 때라도 신중하지 않으면 안 된다. 세상이 기술의 가능성과 한계를 이해하지 않고, 단지 마구 칭찬만 하는 것은 정말로 무서운 일이다.

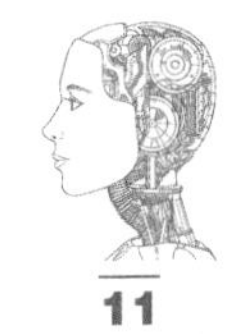

지금까지 긴 겨울의 시대를 견뎌 온 연구자들의 끊임없는 노력이 있었기 때문에 현재의 인공지능 붐이 존재할 것이다. 필자는 독자 여러분이 인공지능의 현재 실력, 현재 상황 그리고 그 가능성에 대해 될 수 있는 한 정확하게 이해하면 좋겠다고 생각한다. 그리고 그것이 이 책의 목적이기도 하다.

이 책에서 말하고자 하는 바를 진심으로 이해하려면 책을 끝까지 읽어 주었으면 한다. 포인트는 50년 만에 방문한 브레이크스루break through를 초래할지도 모르는 새 기술 '딥러닝Deep Learning'의 의의를 어떻게 포착할지에 달려 있다. 현재의 인공지능에 대한 이해를 돕기 위해 그 내용을 요약하면 다음과 같이 표현할 수 있다.

(참고로 프롤로그에서 사용되는 일부 전문 용어는 본문 내용에서 순차적으로 설명할 예정이므로 가볍게 읽어 주시기 바란다.)

1. 인공지능은 빠른 속도로 발전할 것이다. 왜냐하면 '딥러닝' 혹은 '특징표현 학습representation learning[1]'이라는 영역이 새롭게 개척되었기 때문이다. 이것은 인공지능의 '큰 비약의 가능성'을 내보이는 것이다. 어쩌면 몇 년, 또는 십몇 년 안에 세상의 수많은 장소에서 인공지능 기술이 사용되고 큰 경제적 임팩트를 초래할지도 모른다. 굳이 그 임팩트의 크기를 복권 당첨에 비유하자면 슈퍼 복권 1등에 당첨되어 어느 날 갑자기 일확천금이 내게로 들어오는 것이 가능한 것과 유사하다고 생각할 수 있을 것이다.

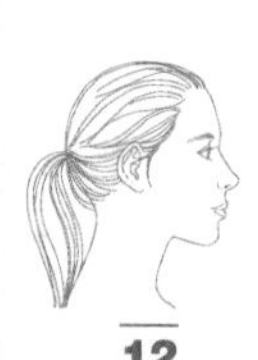

2. 한편, 냉정하게 생각할 때 인공지능으로 가능한 일들은 아직 한정적인 것이 현실이다. 기본적으로 인공지능은 정해진 길들 안에서 최선의 선택을 내리는 것밖에는 할 수 없고, '학습'이라고 불리는 기술도 모아진 경험(데이터) 안에서 최적의 예측값을 찾아내는 것뿐이다. 따라서 예외 상황에 취약하고 범용성이나 적용의 유연성이 부족하다는 점이 단점이라고 할 수 있다. 다만 인공지능의 적용 범위를 특정 작업으로 한정시킨다면, 예를 들어 '청소를 한다' 또는 '장기를 둔다'라는 것과 같은 특정 영역에서의 인공지능은 인간을 상회하는 것도 있다.

하지만 덧셈이나 뺄셈을 하던 인간이 전자계산기에 맞서게 된 것과 도대체 무엇이 다르단 말인가? 인공지능이 인간을 지배한다고 말하

1 이 책에서는 표현 학습이 아니고 '특징표현 학습'이라는 말을 사용한다. 이유는 뒤에서 설명한다.

는 것은 우스운 이야기에 지나지 않는다. 요컨대 이것을 다시 복권에 비유하면, 지금 눈앞에 있는 10장의 복권으로 받을 수 있는 평균 금액(현상의 기대치)은 불과 몇천 원에 지나지 않는다는 것이다. 즉 상한치와 기대치를 나누어서 이해하면 좋겠다는 말이다. 복권을 사는 것만으로 1등에 당첨될 것 같은 기분이 드는 것은 인간이라면 어쩔 도리가 없다. 그러나 실제로 복권 1등에 당첨되는 일은 매우 어렵다.

인공지능은 빠른 속도로 발전할 수도 있지만 반면 그렇지 않을 수도 있다. 하지만 적어도 지금의 인공지능은 실력보다 부푼 기대가 훨씬 커지고 있는 것이 사실이다.

독자 여러분들은 이 점을 정확하게 이해해 주었으면 한다. 그리고 나서 인공지능의 미래에 승부를 걸어 달라는 것이며, 인공지능 기술의 발전을 응원해 주었으면 한다. 현재의 인공지능은 이 '큰 비약의 가능성'에 승부를 걸어도 좋을 단계이다. 따라서 한번 구입해 볼 가치가 있는 복권이라고 생각한다.

그 이유에 대해서는 이 책에서 자세히 설명할 것이다. 인공지능에 대해 많은 사람들이 알 수 있도록 기초적인 것부터 서술할 것이다.

왜 두 번의 겨울의 시대가 있었던 것인가? 왜 세 번째의 봄에는 희망을 가질 수 있는 것인가? 이것은 인류에게 희망인가 아니면 큰 위기가 될 것인가?

이 책을 읽으면 저절로 해답이 밝혀질 것이다.

마쓰오 유타카(松尾豊)

1
인공지능의 확산
– 인공지능은 인류를 멸망시킬 것인가? –

인간을 뛰어넘기 시작한 인공지능

인공지능에 대한 관심으로 갑자기 세상이 떠들썩해졌다. '인공지능이 가까운 미래에 인간의 능력을 뛰어넘는 것은 아닐까?', '인간의 일을 기계에 빼앗겨 버리는 것은 아닐까?'라는 우려들이다.

'인간 vs 인공지능'의 대결은 이미 여기저기서 벌어지고 있다.

장기(여기서는 일본 장기를 칭한다. 한국 장기와 유사하나 말의 모양이 다르다)의 세계에서는 프로 기사가 인공지능과 대결하고 있다. 그리고 이미 장기의 명인들이 인공지능에게 패배하는 경우들도 생겨 났다. 장기의 달인 중 한 명으로 일본 프로 장기 대회의 7개 타이틀전 중 하나인 키세이센(棋聖戰: 기성위)을 통상 5번 이상 유지해야 부여되는 영세기성(永世棋聖) 타이틀을 가지고 있는 고(故) 요네나가 구니오(米長邦雄)가 컴퓨터 장기 프로그램인 '본쿠라즈'에 패한 것이 2012년의 일이었다. 그 후 '장기전왕전(將棋電王戰)'이라 불리는 프로 기사와 컴퓨터의 대전이 매년 이루어지고 있다. 2013년에는 프로 기사 5명과 인공지능이 대전해서 프로 기사가 1승 1무 3패로 장기 프로그램에게 패한 횟수가 많아졌다. 2014년에는 더더욱 대전 성적이 악화되어 프로 기사가 1승 4패의 전적으로 1승밖에 따지 못했다. 인공지능이 점점 고도화되고 강해지고 있어서 컴퓨터의 능력을 조금 제한하는 것이 나을지도 모른다는 논의조차 일고 있는 실정이다.

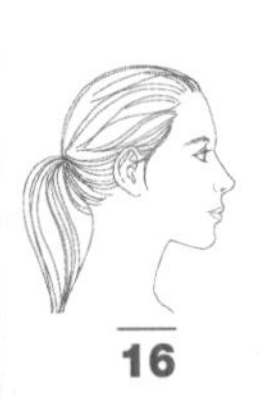

한편, 퀴즈 대결에서 인간을 이기는 인공지능도 나타났다. 2011년

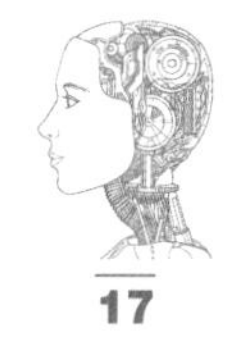

IBM이 개발한 인공지능 왓슨(Watson)
자료 출처 : 죠파디 사이트(https://www.jeopardy.com)

IBM이 개발한 인공지능 '왓슨 Watson'은 미국 유명 퀴즈 프로그램에서 인간 챔피언을 누르고 우승해 상금 100만 달러(약 10억 원)를 획득했다. 그 퀴즈에서 나왔던 문제는 예를 들면 다음과 같다. '미국이 외교 관계를 갖지 않는 세계 4개국 가운데 이 나라는 가장 북쪽에 있다'라는 질문에 먼저 눌러 정답을 맞추는 형식이다. 이 문제의 정답은 '북한'이었다. 왓슨은 문제의 내용을 자연어의 형태로부터 '이해'한 후 그것에 가장 논리적으로 부합하는 정답을 찾아내는 능력을 보여줬던 것이다.

퀴즈 프로그램에서 우승한 왓슨의 기술은 이후에 의료 분야에도 응용된다고 한다. 축적된 방대한 데이터를 기반으로 증상에 따른 진료 패턴을 분석하여 좀 더 정확한 환자의 진단을 도와주는 것이다. 예를 들어 암 치료의 경우에서는 42개의 전문 의학지에 나오는 데이터나 임상 의료 데이터를 수집하여, 60만 건에 달하는 의학적 근거나 150만 명의 치료 카르테(환자의 치료와 관련된 기록)가 판단의 근본이 된다. 왓슨이 오랜 세월 암을 전문적으로 치료해 온 베테랑 명의보다도 경험이 풍부한 의사가 될 수 있을지도 모르는 일이다.

왓슨은 의료 분야에만 국한하지 않고 요리, 콜센터 분야에도 진출하고 있다.

우선 대량의 데이터를 바탕으로 새로운 레시피를 자동적으로 생각하는 '셰프 왓슨'이 있다. 2014년 말에는 '셰프 왓슨'이 고안한 레시피를 일류 프렌치 셰프가 조리해서 대접하는 시식회가 일본에서 개최되기도 했다. 왓슨을 사용하면 모든 것이 가능해질지도 모른다는 분위기이다.

게다가 일본의 미쓰이스미토모 은행과 미즈호 은행은 2014년 11월, 콜센터 상담 문의에 왓슨을 이용한다고 발표했다. 문의를 해 온 이용자와 오퍼레이터와의 회화를 시스템이 알아듣고, 왓슨이 적절한 답을 찾는다는 것인데 1회당 대응 시간을 대폭 줄일 수 있을 것이란 전망이다.

또한 2011년에는 '로봇이 도쿄대학에 입학할 수 있을까'라는 프로젝트가 시작되었다. 대학 입학 시험 중 하나인 통일 시험의 문제

를 푸는 인공지능을 개발한다는 것이다. '토우로보군(東ロボくん)'이 라는 이름이 붙여진 이 인공지능은 해마다 편차치가 오르고 있는데 2014년에 응시한 '전국 센터 모의시험'에서 전국 581개의 사립 대학 중 8할에 해당하는 472개 대학에 합격할 가능성이 80% 이상이라는 'A판정'을 받았다. 인공지능이 무려 전국의 대다수 사립 대학에 입학할 수 있을 정도의 점수를 얻을 수 있게 된 것이다.

자동차도 변하고 로봇도 변한다

자동차를 자동으로 조종하는 자동 운전 기술에 관한 관련 기술 등이 최근 뉴스에도 많이 언급되고 있는데 모두에게 신선한 충격을 주

구글의 무인 자동차
자료 출처 : 구글 사이트(https://www.google.co.kr)

고 있다.

구글이 개발 중인 자율주행 자동차Self-driving car는 판매되고 있는 차에 시스템을 축적한 것으로, 지금까지 캘리포니아 등의 도로에서 100만 마일(161만 킬로)을 달렸고, 2015년에는 독자 설계의 시제품 차로 공공 도로 테스트도 시작한다고 한다. 이 자동차가 그동안 일으킨 사고는 단 2회로 자동 운전이 아니라 인간이 운전하고 있었을 때 사고와 적신호로 정차 중에 후속 차에 의해 추돌된 사고이다. 이는 인공지능이 운전하는 차가 어쩌면 인간보다 더 안전하게 운전할 수 있다는 것을 보여주는지도 모른다.

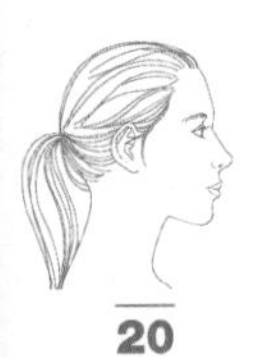

자율주행 자동차가 보급화되면 장애인이나 고령자에게도 이동 수단을 제공할 수 있다. 사람들은 버스를 기다리지 않아도 되고, 누군가에게 운전을 시키지 않아도 될 것이며, 주차장의 문제도 상당 부분 해소될 수 있을 것이다.

구글 창업자 세르게이 브린Sergey Brin은 현재 시가지에 30~50%가 주차장으로 사용되고 있지만 사람들이 자동차 소유를 멈추고 필요할 때에 자율주행 자동차를 이용하게 된다면 주차장의 소요를 줄일 수 있을 것이며 교통정체 또한 상당 부분 해소할 수 있을 것이라고 말하고 있다.

어쩌면 자동차뿐만 아니라 비행기나 헬리콥터도 인공지능이 조종할 날이 멀지 않았을지 모른다. 현재 주목을 받고 있는 다양한 형태의 드론이 그 시작으로 보인다. 아마존은 드론(소형 무인 비행기)을 이용한 배송 서비스인 아마존 프라임 에어를 발표했다. 빠르면 2016

년에 스타트할 예정으로 고객이 주문한 상품을 30분 이내에 요청한 장소로 배달하는 것이 목표라고 한다. 이처럼 드론에 자율비행 기술을 프로그래밍해서 넣는 기술도 빠른 속도로 발전하고 있다.

일본에서는 소프트뱅크가 2014년에 '페퍼Pepper'라는 인공지능 탑재 로봇을 발표했다. 프랑스의 알데바란 로보틱스Aldebaran Robotics와 공동 개발로 만들어진 이 로봇은 감정 엔진이라는 인공지능이 탑재되어 2015년 7월 발매 당시 19만 8000엔(약 200만 원)에 판매되었다. 페퍼는 사람의 감정을 읽어 낼 수 있기 때문에 슬퍼하고 있을 때 격려해 주거나, 기쁠 때 같이 기뻐해 준다고 한다. 소프트뱅크의 페퍼 홈페이지를 방문하면 페퍼로 인해 가족의 웃음꽃이 피고, 부부의 대화가 늘어나고, 어린이의 공부 상대가 되거나, 홀로 사는 노인들을 건강하게 해 주는 등 생활의 변화를 소개하고 있다. 자신의 감정을 표현하는 페퍼와의 생활은 다양한 가능성을 가지고 있다는 것이다. 이 제품은 2015년 7월분 1,000대가 7월31일 예약 판매에 들어가자마자 1분 만에 완판되면서 큰 화제를 모으기도 했다.

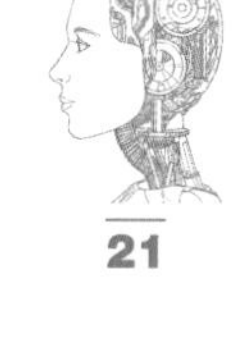

인공지능 탑재 로봇 페퍼
자료 출처 : 소프트뱅크 사이트(http://www.sbck.com)

초고속 처리의 파괴력

인터넷은 인공지능 기술의 보고이다.

검색 엔진 안에는 '기계학습'이라는 인공지능의 기술이 상당히 많이 사용되고 있다. 기계학습은 사용자가 키워드를 넣었을 때 최종적으로 클릭한 페이지의 결과를 그 웹페이지의 특성(예를 들면 내용 안에 포함된 하이퍼링크)과 함께 학습한다. 질이 낮은 페이지를 분별하거나 유해한 콘텐츠를 분별하는 것도 기계학습의 일 중 하나이다. 이렇게 학습된 정보를 바탕으로 기계학습은 사용자의 키워드에 맞는 가장 적절한 페이지를 빠르게 표시하여 준다.

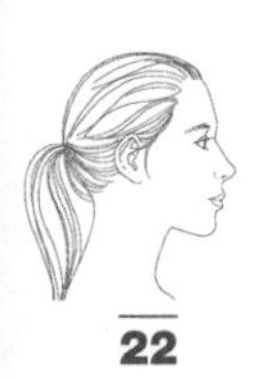

이메일 서비스에는 성가신 메일의 필터링 기능이 탑재되고 있다. 이것도 전형적인 인공지능이며 기계학습의 결과이다. 기계학습은 어떤 메일이 성가시고 귀찮은 메일인지 그 내용과 사용자의 액션을 토대로 이를 학습하고 메일을 자동적으로 분류해 낸다. 마찬가지로 뉴스 서비스에서는 방대한 양의 뉴스 기사를 미리 학습한 분류classification 방법에 따라 인공지능이 기사들을 순식간에 분류해 낼 수 있다.

인터넷 광고 분야에서도 인공지능 기술이 예외 없이 사용되고 있다. 최신 광고 기술(애드 테크놀로지)을 사용하면 컴퓨터가 웹페이지의 어느 장소(웹상의 지면, 테두리)에 어떤 광고를 실으면 사용자가 클릭할 확률이 가장 높을지를 빠르게 계산하고 최적인 광고를 해당 장소에서 보여 줄 수 있도록 해 준다. 실시간 입찰, 경매 방식인

리얼타임비딩RTB:Real-time bidding이라 불리는 분야에서는 '장소(웹상의 지면)'의 옥션이 행해져 복수의 광고주 광고가 입찰되고 그중에서 낙찰된 광고가 표시된다. 이것은 1초의 1000분의 1(밀리 초)의 단위로 사용자가 알아차리지 못할 만큼의 짧은 시간에 이루어지고 있다. 그리고 '이 옥션에 참가할 것인지 아닌지', '이 장소에 얼마를 지불해야 좋은지'를 정하는 것 역시 인공지능의 역할이다.

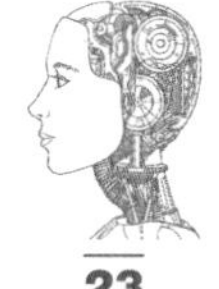

또한, 금융 시장에서도 컴퓨터를 이용한 거래가 인간이 하는 거래를 넘어선지 오래이다. 이미 90% 넘는 거래를 컴퓨터가 하고 있다는 보고도 있다. 초단타 거래HFT: High Frequency Trading라는 트레이딩 방법에서는 컴퓨터가 액면 가격 변동을 순식간에 파악해 자동으로 매매를 한다. 예를 들면 같은 회사의 주식에 미국 시장과 영국 시장에서 한치라도 엇갈림이 생기면 낮은 쪽을 사고, 높은 쪽을 파는 것으로 확실하게 이익을 낸다. 이러한 고속 트레이드의 세계는 1밀리 초에 1000분의 1(마이크로 초)을 이미 넘어섰고, 이제는 나노 초의 싸움이 되고 있으며, 매매의 판단을 고속으로 처리하는 것은 인공지능의 일이다. 이미 인간이 고속 트레이드로 컴퓨터에 이기는 것은 절대로 불가능하다. 미국에서는 초단타 매매가 금융 시장을 어지럽힌다며 세금 부과 등으로 규제하려는 움직임도 일어나고 있다.

법률 분야에서도 인공지능의 고속 처리는 위력을 발휘하고 있다. 일본에서 빅데이터 해석 등을 직접 다루는 UBIC는 소송 시 문서 리뷰(증거열람) 지원을 위해 인공지능을 채용하고 있다. 관련 메일이나 비즈니스 문서를 모두 조사하고 증거로 제출하는 것이 이들의 주 업무인데, 증거 발견에 기계학습을 이용하면서 최종적으로 인간이 확인해야 할 데이터량을 압도적으로 줄이는 것에 공헌하고 있다. 인간에게는 불가능할 정도의 빠른 스피드로 대량의 문서를 읽어서 증거를 찾아 주는 파라리갈(Paralegal, 변호사 비서)의 역할을 인공지능이 하고 있는 것이다.

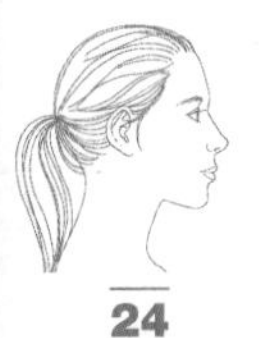

인공지능은 SF 작가가 되나?

인공지능의 뛰어난 능력은 고속성뿐만이 아니다. 우리가 생각할 때 인간밖에 할 수 없어 보이는 영역까지 진출하려고 하고 있다.

작가 호시 신이치(星新一)의 플래시 픽션(극히 분량이 짧은 단편소설)을 인공지능으로 작성시키려고 하는 프로젝트, '변덕쟁이 인공지능 프로젝트 작가인데요'는 호시 신이치가 남긴 1,000개 정도의 단편 데이터를 바탕으로 인공지능이 문장을 만들 수 있게 한 프로젝트이다. 컴퓨터는 천재적인 창작으로 물 흐르는 듯한 문장을 만들어 내는 것은 서툴지만 그럴 법한probable 조합을 대량으로 만들어서 시행착오trial&error의 반복으로 결과의 수준을 향상시키는 작업을 할 수 있는 특기를 가지고 있다. 방대한 소설의 데이터를 해석하고 학습해서 작품의 수준을 올려 가면 호시 신이치의 작품 같은 결과물을 자동적으로 만들어 낼 수 있을지도 모른다.

사실 인공지능에게는 소설을 쓰는 것보다 뉴스 집필이 훨씬 간단한 일이다. 미국 AP 통신은 2014년에 기업의 결산 보고 기사를 쓰게 하는 인공지능을 도입했다. 각 기업의 매출이나 영업 이익 등 중요한 숫자 정보만 있으면 일반적인 신문 잡지 형식으로 150~300 글자의 기사를 즉석에서 자동적으로 생성하게 한 것이다. 기자가 쓸 때는 4분기당 300개의 기사를 전송했지만, 인공지능은 같은 기간에 4,400개나 되는 기사를 전송할 수 있다고 한다.

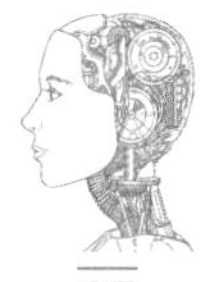

우리들 가까운 곳에도 어김없이 인공지능이 몰려오고 있다.

로봇 청소기 '룸바'는 자동으로 방의 형상을 읽어 내고 사람이 없을 때 '슬기롭고 현명하게' 청소를 해 준다. 광학 센서로 세제의 종류나 의류의 더러움을 분별하고, 물의 양을 자동으로 조절해 주는 세

로봇 청소기 룸바

자료 출처 : 아이로봇 사이트(http://www.irobot.com)

탁기도 등장했다. 그야말로 '스마트 가전'에 인공지능이 없어서는 안 될 것 같은 세상에 살고 있는 것이다.

아이폰에 탑재된 시리Siri라는 음성 대화 시스템을 사용해 본 사람이 많을 텐데 이것 또한 유명한 인공지능의 한 예가 될 수 있다. 즉, 음성으로 기계와 대화를 할 수 있는 것이다. 예를 들면 "사랑하고 있어요"라고 말을 걸면 "어느 애플 제품에게도 그런 식으로 말을 하면 안 돼요"라는 위트 있는 대답을 들려준다. 뿐만 아니라 회화를 통해 일기 예보나 주식 정보, 메일 정보 등에 대해서도 알려 주고, 질문에도 대답을 해 주기도 한다.

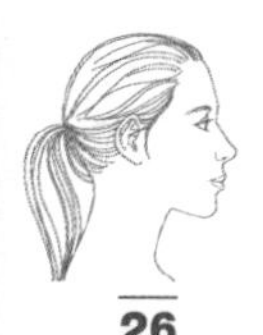

또한, 인공지능을 사용한 어플리케이션도 많이 나오고 있는데 추천하는 패션을 체크하거나 뉴스나 스케줄, 전직 등의 개성화된 정보를 획득하여 알려 주는 등 정말로 다양하게 활용되고 있다. 인공지능

이 여러분의 평소 행동 이력으로부터 기호를 읽어 낸 후, 최적인 정보를 추천해 주는 것이다.

세계 인공지능 연구 투자의 가속화

인공지능의 기술 연구에 대한 투자도 활발하다.

2013년 구글은 인공지능 연구를 위해 최근 화제의 신기술인 '딥러닝'의 제1인자인 토론토 대학 제프리 힌튼Geoffrey Everest Hinton교수가 시작한 벤처 DNN 리서치 회사를 매수했다. 소위 아퀴하이어(Acquire-hire, 매수하다acquire와 고용하다hire의 합성어)라고 불리는 인재 획득을 위한 기업 매수 기법으로 힌튼과 학생들 등 우수한 인재를 확보하기 위한 목적으로 DNN 리서치를 인수한 것이다.

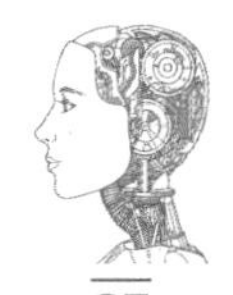

구글은 다음 해에는 영국의 딥마인드 테크놀로지스사를 매수했다. 사원이 고작 몇 십 명뿐인 회사로 페이스북과 서로 경쟁한 끝에 4억 달러(당시 기준으로 약 4,200억 원)의 가치가 매겨져 세상을 놀라게 했다. 사업으로서의 가치나 고객이 얼마나 많은가를 본 것이 아니고, 단순하게 그 회사에 소속되어 있는 인재의 잠재적인 가치를 보고 큰 금액을 지불한 것이기 때문에 얼마나 기술의 가능성을 크게 느끼고 있는가를 짐작할 수 있는 매수였다.

세계 최대의 SNS인 페이스북도 뒤지지 않고 있다. 페이스북은 2013년 뉴욕대학 얀 러쿤Yann LeCun 교수를 소장으로 초대해서 인공지능연구소를 설립했다. 연구소는 뉴욕, 캘리포니아 주 멘로파크Menlo Park 등에 세워졌다. 러쿤 교수에 의하면 이러한 분야의 연구 시설로는 세계 최대라고 한다.

중국 최대의 검색 엔진을 제공하는 회사 바이두는 2014년에 인공지능을 연구하는 '인스티튜트 오브 딥러닝Institute of deep learning : 딥러닝 연구소'를 설립했다. 3억 달러(약 3,000억 원)의 자금을 투자해 200명을 고용했는데, 기계학습의 연구를 위해 기계학습 분야의 권위자 중 한 명인 스탠포드대학 앤드류 응Andrew Ng 교수를 소장으로 추대하고, 딥러닝 기술로 세계 선두에 나설 수 있도록 연구소를 본격 가동하기 시작했다.

IBM은 왓슨의 본격적인 사업화를 향해서 약 10억 달러(약 1조 원)를 투자한다고 한다. 왓슨의 용도 개발에 특화한 2,000명 규모의 사업 부문(왓슨 그룹)을 새롭게 설립하고 왓슨의 보급을 목표로 한다. 또 총액 1억 달러(약 1천억 원)의 투자 펀드를 설립하고 왓슨을 활용한 어플리케이션 소프트웨어를 개발하는 벤처 등에 투자할 예정이라고 밝혔다.[2]

일본에서는 드완고가 2014년 드완고 인공지능연구소를 새롭게 설립했다. 소장인 야마카와 히로시(山川宏)는 인공지능의 국내 연구자가 모이는 양산박(梁山泊: 호걸이나 야심가들이 모이는 곳)을 노리고 있다. 드완고 회장인 가와카미 카즈오(川上量生)에 의하면 인공지능

2 IBM에서는 왓슨(Watson)을 인공지능이 아닌 Cognitive(인지) 컴퓨팅의 하나의 예라고 하고 있다.

으로 할 수 있는 일과 할 수 없는 것을 끝까지 확인하는 것이 목적이라고 한다.

또한 빅데이터 관련 개발을 하는 PFI$_{\text{Preferred infrastructure}}$는 2014년 최신의 기계학습 기술의 비즈니스 활용을 목적으로 한 프리페리드 네트웍스를 설립하고 NTT가 2억 엔(약 20억 원)을 출자했다. 이를 통해 성별이나 복장 등의 정보를 보행자의 영상으로부터 추출할 수 있는 기술을 이미 개발하고 있다.

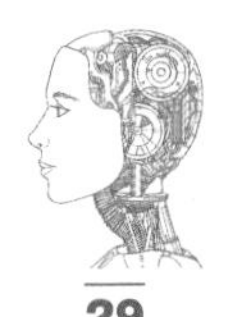

일자리를 잃는 인간

이러한 인공지능의 진화로 인해 인간의 일자리를 순차적으로 빼앗기는 것은 아닐까 걱정하는 목소리가 들려오고 있다. 물론 어느 시점에서는 인공지능이 대량의 실업을 만들어 내는 사태를 일으킬지도 모른다.

2014년 영국 딜로이트사는 영국의 일자리 가운데 35%가 이후 20년간 로봇으로 대체될 가능성이 있다는 보고서를 발표했다.(주1) 연봉 3만 파운드(약 5,500만 원) 미만의 사람은 연봉 10만 파운드(약 1억 8,000만 원) 이상의 사람과 비교해서 기계에게 일자리를 빼앗길 확률이 5배 이상 높다고 한다. 게다가 옥스포드대학의 연구 보고서에 따르면, 향후 10~20년 안에 IT화의 영향으로 미국에서 702개의 직업 가운데 약 절반이 사라질 가능성이 있다고 서술하고 있다. 미국

총 고용의 무려 47%가 직장을 잃는 리스크가 높은 카테고리에 해당하는 것이다.[주2]

서류 작성이나 계산 등 일정한 형식이나 틀로 이루어진 정형적인 업무는 이미 기계로 바뀌어 가고 있다. 『기계와의 경쟁』을 저술한 앤드루 매카피Andrew MacAfee에 의하면 미국에서는 회계사나 세무사 등의 수요가 최근 몇 년 사이 약 8만 명이나 줄었다고 한다.[주3]

인공지능의 진화는 영화에서도 자주 등장해 왔다.

2014년에 공개된 영화 「트랜센던스Transcendence, 2014」에서는 인공지능과 나노텍, 유전자공학의 미래를 그리고 인간의 의식을 컴퓨터에 업로드하여 인공지능으로 되살아난 주인공이 군사 기밀부터 금융, 경제, 결국에는 개인 정보에 이르기까지 모든 정보를 받아들이고 경이적인 진화를 시작한다. 결국 그것은 전 세계에 아무도 예상하지 못한 영향을 끼치기 시작한다는 스토리다.

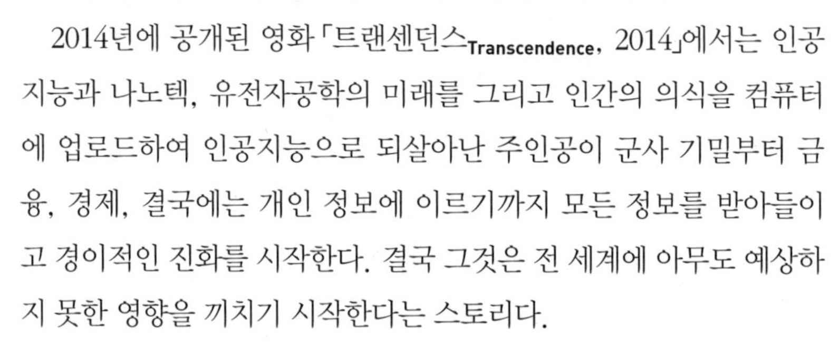

같은 해인 2014년에 공개된 영화 「her/세계에서 하나뿐인 그녀」는 인공지능을 사랑하는 남성이 주인공이다. 주인공은 실제 여성이 아니고 인격을 가진 인공지능형 오퍼레이팅시스템(OS)에 마음이 끌리게 된다. 인상적인 것은 컴퓨터인 '그녀'가 바람피우는 장면이다. 영화에서 그녀는 동시에 8,000명 이상의 사람과 대화하고 600명 이상과 연애 관계에 있다고 고백한다.

2015년 3월(한국 2월)에는 '인공지능의 아버지'라고 불리는 앨런 튜링Alan Turing의 기구한 생애를 그린 영화 「이미테이션 게임/수수께끼와 천재 수학자의 비밀」이 공개되었다. 이것은 실화를 바탕으로 한 인공지능의 창세기적 이야기이다.

인공지능이 등장하는 영화로 유명한 것은 뭐니 뭐니 해도 지금으로부터 약 반세기 전인 1968년에 공개된 스탠리 큐브릭 감독의 영화 「2001년 우주의 여행」이다. ‘HAL 9000’이라는 인공지능이 자유 의지를 가지게 되자 그것을 감지하고 기능을 정지시키려는 한 승무원을 살해하려고 한다. 영상의 퀄리티나 철학적 테마, 과학적인 깊은 고찰로 인해 높은 평가를 받는 불후의 명작이다.

영화 「터미네이터」는 2029년의 가까운 미래에 인공지능 ‘스카이넷’이 반란을 일으키고 인류가 기계군에 의해 멸종 위기를 맞이하는 곳에서 이야기가 시작된다. 살인 로봇 ‘터미네이터’와 주인공의 싸움

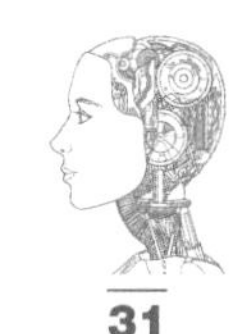

자료 출처: 네이버 영화 사이트(http://movie.naver.com/)

이 손에 땀을 쥐게 한다. 영화는 시리즈화 되어 「터미네이터 5」까지 선보였으며, 많은 관객들의 관심과 인기를 얻었다.

최근의 인공지능 기술의 발달은 영화에서 그려져 온 '인간 vs 인공지능'의 싸움이 드디어 본격적으로 시작되려는 전조가 아닐까?

인류의 위기 도래

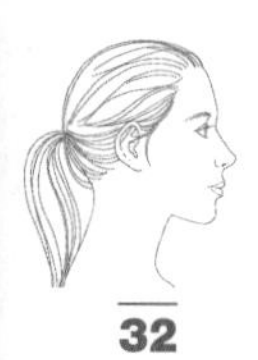

인류에게 인공지능의 위협은 싱귤래리티(Singularity : 기술적 특이점)라는 개념으로 설명할 수 있다. 인공지능이 충분히 똑똑해져서 자기 자신보다도 더 똑똑한 인공지능을 만들 수 있게 되는 순간, 지능이 무한하게 높은 존재가 출현한다는 것이다.

인공지능이 자신보다 똑똑한 인공지능을 만들고, 그 인공지능이 더욱 똑똑한 인공지능을 만들면서 빠른 스피드로 계속해서 되풀이하면 인공지능은 폭발적으로 진화한다. 그러므로 인공지능이 자신보다 똑똑한 인공지능을 만들기 시작한 순간이야말로 모두가 바뀌는 '특이점'이다. 미래학자 레이 커즈와일Ray Kurzweil은 그 기술적 특이점이 2045년 정도의 가까운 미래일 것이라고 주장하고 있다.

인공지능이 초래할지도 모르는 이러한 위협을 보면서 우주물리학으로 유명한 스티븐 호킹은 "완전한 인공지능을 개발할 수 있으면 그것은 인류의 종말을 의미할지도 모른다"라며 경종을 울리고 있다.[주4]

한국 내에서도 사업을 전개할 예정인 전기자동차로 유명한 테슬라 모터스의 CEO 엘론 머스크Elon Musk는 "인공지능을 상당히 신중하게 취급할 필요가 있다. 결과적으로 악마를 호출하기 때문이다"라고 말한다. 또 마이크로소프트 창업자인 빌 게이츠도 "나도 인공지능을 걱정하는 부류에 있는 한 사람"이라며 이 위협론에 동조하고 있다. 이러한 위협에 대하여 인공지능 기술로 첨단을 걷고 있는 구글은 딥마인드 테크놀로지스사를 매수할 때 사내에 인공지능에 관한 윤리위원회를 만들었다. 일본 인공지능학회에도 2014년에 윤리위원회가 설치되었다. 인공지능이 사회에 미치는 영향을 전문가가 논의하고 정보를 주기 위해서다.

인공지능의 진화는 멈추지 않는다. 과연 인공지능은 어디까지 진화하는 것일까? 인류에게 남겨진 시간은 이제 그다지 길지 않은 것일까?

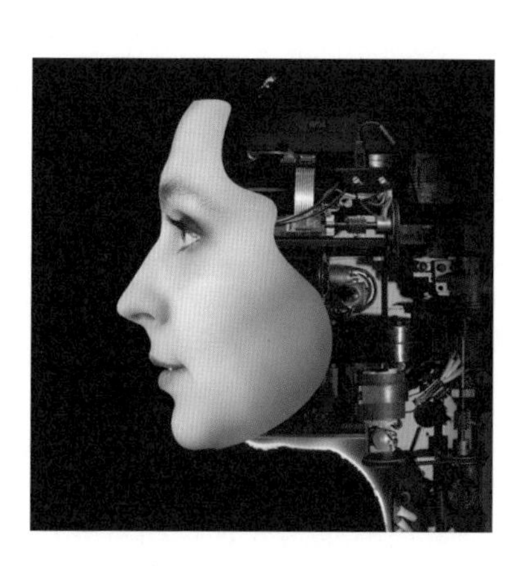

이 책을 읽는 법

여기까지 소개한 것이 최근 세상을 뜨겁게 달구고 있는 인공지능의 화제나 주요 뉴스들이다. 많은 미디어가 이러한 논조로 인공지능의 진화와 위협을 보도하고 있기 때문에 독자들이 느끼는 감정도 비슷할지 모른다. '인공지능은 굉장하다', '어디까지 진화하는 것인가'라고 생각하다가도 한편으로는 '인공지능은 무섭다', '인간은 필요 없어지고 있다'라는 상상까지 가는 것 아닐까?

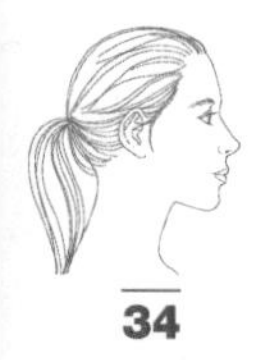

그러나 인공지능의 기술을 정확하게 이해하면 사정은 많이 달라진다. 무엇이 다른지 설명하자면, 인공지능에 대해 보도하고 있는 뉴스나 사건 안에는 '정말로 굉장한 것'과 '사실은 그렇게 굉장하지 않은 것'이 혼합되어 있기 때문이다. '이미 실현된 것'과 '이제 곧 실현될 것 같은 것'과 '실현될 것 같지도 않은 것(꿈 같은 이야기)'도 뒤죽박죽 섞여 있다. 그것이 혼란의 근본이다.

인공지능의 연구에는 긴 역사가 있다. 그때마다 최신의 기술은 달라진다. 획기적인 신제품이라고 생각해도 실제 내용은 '아주 오래전 과거에 실현한 기술의 개작'인지도 모른다.

어느 것이 최첨단의 기술이고, 어느 것이 예전부터 있었던 기술인가? 이 책을 읽으면 그것을 끝까지 확인하여 '급소'를 파악할 수 있을 것이다.

다음에 나올 제2장에서 전개될 테마는 '인공지능이란 무엇인가?'이다. 전문가와 일반인 사이에 존재하는 인식의 엇갈림을 밝힌다.

제3장부터 제5장은 인공지능의 역사를 될 수 있는 한 이해하기 쉽게 설명한다. 제3장에서는 장기나 체스의 화제를 다루고, 제4장에서는 왓슨 등 '지식'을 유지할 수 있었던 인공지능에 대해서, 제5장에서는 검색 엔진 등으로 사용되는 기계학습에 대해 소개한다. 시대에 따라 설명하는 것을 따라가다 보면 각각의 시대에 무엇을 할 수 있었고, 무엇을 할 수 없었는지 이해하기 쉬울 것이다.

이 3개의 장을 끝까지 읽는 것이 조금 힘이 들지도 모른다. 아카데믹한 내용도 몇 가지 나온다. 그러나 이 부분들을 이해해 두면 지금 왜 인공지능이 고조되고 있는 것인지 그 의미를 이해할 수 있을 것이다. 이해하기 힘든 곳은 건너뛰며 읽어도 상관없기 때문에 분위기만이라도 느꼈으면 좋겠다.

그리고 제5장의 후반부터 드디어 이 책의 핵심 부분에 도착한다. 지금까지 인공지능이 극복할 수 없었던 벽은 결국 무엇이었을까? 그것이 지금 어떻게 바뀌려고 하는 것인가? 이 부분이 책의 클라이맥스 중 하나다. 과거를 되돌아본 후 제6장에서는 정말로 지금 일어나고 있는 인공지능의 본질적인 브레이크스루를 소개한다. 여기까지 오면 무엇이 '정말로 굉장한 것'인지 여러분도 알게 될 것이다.

본문에 앞서 살짝 언급하면 '구글이 고양이를 인식하는 인공지능을 개발했다'라는 언뜻 보면 아무것도 아닐 것 같은 뉴스가 사실은 같은 구글이 개발하고 있는 자율주행 자동차의 뉴스보다도 더더욱 '정말로 굉장한' 것이라고 알아 준다면 이 책은 그 역할을 다한 것이라 할 수 있을 것이다.

제7장은 가까운 미래의 이야기이다. 먼저 기술이 어떠한 모습으로 진행해 가는지를 설명한다. 가까운 미래, 무엇이 될 것 같고, 무엇이 어려운 것일지가 밝혀진다. 예를 들면 '인공지능은 감정을 가지는가? 인공지능은 인류를 습격하게 되는가? 그리고 인공지능학회가 왜 윤리위원회를 만들지 않으면 안 되는가?' 등이다.

마지막 장에서는 독자 여러분이 이제부터 무엇을 해야 할 것인지에 대해서 말하고 있다. 지금 하고 있는 일이 어떻게 바뀔 것인가? 과연 직장을 잃는 위험이 있는 것인가? 혹은 어디에 새로운 사업의 기회가 있을까? 그리고 일본이라는 나라의 부활에 무엇이 필요한 것인가?

미래를 보다 정확하게 예측하고 준비해 두는 것은 매우 중요하다. 이 책이 앞으로 여러분의 업무나 생활에 조금이라도 도움이 되기를 바란다. 어쩌면 인공지능의 전체적인 것을 이해하는 것은 조금 '긴 여행'이 될지도 모르지만 꼭 끝까지 읽었으면 한다.

미래에 우리들의 생활 깊숙이 침투해 오는 인공지능의 전체적인 모습을, 지금 이 순간 움켜쥐면 그 지식은 반드시 가까운 미래인 5년, 10년의 나침반이 될 것이다. 그리고 이 책을 끝까지 다 읽을 즈음에는 '인공지능'에 대한 당신의 접근 방법이 보다 깊이 있고, 보다 세련된 것으로 바뀌고 있을 것이다.

그럼 그 긴 여행의 첫걸음으로 '인공지능은 아직 미완성이다'라는 충격적인 사실에서부터 시작해 보자.

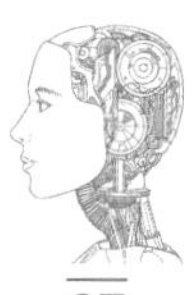

2
인공지능이란 무엇인가?
- 전문가와 세상의 인식 차이 -

미완의 인공지능

앞에서 설명한 것처럼 인공지능이 세상을 뒤흔들고 있지만, 사실 인공지능은 2015년 현재, 완성되어 있지 않다. 이것이 많은 사람들이 오해하고 있는 부분이 아닐까 생각한다.

최근 '인공지능을 탑재한 상품'이나 '인공지능을 사용한 시스템'이 늘어나고 있는 현실에서 '아직 인공지능이 완성되어 있지 않다'라고 하면 깜짝 놀랄 사람들이 많겠지만, 정확히 말하면 진정한 의미에서의 인공지능, 즉 '인간과 같이 생각하는 컴퓨터'는 아직 '미완성'이라는 뜻이다.

인간의 지능 원리를 해명하고 그것을 공학적으로 실현하는 인공지능은 아직 세상 어디에도 존재하지 않는다. 따라서 '인공지능을 사용한 제품'이나 '인공지능 기술을 사용한 서비스'라는 것도 사실은 거짓말이다. 거짓말이라고 단정하는 것은 조금 지나친 표현일 수도 있지만 인간의 지적인 활동의 일면을 흉내 내고 있는 기술을 '인공지능'이라고 부르기 때문이다. 다시 말해, 인공지능의 역사는 인간의 지적인 활동을 열심히 흉내 내려고 해 온 역사이기도 하다. 그러나 인간이 가지는 지능은 헤아리기 어려울 정도로 깊고 멀어서 아득히 손이 닿지 않는 곳에 있고, 아직도 그 원리를 알지 못하며, 당연히 그것을 컴퓨터로 흉내 낼 수도 없다. 따라서 어찌 보면 이것은 생각할수록 놀라운 일이기도 하다. 그래서 인공지능을 생각할 때마다 늘 가슴이 두근거리는지도 모른다.

인류는 과학 기술의 발전과 함께 우주물리학으로부터 소립자론까지 우리가 사는 세계의 구조에 대해 상당히 깊은 곳까지 알게 되었다. 비행기를 만들고, 원자력 발전소를 세우고, 농작물을 대량으로 생산하는 등 지구상의 수많은 것들을 만들 수 있는 능력도 가지게 되었다. 그런데 그런 인간들도 자신들의 뇌가 어떠한 방법으로 되어 있는지는 아직 잘 알지 못하고 있다.

우리들은 왜 세계를 이런 방식으로 인식하고, 생각하며 행동할 수 있는 것인가? 어떻게 새로운 것을 차근차근 생각하고 배울 수 있는 것인가? 그 근본 원리는 과연 무엇인가? 이런 질문에 시원하게 답을 할 수는 없을 것이다. 오히려 우리들의 인식에 의해 처음으로 이 세계가 존재하고 있는지도 모른다(이것을 인간 원리라고 한다).[3]

인공지능, '안 될 이유가 없다'

본래의 질문은 정말 단순하다. 인간의 지능이 컴퓨터로 실현될 수 있을까? 안 될 이유가 없다. 왜냐하면 인간의 뇌는 전기 회로와 같기 때문이다.

인간의 뇌 속에는 다수의 신경 세포가 있고 그곳을 전기 신호가 그곳을 오고 가고 있다. 뇌의 신경 세포 속 시냅스라는 부분에서는

3 인간 원리란 우주론에 있어서 우주의 구조 이유를 인간의 존재에 요구하는 사고방식이다.

전압이 일정 이상이 되면 신경 전달 물질을 분비하고, 그것이 다음 신경 세포에 전달되면 전기 신호가 전해진다. 즉 뇌는 어떻게 보아도 전기 회로인 것이다. 뇌는 전기가 전기 회로를 왕래하는 것으로 일하며, 학습을 하면 이 전기 회로가 조금 변화한다. 전기 회로라는 것은 컴퓨터에 내장되어 있는 CPU(중앙처리연산장치)에 비유되듯이 통상적으로 어떠한 계산을 행하는 것이다. PC 소프트웨어, 웹사이트, 스마트폰 어플리케이션 모두 프로그램으로 되어 있어서 CPU를 사용함으로써 실행되고, 최종적으로 전기 회로를 흐르는 신호에 의해 계산한다. 인간의 뇌 활동도 이것과 같은 이치이다.

인간의 사고(思考)가 만약 어떠한 '계산'이라고 한다면 그것을 컴퓨터로 실현시키지 못할 이유가 없다. 이것은 특별히 비약한 논리가 아니며 앞에서도 조금 언급한 앨런 튜링이라는 유명한 과학자도 계산 가능한 것은 모두 컴퓨터로 실현할 수 있다고 지적한 바 있다. 이것이 튜링머신Turing machine이라는 개념이다. 굉장히 긴 테이프(컴퓨터 기억장치 중 일부)와 그곳에 써넣을(입력) 장치, 읽어 내는 (출력) 장치만 있으면 모든 프로그램은 실행 가능하다는 것이다.

인간의 모든 뇌의 활동, 즉 사고 · 인식 · 기억 · 감정은 모두 컴퓨터로 실현된다. 예를 들어 '당신이 이 책을 읽고 있다'라는 상태를 컴퓨터상에서 만들 수도 있고, 인간과 같은 '자아를 가지고 주변을 인식해서 행동한다'는 프로그램을 만들 수 있을지도 모른다(자아를 가지는 것이 좋은 것인지 아닌지는 접어 두고서라도 말이다). 그리고 자신의 존재와 완전히 똑같은 것을 —물론 물리적인 신체는 없는 것으로– 컴퓨터 속에서 실현하는 것도 원리적으로는 가능하다. 실제로 인공지능 연구의 대가인 마빈 민스키Marvin Lee Minsky를 비롯한 사람들은 자신을 컴퓨터상에 재현하는 것으로 디지털의 불로불사(不老不死: 늙지 않고 죽지 않는)를 손에 넣고 싶다고 말하기도 한다.

그런데 세상의 많은 사람들은 인간의 사고를 컴퓨터 프로그램으로 구현하고 실현하는 것을 간단히 받아들이기 어려울 수 있다. 자주 나타날 수 있는 반응으로 "인간은 그런 단순한 존재가 아니다. 마음이나 감정이 있지 않은가?" 또는 "컴퓨터는 실수를 하지 않지만 인간은 실수를 하잖아", "컴퓨터는 신체가 없지", "컴퓨터는 다른 컴퓨터를 서로 돕고 살 수는 없잖아", "컴퓨터는 다른 컴퓨터를 가르치지 못하잖아" 등등의 반론도 있을 수 있다. 그러나 컴퓨터로 인간의 지능을 실현할 때는 필요한 신체(형태)든, 실수를 만드는 일이든, 감정이나 협조성을 갖게하는 것까지 필요에 따라 가능하게 할 수 있을 것이다(그것이 본질적인 것인가, 아닌가는 논외로 한다).

인간의 사고가 프로그램으로 실현된다는 사고방식은 확실히 무언가 신성한 것을 범하고 있다는 생각을 들게 한다. 인간이라고 하는 귀중한 존재가 단순 계산으로 바뀌는 것이 가능하다는 것은 갑자기 믿기 어려운 일일 수도 있다. 실제로 저명한 과학자들 중에도 이런 생각을 부정하고 있는 사람이 많다. 예를 들면 이론 물리학자인 스티븐 호킹과 함께 블랙홀 연구를 한 것으로 유명한 수학자 로저 펜로즈Roger Penrose는 그의 저서『황제의 새로운 마음』에서 뇌 속에 있는 미세한 관에 양자 현상(직관적으로는 이해가 어려운 물리 현상)이 발생하고 있어서, 그것이 의식에 연결된다고 주장하고 있다.[주5] 또한 철학자 휴버트 드레이퍼스Hubert Lederer Dreyfus는 『컴퓨터는 무엇을 할 수 없는가』라는 책을 통해 인공지능의 실현을 계속해서 부정하고 있다.[주6]

고명한 과학자조차 그러한 시각의 비합리적(이라고 하면 실례지만)인 이론을 꺼내서 인간의 특수성을 설명하려고 할 정도이니 역시 '인간만이 특별한 존재다'라는 것은 누구나 그렇게 바라고 싶은 것인지도 모른다.

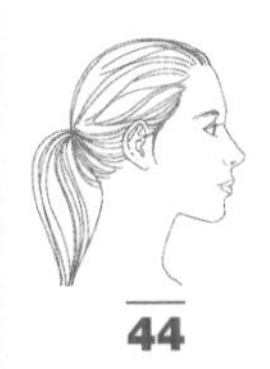

인간을 특별하게 간주하고 싶은 기분도 이해하지만 뇌의 기능이나 그 계산의 알고리즘과의 대응을 하나하나 냉정하게 생각해 가다 보면 '인간의 지능은 원리적으로는 모두 컴퓨터로 실현될 것이다'라는 것이 과학적으로는 타당한 예상이다. 그리고 인공지능은 본래 그 실현을 목표로 삼고 있는 분야이다.

인공지능이란 무엇인가? –전문가의 정리

인공지능을 연구하는 사람들이 많이 있는데, 과연 그들은 인공지능에 대해서 어떻게 생각하고 있을까? 인공지능이라는 연구 분야는 일반적으로 여겨지는 것보다도 좀 더 학술적인 분위기 혹은 진리의 추구 색조가 강하다.

예를 들면 공립 하코다테미래대학 학장 나카지마 히데유키(中島秀之)는 인공지능을 '깊고 두텁게 만들어진 지능을 가지는 실체 혹은 그것을 만들자고 함으로써 지능 자체를 연구하는 분야이다'라고 정의하고 있다. 공립 하코다테미래대학은 '일본 인공지능의 메카'라고도 말할 수 있는 장소이며, 나카지마씨도 1980년대부터 인공지능 연구에 엄청난 공헌을 남기고 있다. 인공지능학회 전 회장으로 교토대학 교수인 니시다 도요아키(西田豊明)는 '지능을 가지는 메커니즘' 내지는 '마음을 가지는 메커니즘'이라고 정의하고 있다.

필자를 포함한 전문가 13명에 의한 인공지능의 정의를 다음 페이지의 표에 정리했다. 표를 살펴보면 알 수 있듯이 인공지능의 정의는 전문가 사이에서도 확실하게 정해져 있지 않은 상태이다. 덧붙여 필자 나름의 정의를 설명하자면 인공지능은 '인공적으로 만들어진 인간과 같은 지능'이며, 인간과 같이 지적이다라는 것은 '눈치챌 수 있는' 컴퓨터, 즉 데이터 속에서 특징feature을 생성해 현상을 모델화하는 것이 가능한 컴퓨터라는 의미이다. 보다 자세한 내용에 대해서는 제6장에서 설명하기로 한다. 인공지능 연구자들의 대부분은 지능을 '구성론적'으로 해명하기 위해서 연구를 하고 있다. '구성론적이다'라면 조금 어렵지만 '만드는 것으로 이해한다'라는 의미로 볼 수 있다. 그에 대응하는 말로는 '분석적'이라는 단어가 있다.

인공지능 연구자들이 지능을 구성론적으로 이해하고 싶다고 바라고 있는 것에 반해서, 뇌를 연구하는 뇌 과학자는 분석적인 접근법으로 지능을 이해하려고 한다.[4] 비유해서 말하자면 실제로 사업을 경

4 물론 뇌 과학자들 중에 구성론적 접근 방법으로 이해하는 사람도 있다. 계산론적 신경과학에서 저명한 아마리 순이치(甘利俊一)는 '뇌를 만든다(창조하다)'를 위한 연구를 다양한 각도로 전개했다.

영하는 경영자는 경영을 구성론적인 접근 방법으로 이해하지만 경영학자는 분석적 접근 방법으로 이해한다. 또는 스포츠 선수는 스포츠를 구성론적으로 이해하지만 스포츠 평론가는 분석적으로 이해하고 있다. '인간의 지능을 구성론적으로 이해한다'라는 목적에서 보면 현재의 연구 수준은 아직 궁극적 목표에 이르기는 좀 멀고, 인간과 같이 지혜로운 지능을 만드는 것과도 큰 거리가 있다.

인공지능이 얼마나 인간과 비슷한가 여부를 판별하는 방법에 대해서도 역사적으로 논의되어 왔다. 유명한 '튜링 테스트'는 컴퓨터와 다른 방에 있는 인간이 화면과 키보드를 통해서 회화를 하고, 그 사람이 상대가 컴퓨터라고 인식하지 못하면 합격이라는 설정으로, 튜링 테스트 대회인 뢰브너 상Loebner Prize이라는 행사도 개최되고 있다. 필자는 이러한 테스트가 별로 의미 없다고 생각하고 있으므로 여기에서는 자세하게 설명하진 않지만 흥미가 있다면 다른 서적을 참조하길 바란다.[주7]

전문가에 의한 인공지능의 정의 출처 : 인공지능학회지

인공적으로 만들어진 지능을 가지는 실체. 또는 그것을 만들자고 함으로써 지능 자체를 연구하는 분야다.

나카지마 히데유키(中島秀之) 공립 하코다테 미래대학학장

'지능을 가진 메커니즘' 내지는 '마음을 가지는 메커니즘'이다.

니시다 도요아키(西田豊明) 교토대학대학원 정보학연구과 교수

인공적으로 만든 지적인 행동을 하는 물건(시스템)이다.

미조구치 리이치로(溝口理一郎) 호쿠리쿠 첨단과학기술대학원대학 교수

인간의 두뇌 활동을 극한까지 모사하는 시스템이다.

나가오 마코토(長尾眞) 교토대학 명예교수 전 구니타치 국립 국회도서관장

인공적으로 만든 새로운 지능의 세계이다.

호리 고이치(堀浩一) 도쿄대학대학원 공학계연구과 교수

지능의 정의가 명확하지 않음으로 인공지능을 명확히 정의할 수 없다.

아사다 미노루(淺田稔) 오사카대학대학원 공학연구과 교수

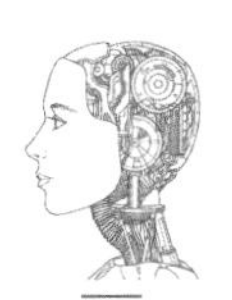

궁극에는 인간과 구별이 되지 않는 인공적인 지능.

마쓰바라 히토시(松原仁) 공립 하코다테 미래대학교수

인공적으로 만들어진 지능을 가지는 실체. 또는 그것을 만들자고 함으로써 지능 자체를 연구하는 분야이다(나카지마 교수와 동일함).

다케다 히데아키(武田英明) 국립정보학연구소 교수

사람의 지적인 행동을 모방 · 지원 · 초월하기 위한 구성적 시스템.

야마구치 다카히라(山口高平) 게이오기주쿠대학 이공학부 교수

공학적으로 만들어지는 지능이지만, 그 지능의 수준은 사람을 뛰어넘고 있는 것을 상상하고 있다.

구리하라 사토시(栗原聰) 전기통신대학대학원 정보시스템학 연구과교수

계산기 지능 가운데 인간이 직 · 간접적으로 설계할 경우를 인공지능이라고 불러도 좋지 않을까 생각한다.

나카지마 히데유키(中島秀之) 공립 하코다테 미래대학학장

인공적으로 만들어진 인간과 같은 지능 또는 그것을 만드는 기술.

니시다 도요아키(西田豊明) 교토대학대학원 정보학연구과 교수

> 자연스럽게 우리들이 애완동물이나 사람에게 접촉하는 것 같은 상호 작용. 물리법칙에 관계없이 혹은 거역하고 인공적으로 만들어 낼 수 있는 시스템을 인공지능이라 정의한다. 분석적으로 알고 싶은 것이 아니고, 대화하거나 사교적 담화를 통해 알고 싶은 시스템. 그것이 인공지능이다.

나가오 마코토(長尾眞) 교토대학 명예교수 전 구니타치 국립 국회도서관장

인공지능을 만들 때 잘 비유되는 것이 비행기의 예다. 인간은 예로부터 하늘을 날고 싶다는 욕망이 있었다. 새의 흉내를 내듯 '날갯짓 하는' 비행기를 몇 번이나 만들려고 했지만 실패했다. 이를 처음으로 성공한 라이트 형제의 비행기는 엔진을 실은 '날갯짓은 하지 않는' 비행기였다. 즉 생물을 흉내 내고 싶어도 반드시 생물과 똑같이 할 필요는 없다는 것을 보여주는 사례이다. 비행기의 경우는 새가 날기 위한 '양력'이라는 개념을 찾고, 양력을 얻기 위한 방법(엔진으로 추진력을 얻고 날개를 양력으로 바꾼다)을 공학적으로 모색하면 되었듯이, 인공지능에 있어서도 지능의 원리를 찾고, 그것을 컴퓨터로 실현하면 되는 것이다. 그것이 애초에 인공지능이라는 영역의 출발점이다.

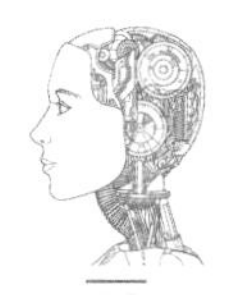

인공지능과 로봇의 차이

인공지능 연구와 로봇 연구를 거의 같은 것이라고 생각하는 사람

이 적지 않다. 필자의 연구실을 방문한 사람 중 절반 정도는 인공지능과 로봇을 구별하지 않고 있다. 그러나 전문가 사이에서는 이 두 가지를 명확히 다르게 바라본다.[5] 단순하게 말하면 로봇의 뇌에 해당하는 것이 인공지능이다.

로봇 연구에서는 뇌 이외의 부분을 연구하고 있는 사람도 많이 있기 때문에 로봇 연구자의 전체가 아니라 그 일부가 인공지능 연구자라고 할 수 있다. 그리고 인공지능의 연구 대상은 로봇의 뇌뿐만이 아니다. 예를 들면 장기나 바둑과 같이 추상적인 게임의 연구에서는 로봇과 같은 물리적인 신체가 필요하지 않다. 또 의사의 진단이나 변호사의 조언 같은 입력한 정보를 바탕으로 판단하는 능력의 연구에도 신체는 필요 없다. 인공지능 연구는 '생각한다'는 것을 실현하기 위해서 추상적인 '눈으로 보이지 않는 것'을 다루고 있는 학문이라 이해해도 좋을 것이다.

인공지능 연구는 지능의 실현을 향한 긴 여행이며, 어떤 의미로 '프런티어(개척자 정신)'를 가리키는 말이기도 하다. 따라서 인공지능 연구자들은 오랫동안 지능을 실현하겠다는 꿈을 가지고 연구하면서도 아직까지 실현하지 못한 사람들이다. 그러한 이유일지는 모르지만, 슬픈 현실을 계속 떠맡아 온 탓인지 인공지능 연구자는 밝고, 낙관적이어서 권위나 형식을 싫어하고, 지적인 자극을 사랑한다. 개인적으로 인공지능학회라는 학자 커뮤니티는 일본에서 제일 자유로운 학회가 아닐까라고 생각할 정도이다. 인공지능학회의 전 회장으

5 학회로 말하면 로봇은 '일본로봇학회', 인공지능은 '인공지능학회'다. 물론 양쪽에 걸쳐서 연구하는 사람도 있다.

로봇 연구와 인공지능 연구

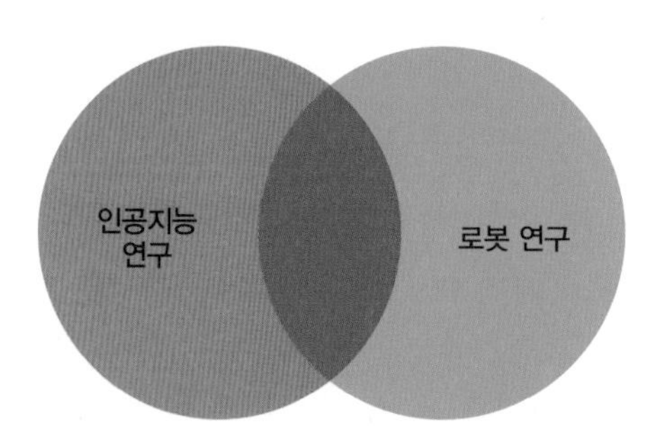

로 호쿠리쿠첨단과학기술대학원대학의 미조구치 리치이로(溝口理一郎)가 '영원한 청년 학회'라고 부른 것처럼, 그 정도로 프런티어성이 높은 영역이기도 하다.

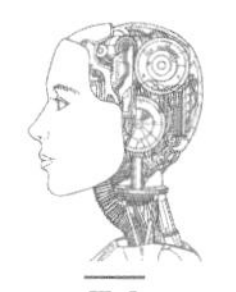

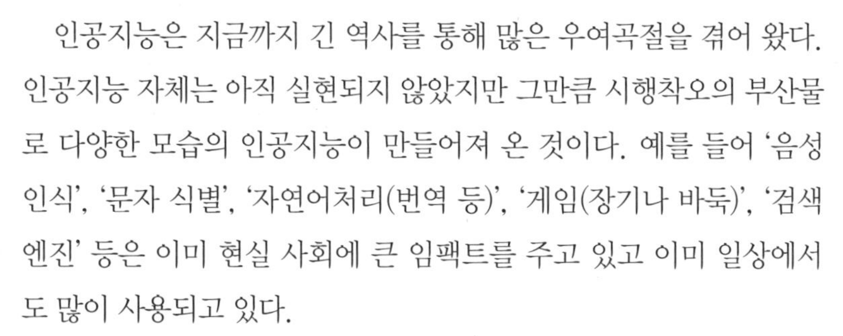

인공지능은 지금까지 긴 역사를 통해 많은 우여곡절을 겪어 왔다. 인공지능 자체는 아직 실현되지 않았지만 그만큼 시행착오의 부산물로 다양한 모습의 인공지능이 만들어져 온 것이다. 예를 들어 '음성 인식', '문자 식별', '자연어처리(번역 등)', '게임(장기나 바둑)', '검색 엔진' 등은 이미 현실 사회에 큰 임팩트를 주고 있고 이미 일상에서도 많이 사용되고 있다.

이러한 부분들은 예전에 인공지능이라고 불렀지만 실용화되어 하나의 분야를 구성하면서 이제 더 이상 인공지능이라고 불리지 않게 되었다. 이것은 'AI 효과'라고 불리는 흥미 깊은 현상이다.[6] 많은 사람들이 그 원리를 알아버리면 '이것은 지능이 아니다'라고 생각하는 것

---

6 마빈 민스키를 비롯해 많은 연구자가 AI 효과에 의한 인공지능의 공헌을 너무 낮게 평가하고 있다고 말하고 있다.

이다.

인공지능은 아직 실현할 수 없기에 '지능의 비결'은 우리가 아직 보지 않은 것 중에 있을 것이다. 이것이 바로 '아직 보지 못한 세계가 있을지도 모른다'며 여행을 계속하는 인공지능이라는 연구 분야의 청년성이며, 언제까지라도 프런티어에서 존속할 것이라는 믿음의 이유이기도 하다.

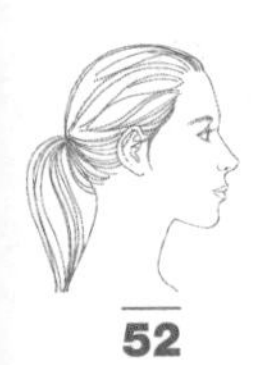

인공지능이란 무엇인가－세상의 견해

그렇다면 인공지능에 대해 일반 사람들은 어떤 인식을 가지고 있을까? 이 책의 서두에서도 밝혔듯이 '인공지능을 탑재한 제품 발매'라든가 '인공지능을 사용한 시스템 개발' 등 최근 여기저기서 인공지능이라는 말이 많이 들려온다. 앞에서 설명한 '지능의 실현을 구성론적으로 목표하는 학문 영역'과는 상당히 성질이 다른 것 같다. 이 차이를 어떻게 생각하면 좋을까?

'어떤 제품에 지능이 있다'라고 할 때 가장 떠올리기 쉬운 것이 '그 제품이 뭔가 생각하고 있는 것처럼 보인다'라는 것이다. 청소 로봇 '룸바'는 방의 형태와 쓰레기의 상황에 따라 움직임이 변한다. 인공지능 내장의 세탁기라면 세탁물의 양이나 온도, 습도 등에 의해 세탁의 방법을 달리한다. 처해진 상황에 따르고 어떻게 동작하면 좋을지를 생각하고, 보다 '똑똑하게' 행동을 한다. 즉 입력(인간의 오감에

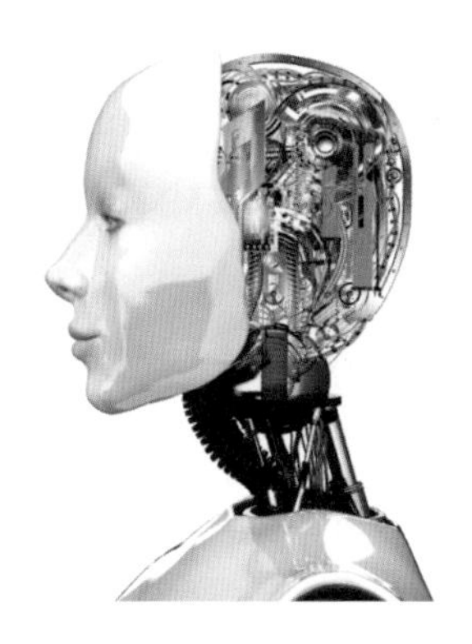

해당하는 '센서'에 의해 관측한 주위의 환경이나 상황)에 따르고, 출력(운동 기관에 해당하는 '액추에이터actuator'에 의한 동작)이 바뀐다는 것이다.

인공지능으로 유명한 교과서인 스튜어트 러셀Stuart Russell의 『에이전트 어프로치』에서는 정말로 입력에 의해 출력이 변하는 '에이전트'(소프트웨어 객체)로서 인공지능을 포착하고, 현명하게 행동하기 위한 인공지능의 다양한 방법을 설명하고 있다.[주8] 이 책에서는 생물에 지능이 있는 것이나 인간에게 지능이 있는 것도 '행동이 현명해지면 장수할 확률이 올라간다'라는 진화적 의미에 의한 것이기 때문에 '입력에 따라 적절한 출력을 한다(행동을 한다)'라는 것은 외부 관측자 시점에서 본 지능의 유력한 정의라고 말할 수 있을 것이다.

인공지능을 에이전트라 생각하고, 입력과 출력의 관계로 보면 세상에서 이야기하고 있는 인공지능도 이해하기 쉽다. 흔히 인공지능이라고 불리는 것을 정리하면 다음과 같이 레벨 1부터 레벨 4의 4단계로 나누는 것이 가능하다.

레벨 1 단순한 제어 프로그램을 '인공지능'이라고 칭하고 있다

레벨 1은 마케팅적으로 '인공지능' 즉 'AI'라고 지칭하는 것이며, 지극히 단순한 제어 프로그램을 탑재하고 있는 전자제품을 '인공지능 탑재' 등이라고 부르는 경우가 이에 해당한다.

에어컨이나 청소기, 세탁기, 최근에는 전동 전기면도기에 이르기까지 세상에는 '인공지능'을 자칭하는 상품이 넘쳐 나고 있다. 이러한 기술은 '제어공학'이나 '시스템공학'이라는 이름으로 이미 역사가 긴 학문 분야이며, 이러한 것들을 인공지능이라고 칭하는 것은 그 분야의 연구자나 기술에도 어느 정도 실례가 된다고 생각한다. 이 책에서는 가전제품의 '인공지능 탑재'들을 레벨 1의 인공지능이라 부르기로 하자.

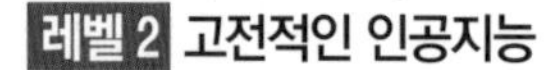

레벨 2 고전적인 인공지능

레벨 2는 행동의 패턴이 지극히 다채로운 경우에서의 지능을 말한다. 장기 프로그램이나 청소 로봇 혹은 질문에 대답하는 인공지능 등이 이에 해당된다.

이것은 소위 고전적 인공지능이라 일컬으며 입력과 출력 관계를 맺는 방법이 세련되어 입력과 출력의 조합수가 극단적으로 많은 경우를 주로 일컫는다. 이때 인공지능은 적절한 판단을 내리기 위해 추론/탐색을 하거나(제3장), 기존에 보유한 지식 베이스를 기반으로 판단(제4장)하기도 한다. 고전적인 퍼즐을 푸는 프로그램이나 진단 프로그램이 여기에 해당된다.

레벨 3 기계학습을 받아들인 인공지능

레벨 3은 검색 엔진에 내장되어 있거나 빅데이터를 바탕으로 자동적으로 판단하는 인공지능이다. 추론의 구조나 지식 베이스가 데이터를 바탕으로 학습되는 것으로 전형적으로 기계학습(제5장)의 알고리즘이 이용되는 경우가 많다. 기계학습이라는 것은 표본이 되는 데이터를 바탕으로 규칙이나 지식을 스스로 학습하는 것이다. 이 기술은 패턴 인식이라는 과거부터의 연구를 기초로 1990년대부터 진행되어 2000년대에 들어와 빅데이터 시대를 맞이하면서 더욱 진화하고 있다. 최근의 인공지능은 이 레벨 3을 일컫는 경우가 많다. 과거에는 레벨 2였던 것도 기계학습을 받아들여 레벨 3으로 올라오고 있는 것이 현재 모습이다.

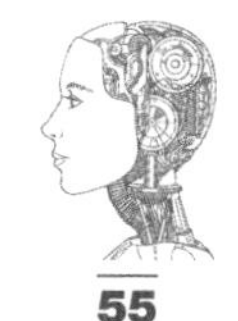

레벨 4 딥러닝을 받아들인 인공지능

그 위의 단계인 레벨 4로, 기계학습을 할 때의 데이터를 나타내기 위해서 사용되는 입력값$_{\text{input}}$(특징$_{\text{feature}}$이라고 불린다) 자체를 학습하는 것이 있다. 제6장에서 소개하는 딥러닝이 여기에 해당한다. 이 책에서는 '특징표현 학습'이라고 부른다.

서두에서도 다루었듯이 미국에서는 딥러닝 관련 분야의 투자 경쟁 · 기술 개발 경쟁 · 인재 획득 경쟁의 치열함이 극에 달하고 있고,

지금 가장 뜨거운 영역이기도 하다.

아르바이트 · 일반 사원 · 과장 · 관리자

그렇다면 이 4단계의 지능은 각각 어떻게 다를까? 많은 짐이 적재된 유통 창고를 예로 들어 설명해 보자.

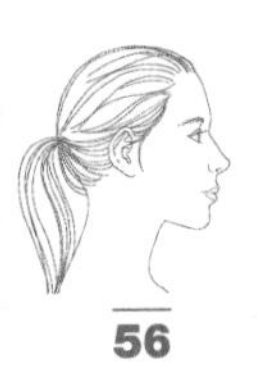

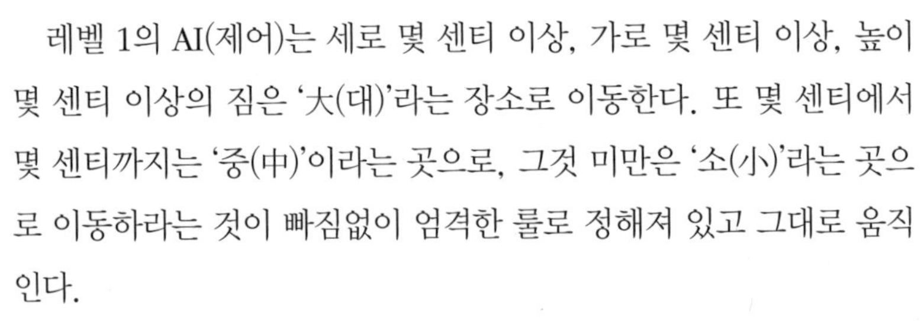

레벨 1의 AI(제어)는 세로 몇 센티 이상, 가로 몇 센티 이상, 높이 몇 센티 이상의 짐은 '大(대)'라는 장소로 이동한다. 또 몇 센티에서 몇 센티까지는 '중(中)'이라는 곳으로, 그것 미만은 '소(小)'라는 곳으로 이동하라는 것이 빠짐없이 엄격한 룰로 정해져 있고 그대로 움직인다.

레벨 2의 AI(탐색 · 추론 혹은 지식을 사용한 것)는 같은 방법으로 짐의 세로 · 가로 · 높이 · 무게 등의 정보로 분류하고 지시하지만, 짐의 종류에 따라서 많은 지식이 담겨 있다. 예를 들면 '취급주의' 태그가 붙어 있으면 조심스럽게 다루고, 화물의 위아래를 거꾸로 하지 말라는 '취급주의'의 태그가 있다면 상하를 바꾸지 않고, 골프 가방이라면 세워 두고, 생선 식품은 냉장으로 취급하라는 식이다.

레벨 3의 AI(기계학습)는 처음부터 엄격한 룰 혹은 지식이 주어져 있는 것은 아니다. 몇 가지의 샘플을 주고 '이것은 대', '이것은 중', '이것은 소'라는 룰을 배우면, 이후에는 스스로 "이것은 대이군", "이것은 중이네", "이것은 어디에도 맞지 않네"라고 판별하고 스스로 구분할 수 있게 된다.

한편 레벨 4의 AI(특징표현 학습)는 특징을 스스로 발견한다. 예를 들면 골프 가방을 몇 가지 묶어 '이 타입의 짐은 사이즈가 '대'일지도 모르지만 다른 것과는 분명히 같지 않은 형상이므로 다르게 취급하는 편이 좋겠다'라고 판별하고, 그러한 '골프 가방 등의 짐에 관한' 룰을 스스로 만들지도 모른다. 시간이 흘러간 만큼 가장 효율적인 구분의 방법을 배워가는 것이 레벨 4의 AI다.

4개 단계의 분류 작업원에게 지시서를 낼 때, 레벨 1에서는 지극히 간단한 구분 작업밖에 할 수 없지만 지시서는 몇 장으로 끝나는 것에 반해, 레벨 2는 빠짐없이 두꺼운 지시서가 필요하고, 레벨 3은 학습용 짐 샘플과 짐의 어떤 부분에 주목할지를 가르칠 필요가 있다. 레벨 4는 무엇에 주목할지도 스스로 배우므로 학습용 짐 샘플을 주는 것만으로도 오케이다. 하지만 그만큼 매우 많은 양의 데이터를 필요로 한다는 단점도 있다. 스스로 작업하는 과정 중에 새로운 특징을 알아차리고 룰은 더욱 진화해 간다.

지시한 대로만 처리하는 레벨 1은 아르바이트, 많은 룰을 이해해 판단하는 레벨 2는 일반 사원, 결정된 체크 항목을 따라서 업무를 잘 수행해 가는 레벨 3은 과장, 체크 항목까지 스스로 발견하는 레벨 4는 관리자라는 말도 가능하지 않을까?

여러분도 뉴스나 제품 정보에 나오는 '인공지능'이나 'AI'가 이 4개 레벨 가운데 어느 수준을 가리키고 있는 것인지 생각해 보면 재미있을 것이다.

강한 AI와 약한 AI

인공지능의 연구 분야에서는 예전부터 '강한 AI'와 '약한 AI'라는 논의가 있었다.

본래는 철학자 존 설John Rogers Searle이 말한 것으로 '정확한 입력과 출력을 갖추고 적절하게 프로그램 된 컴퓨터는 인간이 마음을 가지는 것과 완전히 같은 의미로 마음을 가진다'라는 입장을 '강한 AI'라 했다. 인간의 마음 혹은 뇌의 활동은 정보 처리이며, 사고(생각)는 계산이다라는 것이다. 이 책에서는 인간의 지능 원리를 해명하고, 그것이 공학적으로 실현된다고 하므로 '강한 AI'의 입장이라고 말해도 좋을 것이다.

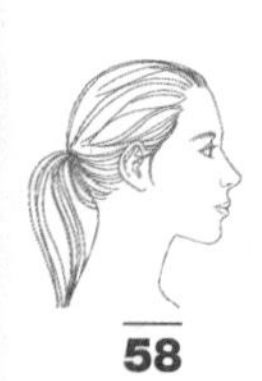

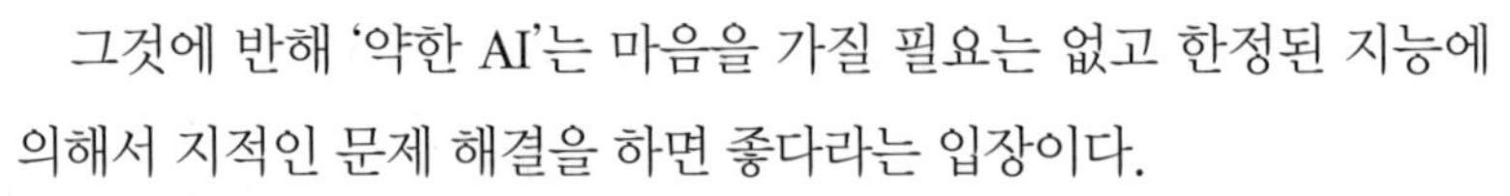

그것에 반해 '약한 AI'는 마음을 가질 필요는 없고 한정된 지능에 의해서 지적인 문제 해결을 하면 좋다라는 입장이다.

자주 인용되는 예가 있는데 '중국어의 방'이라는 우화이다. 중국어를 모르는 사람이 방대한 매뉴얼에 따라 입력된 문자를 확인하고 결정된 대답을 출력함으로써 회화가 성립된 것 같이 보여도, 사실 그 사람은 중국어를 이해하지 못하고 있다라는 논의이다.

심지어는 컴퓨터가 의식을 가질 수 있는가라든가, 인간의 사고가 모두 계산이다라고 하면 자유 의지는 존재할 것인가('자유'라는 것이 개입할 여지가 없다)라는 논의도 자주 이뤄진다. 이러한 논의는 즐거운 것이지만 인공지능 전체를 살펴볼 때는 그다지 많이 이야기할 필요는 없다고 생각한다. 필자의 생각으로는 특징을 생성해 가는 단계에서 생각해 볼 필요가 있고, 그 안에서 자기 자신의 상태를 재귀적으로 인식하는 것, 즉 자신이 생각하고 있다는 것을 스스로 알고 있다라는 중첩 구조(크기의 차례대로 포개어 안에 넣을 수 있게 만든 그릇이나 상자 같은 구조, 예로 중첩 인형 또는 러시아 전통 인형인 마트로시카 같은 구조가 무한히 계속되는 것). 그 경우에 그것을 '의식'이라고 부를 수도 있지 않을까 생각한다. 단지, 어떻든 간에 기술의 발달에 의해 공학적으로 해명되어 가는 종류의 것으로서 여기에서 장황하게 설명할 생각은 없다. 일부의 인지 심리학 · 뇌 과학의 최근 식견을 근거로 한 논의를 제외하면, 현 단계에서는 옛날의 철학자 이상의 답이 나올 것이라고는 생각하지 않기 때문이다.

그럼 인공지능이란 무엇인가라는 논의를 조금 정리한 시점에서 다음 장에서는 인공지능 연구로 인해 무슨 일이 발생해 왔는지, 어떠한 일이 일어나고 있는지 살펴보도록 하자.

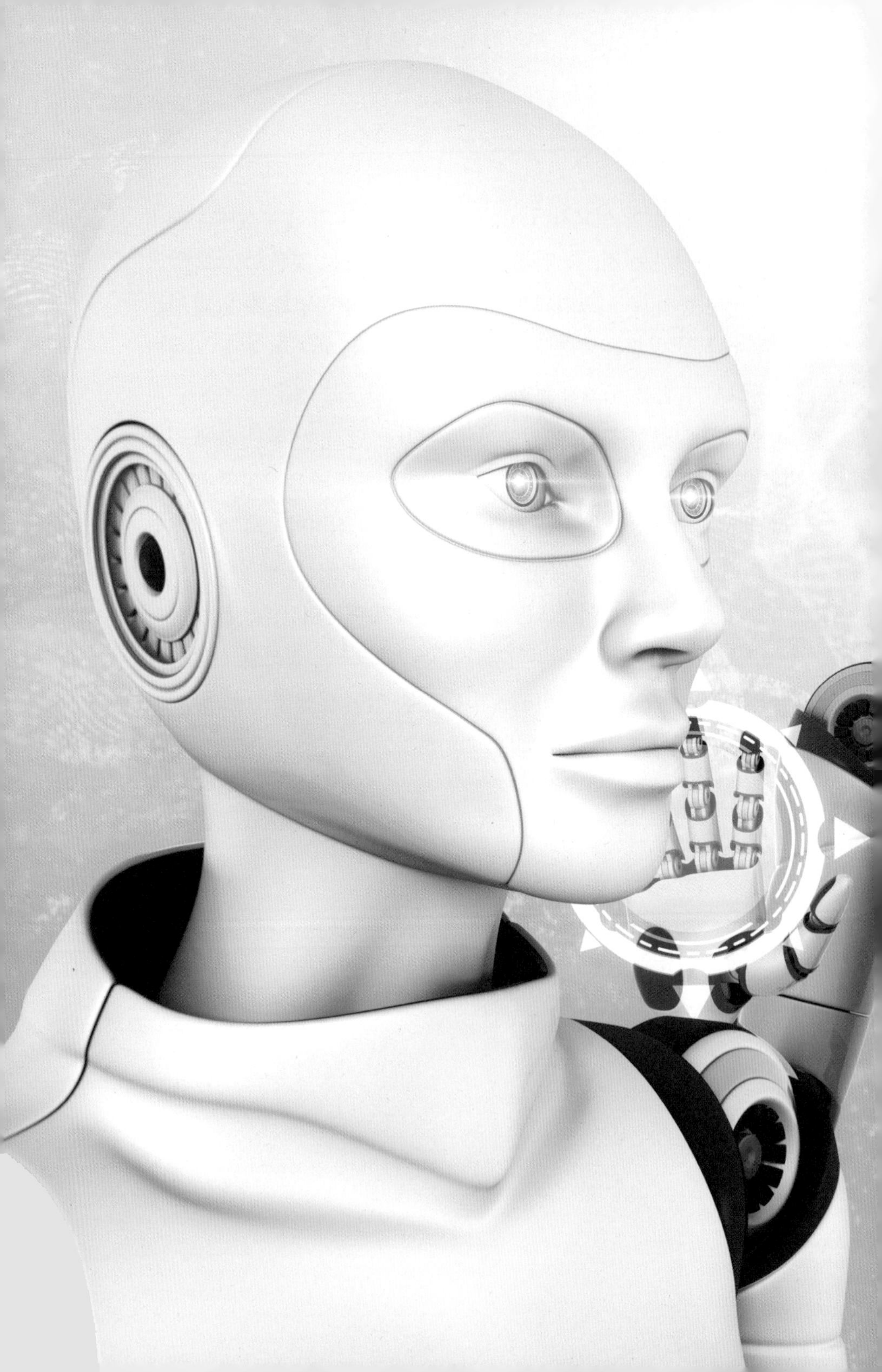

3
‘추론’과 ‘탐색’의 시대
– 제1차 AI 붐 –

붐과 겨울의 시대

지금 주목받고 있는 인공지능에 대해 제2장에서는 다음과 같이 설명했다. 세상에는 '인공지능 탑재'를 붙인 제품이나 서비스가 많이 존재하는 반면, 전문가들 사이에는 아직 인공지능은 실현되지 않고 있다는 인식을 하고 있다. 그렇다면 왜 아직도 인공지능이 미완성이라는 것일까? 그 대답의 실마리를 풀기 위해서 인공지능의 역사를 순차적으로 더듬어 가 보자. 나중에 자세히 설명하므로 우선은 큰 틀에서 파악하는 것만으로도 충분할 것 같다.

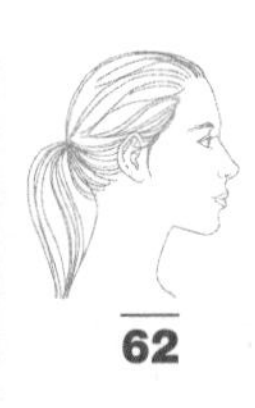

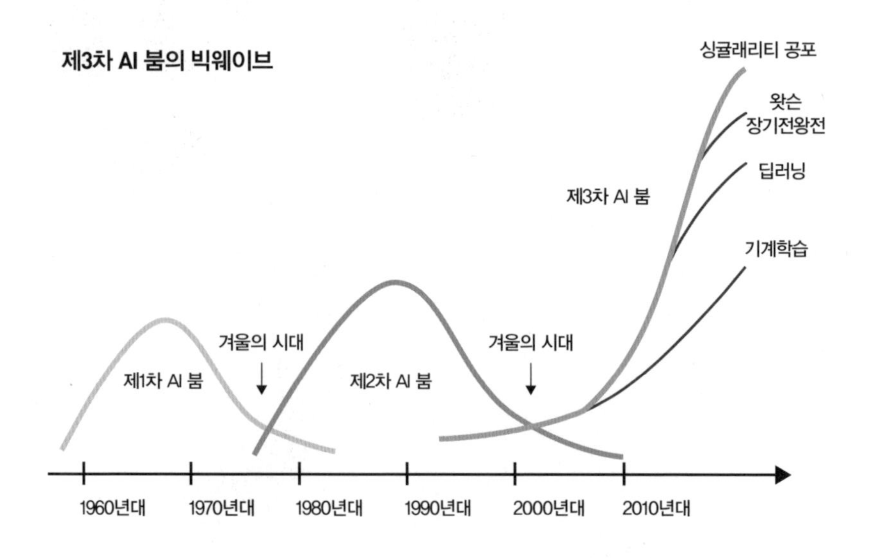

인공지능 연구는 지금까지 '붐'과 '겨울의 시대'를 되풀이해 왔다. 제1차 AI 붐은 1950년대 후반~1960년대를 말한다. 컴퓨터로 '추론 · 탐색'을 하는 것으로 특정한 문제를 푸는 연구가 진행되었다. 그러나 소위 '토이프로블럼(간단한 문제)'은 풀려도 복잡한 현실의 문제는 풀리지 않는 것이 밝혀지면서 붐은 빠른 속도로 수그러들었고, 결국 1970년대에 긴 겨울을 맞이해 버렸다.

제2차 붐은 1980년대이며 컴퓨터에 '지식'을 넣으면 똑똑해진다는 접근법이 전성기를 맞이하고, 익스퍼트시스템expert system이라 불리는 실용적인 시스템이 많이 만들어졌다. 그러나 지식을 서술하고 관리하는 것이 엄청나게 방대하다는 것이 밝혀지면서 AI는 1995년 무렵 다시 겨울의 시대로 돌입해 버린다.

한편 1990년대 중반 검색 엔진 탄생 이후, 인터넷이 폭발적으로 보급되면서 2000년대에 들어서 웹이 널리 보급되면서 대량의 데이터를 이용한 '기계학습'이 조용히 퍼져 왔다. 그리고 현재 AI 연구는 3번째 붐에 당도했다.

제3차 AI 붐은 그림과 같이 빅데이터 시대에 널리 퍼진 기계학습과 기술적으로 크게 발전한 딥러닝(특징표현 학습) 등 2개의 큰 파도가 겹쳐지면서 탄생했다. 거기에 IBM의 왓슨 프로젝트나 장기전왕전(將棋電王戰) 등 상징적인 사건이 생기고, 또 앞서 서술한 레이 커즈와일의 싱귤래리티(Singularity: 인공지능이 폭발적으로 진화하는 기술적 특이점)에 대한 걱정이나 스티븐 호킹의 발언 등 공포감을 부채질하는 요소가 나타나면서 더욱 그 물결이 높아지고 있다.

인공지능 연구 평면도

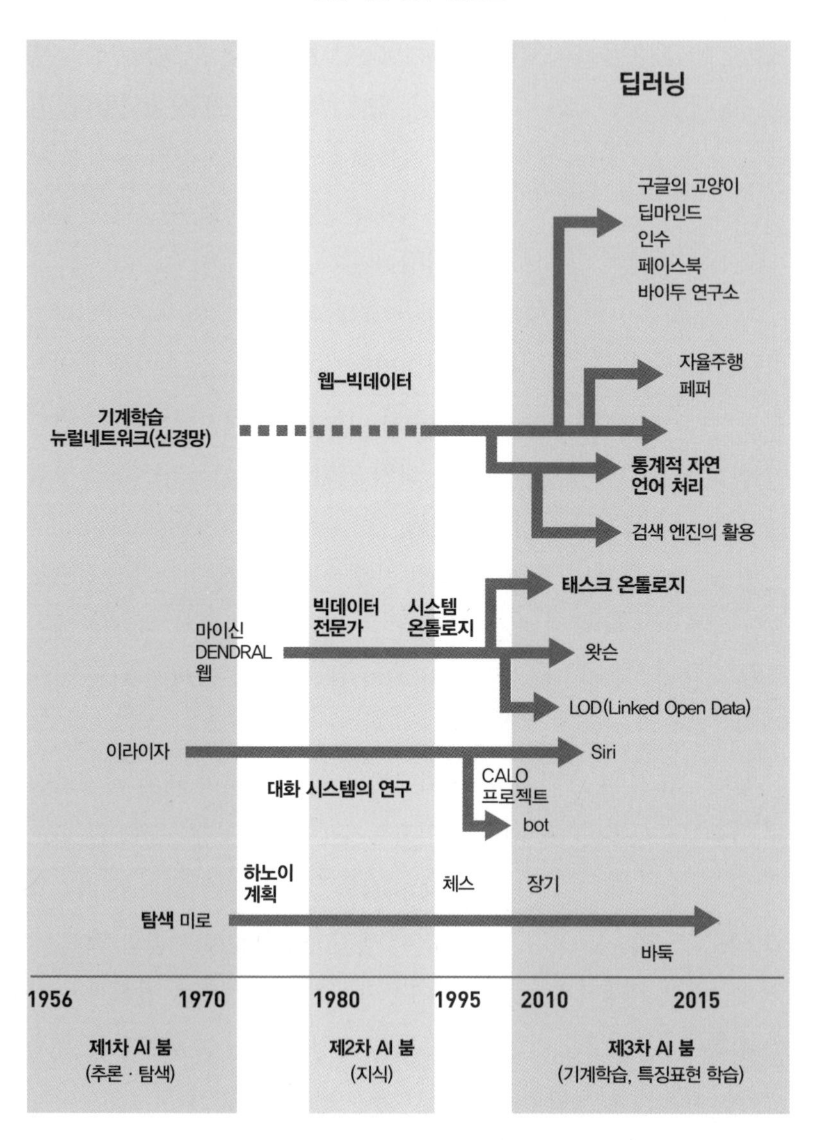
딥러닝
구글의 고양이
딥마인드
인수
페이스북
바이두 연구소
자율주행
페퍼
웹-빅데이터
기계학습
뉴럴네트워크(신경망)
통계적 자연
언어 처리
검색 엔진의 활용
태스크 온톨로지
빅데이터
전문가
시스템
온톨로지
마이신
DENDRAL
웹
왓슨
LOD(Linked Open Data)
이라이자
Siri
CALO
프로젝트
대화 시스템의 연구
bot
하노이
계획
체스
장기
탐색 미로
바둑
1956
1970
1980
1995
2010
2015
제1차 AI 붐
(추론 · 탐색)
제2차 AI 붐
(지식)
제3차 AI 붐
(기계학습, 특징표현 학습)

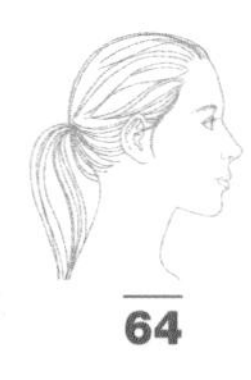

간단히 말하면 제1차 AI 붐은 추론·탐색의 시대, 제2차 AI 붐은 지식의 시대, 제3차 AI 붐은 기계학습과 특징표현 학습[7]의 시대이지만, 더 엄밀하게 말하면 이 3회의 붐은 서로 겹쳐져 있다. 예를 들면 제2차 붐의 주역인 지식 표현과 제3차 붐의 주역인 기계학습도 본질적인 기술의 제안은 제1차 붐에 이미 일어났고, 반대로 제1차 붐의 주역이었던 추론이나 탐색과 제2차 붐의 주역이었던 지식 표현이 아직도 여전히 중요한 연구로서 면면히 계속되고 있다. 어쨌든 여기에서는 대략적으로 3회의 붐이 있다는 것을 이해했으면 한다. 인공지능 연구 평면도를 보면 좀 더 이해하기 쉬울 것이며, 그림의 의미는 점차 밝혀질 것이다.

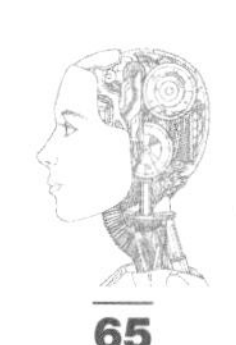

'인공지능'이라는 단어의 탄생

제3장에서는 제1차 AI 붐을 되돌아보기로 한다.

'인공지능'이라는 말이 처음으로 등장한 것은 1956년 여름, 미국 동부의 다트머스대학교에서 개최된 전설적인 워크숍에서부터다. 인간과 같이 생각하는 기계를 처음으로 '인공지능'이라고 부르기로 한 것이다.

세계 최초의 범용 전자식 컴퓨터로 알려진 1만 7,000여 개의 진공

---

7 특징표현 학습도 기계학습의 일부로 연구되고 있지만 그 임팩트의 크기와 이해도를 높이기 위해 여기에서는 다른 것으로 설명한다.

다트매스 전설의 4인방

관을 사용한 거대한 계산기 에니악ENIAC의 탄생으로부터 10년. 그 압도적인 계산력을 본 사람들은 컴퓨터가 어느새 인간보다 똑똑해져 인간의 능력을 능가하는 것이 당연하다고 생각했다.

존 매카시John McCarthy, 마빈 민스키Marvin Minsky, 앨런 뉴웰Allen Newell, 허버트 사이먼Herbert Alexander Simon이라는 4명의 저명한 학자들이 참가한 이 워크숍에서는 컴퓨터에 관한 최신의 연구 성과가 발표되었다. 그중에서도 뉴웰과 사이먼에 의한 세계 최초의 인공지능 프로그램,

'로직 세오리스트(Logic theorist : 논리연산 이론가)'가 유명한데 이 프로그램은 자동적으로 정리를 증명하는 프로그램이다.

이 회의는 인공지능 분야에서는 전설적인, 이른바 창세기의 이야기이다. 4명 모두 인공지능 연구에 있어서는 신화적인 인물로 꼽히고 있으며, 컴퓨터 분야의 노벨상이라고 불리는 튜링상을 수상하였다. 특히 사이먼은 노벨 경제학상까지 수상했다.

필자는 스탠포드대학에서 할아버지가 된 존 매카시를 보고 혼자 흥분했던 사람이다. 또 마빈 민스키가 일본에 방문했을 때 용감하게 인터뷰의 기회를 얻고 같이 식사를 하면서 인공지능이 언제 가능할 것인가라는 이야기도 나누었다. 하지만 유감스럽게도 앨런 뉴웰은 1992년, 허버트 사이먼은 2001년, 존 매카시는 2011년에 세상을 떠났다.

탐색트리로 미로를 풀다

제1차 AI 붐에서는 인공지능이 드디어 실현된다는 낙관적인 예측을 바탕으로 야심 찬 연구가 차례로 실행에 옮겨졌다. 이 시기에 중심적인 역할을 한 것이 '추론'과 '탐색'의 연구이다. '추론'은 인간의 사고 과정을 기호로 표현해 실행하는 것이지만, 처리의 측면에서는 탐색과 가까워 여기에서는 탐색을 설명하기로 하자. 탐색을 생각할 때는 미로를 떠올리면 이해하기 쉬울 것이다.

다음 페이지의 그림 상단에 그려진 것과 같은 미로가 있다고 하자. 이것을 인간이 풀 때는 막다른 곳에 도달할 때까지 손가락이나 펜으로 덧쓰면서 이동하며 골인을 목표로 한다. 그러나 컴퓨터는 이런 방식으로는 풀기 어려우므로 대신 문제를 그림의 중앙에 있는 것과 같이 바꾸어서 읽는다. 시작 지점(S)과 도착 지점(G), 거기에 길이 갈라지는 분기점에 노드(정점)를 만들어서 문자를 붙이고(예를 들어 A나 C) 막다른 곳에도 문자를 붙인다(예를 들어 B나 E).

우선 S에서 시작해서 A로 가는 패턴과 D로 가는 패턴 2가지가 있다. A로부터는 B에서 막다른 곳의 패턴과 C에 가는 패턴이 있다. 이런 식으로 모든 푸는 방법의 패턴을 나열해 가면 그림의 하단과 같은 모습이 된다. 이것을 '탐색트리search tree'라고 부른다.

탐색트리는 일반적으로 밑으로 갈수록 넓게 펴져 간다. G에 도착하는 것이 목적이라고 하면 G가 나올 때까지 탐색트리를 넓혀 가면 된다는 것을 알 수 있을 것이다. 그리고 일단 G가 나오면 걸어온 루트를 그대로 덧그리면 그것이 해답이 된다. 이 경우는 'S→A→C→G'가 정답이다.

탐색트리란 요컨대 경우의 수로, 왼쪽으로 갔을 경우와 오른쪽으로 갔을 경우의 수를 나눈다. 그리고 왼쪽으로 갔을 경우 또 선택이 갈리는 지점을 만나면 또 한번의 경우의 수를 나눈다. 그렇게 해서 계속 경우의 수를 따지다 보면 언젠가 목적으로 하는 조건이 출현한다는 것이다. 컴퓨터는 단순하므로 이러한 경우의 수를 모두 따져보

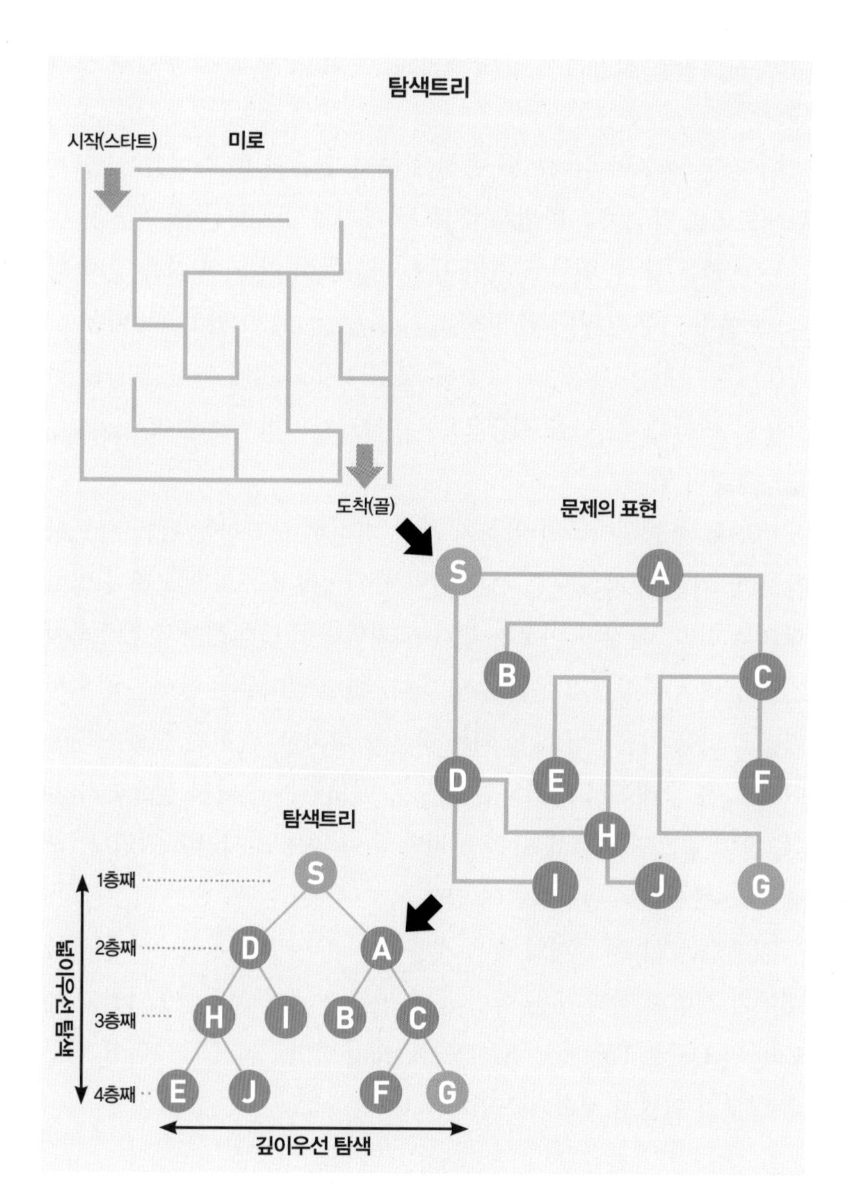
탐색트리
시작(스타트)
미로
도착(골)
문제의 표현
S
A
B
C
D
E
F
H
I
J
G
탐색트리
1층째
2층째
3층째
4층째
넓이우선 탐색
S
D
A
H
I
B
C
E
J
F
G
깊이우선 탐색

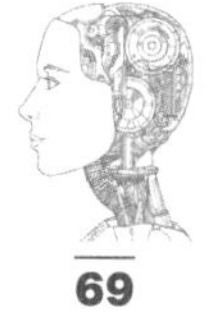

라고 지시하면 얼마든지 이를 헤아릴 수 있고, 어느 새 해답을 찾아 낸다.

단 같은 경우의 수에서도 방식에 따라 효율의 좋고 나쁨이 있다. 탐색트리를 탐색하는 방법은 주로 두 가지가 존재하는데 그중 첫 번째는 어쨌든 갈 수 있는 곳까지 계속 파고들어 안 되면 다음 갈래(지엽)로 옮겨 가는 '깊이우선 탐색Depth First Search, DFS'이 있고, 또 다른 하나는 같은 계층(그림 중의 '1층째' '2층째'가 그것에 해당한다)을 이 잡듯이 조사한 후, 다음 계층으로 나아가는 '너비우선 탐색Breadth First Search, BFS'이 있다.

너비우선 탐색이라면 골까지 최단 거리로 도착하는 답을 반드시 찾지만, 가는 중의 노드를 전부 기억해 두어야 하므로 메모리가 많이 필요로 한다. 복잡한 미로가 된다면 기억량이 방대해져서 컴퓨터의 기억 능력이 따라잡지 못할 수도 있다. 한편 깊이우선 탐색은 반드시 최단의 답을 처음부터 찾게 되는 것은 아니지만, 막히면 한걸음 되돌아가 다음 갈래에서 진행하면 되므로 메모리는 그다지 필요하지 않다. 운이 좋으면 빠르게 답을 찾지만 운이 나쁘면 시간이 걸린다. 둘 중 어느 쪽이라도 일장일단이 있다.

실제로는 이 두 가지의 좋은 것을 취하는 방법이나 특수한 문제에 대하여 특별히 빨리 푸는 방법 등의 연구가 과거부터 시도되었고(예를 들면 Depth-First iterative-Deepening 방법), 지금도 그러한 연구의 일부가 면면히 계속되고 있다.

하노이의 탑

예전부터 인공지능 분야에서는 미로뿐만 아니라 다양한 퍼즐을 푸는 것도 있었는데, 유명한 예로 '하노이의 탑'이라는 것이 있다.

몇 장의 원반이 쌓여 있고, '이 원반을 그대로의 형태로 가장 왼쪽에서 가장 오른쪽으로 옮겨 주세요'라는 문제이다. 단 두 가지의 조건이 있는데 하나는 '원반은 1장씩 이동해야 한다'는 것과 또 하나는 '작은 원반 위에 큰 원반을 올려서는 안 된다'는 것이다. 자, 그럼 이 문제를 어떻게 풀면 좋을까? 다음 페이지의 그림을 보면서 생각해 보자.

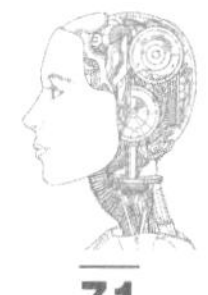

우선 가장 위의 원반을 오른쪽으로 옮겨 넣도록 하자. 두 번째의 원반은 오른쪽에 놓을 수 없으므로(작은 원반 위에 큰 원반이 놓이기 때문에) 가운데에 두도록 하자. 세 번째의 원반은 어디에도 놓을 수 없으므로 우선 가장 오른쪽으로 넣어 둔 첫 번째 작은 원반을 중앙으로 옮기자. 비워진 오른쪽으로 세 번째의 원반을 이동한다. 이와 같이 계속 진행하면 최종적으로 모든 원반을 오른쪽으로 이동할 수 있게 된다.

이 퍼즐도 탐색트리로 풀 수 있다. 원반이 이동할 수 있는 모든 경우를 차례대로 진행해 가면 그만이다. 그중에 결승점(골)이 되는 상태, 다시 말해 오른쪽으로 원반이 이동한 상태가 되면 그곳부터 반대로 되짚어가면서 대답의 순서를 얻을 수 있다.

하노이의 탑

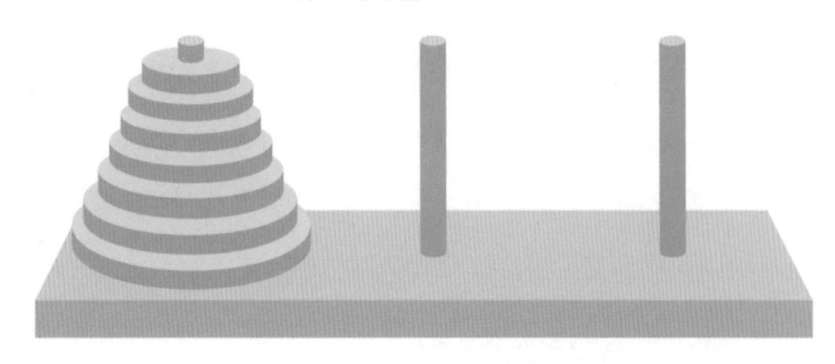

규칙 ❶ 원반을 왼쪽에서 오른쪽으로 이동
규칙 ❷ 1번에 1장만 이동할 수 있다
규칙 ❸ 작은 원반 위에 큰 원반을 올릴 수 없다

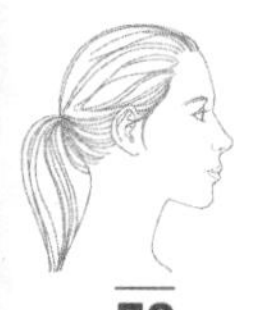

원반이 3장일 경우의 해법

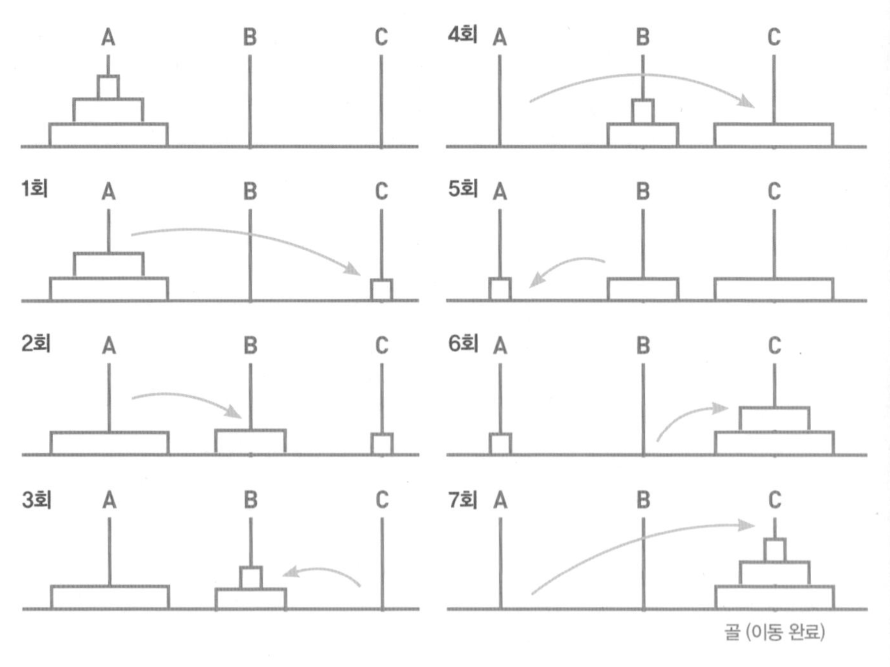

로봇의 행동 계획

탐색트리를 사용해서 로봇의 행동 계획도 만들 수 있다. 그것은 플래닝Planning이라는 기술인데 예를 들면 방 밖에 있는 로봇에게 "방에 있는 배터리를 가지고 오세요"라는 명령을 내렸다고 해 보자.

- 방 밖에 있을 때에 〈전제 조건〉
  문을 열면 〈행동〉
  문이 열린 상태가 된다 〈결과〉
- 문이 열린 상태에서 〈전제 조건〉
  실내에 이동하면 〈행동〉
  방 안에 있는 상태가 된다 〈결과〉

이렇게 미리 행동 계획을 기술해 두면 로봇은 그것에 따라서 행동한다.

모든 상황 〈전제 조건〉에 대해서 〈행동〉과 〈결과〉를 기술해 두면 최종적으로 로봇은 배터리를 방에서 가져올 수 있을 것이다.

플래닝 연구에서는 〈전제 조건(프리 컨디션)〉과 〈행동〉과 〈결과(포스트 컨디션)〉라는 3개의 조합으로 기술하는 STRIPSStanford Research Institute Problem Solver가 유명하다.

1971년 당시 플래닝 연구는 로봇을 실제로 움직이게 하는 정도까지는 진행되지 못하고 시뮬레이션 단계에 머무르고 있었지만, 이

STRIPS는 실제의 로봇을 포함해서 그 후의 연구 발전에도 크게 공헌했다.

또 이러한 구조를 '나무 쌓기 세계' 속에서 완전히 실현한 연구도 실행되었다. SHRDLU는 스탠포드대학의 테리 위그노어드Terry Winograd 교수가 1970년에 개발한 시스템으로 '나무 쌓기 세계'에 존재하는 다양한 물체(블록이나 공, 상자 등)를 영어로 지시해서 움직일 수 있는 것으로 예를 들면 "지금 당신이 움켜쥐고 있는 것보다도 높은 블록을 찾고, 그것을 상자 위에 올려놓아라", "그 블록을 제거하라" 등을 지시하면, 지시한 그대로 움직일 수 있었고 '그'라고 하는 지시어의 의미도 이해했다. '나무 쌓기 세계' 속에서의 이야기라 해도 말을 정확하게 이해할 수 있는 시스템이었으며, 인공지능의 큰 성공 사례로 여겨졌다.

한편 위그노어드는 그 후 휴먼 · 컴퓨터 · 인터페이스(HCI)라는 영역으로 연구 분야를 변경하고 구글의 창업자 중 한명인 래리 페이지Larry Page를 가르치기도 했다.

상대가 있어 방대한 조합이 된다

탐색 연구로 가장 이해하기 쉽고 미디어에서도 많이 보고 접할 수 있는 장면이 오셀로Othello나 체스, 장기, 바둑 등의 게임에 도전하는

것이다.[8]

이들 게임도 기본적으로는 탐색이라고 할 수 있다. 단지 미로나 퍼즐의 탐색과 다른 것은 함께하는 상대가 있다는 것이다. 이쪽에서 던진 수에 대하여 상대가 수를 응대하고, 다시 이쪽이 수를 던지고 하는 것을 되풀이하면서 탐색트리를 만들지 않으면 안 된다. 또한 조합의 수가 정말 많아서 순식간에 천문학적인 숫자가 되어버리므로 좀처럼 끝까지 탐색할 수 없다.

어느 정도의 조합이 되는가 하면 오셀로라는 게임은 8×8의 반상(장기, 바둑, 레코드 따위의 판의 겉면)에 말이 흑백으로 되어 있고, 뒤집기가 존재하여 약 10의 60승(10^{60})이 된다. 8×8의 반상에 흑의 말과 백의 말이 각각 6종류씩인 체스는 약 10에 120승(지나치게 커서 단위가 없다), 9×9의 반상에서 말이 8종류씩 말을 사용할 수 있는 장기는 약 10의 220승, 19×19의 반상에 말이 흑돌과 백돌의 바둑은 약 10의 360승이다. 즉 경우의 수로만 말하면 오셀로가 가장 간단하고 그 다음에 체스, 장기, 바둑의 차례로 이어진다. 관측 가능한 우주 전체의 수소 원자의 수가 약 10에 80승 개 정도라고 알려져 있고 이 숫자가 이 세계에서 '손꼽을 수 있는 것'의 수로서는 최대라고 할 수 있으니 반상에서 일어날 수 있는 조합이 얼마나 방대한 숫자인지를 어림잡을 수 있을 것이다.

이 정도로 조합의 수가 방대하다고 하면 최후까지 이 잡듯이 조사

8 컴퓨터 장기나 바둑에 관해서는 하코다테미래대학 교수인 현 인공지능학회 회장의 마쓰바라 히토시(松原仁)가 일인자다.

하는 것은 도저히 불가능하다. 그래서 현재의 돌 상태를 평가하는 스코어를 만들고, 그 스코어가 좋아질 수 있도록 다음 수를 탐색하게 하는 것이 보통이다. 그리고 그것이 현재까지 이어지는 게임 공략을 위한 인공지능의 기본적인 설계가 되고 있다.

예를 들면 일본 장기의 경우 자신의 '오우쇼우(王將: 왕의 말, 이하 왕이라 함)'가 장군이 되면 마이너스 10점, 상대의 '왕'이 장군이 되면 플러스 10점, 장군은 아니지만 자신의 '왕' 주위의 8매스(8칸)에 상대의 '히샤(飛車: 우리나라 차에 해당)', '카쿠(角: 우리나라 포에 해당)'의 말이 있으면 마이너스 5점, 그 반대가 플러스 5점, 상대의 '부(步: 우리나라 졸에 해당)'가 아군의 진지에 들어와서 토킹(と金: 장기에서 졸이 킹쇼우 금장(金將)의 말 구실을 하는 것)이 되면 마이너스 1점, 그 반대가 플러스 1점과 같이 정해 둔다. 그 국면 국면에서 스코어를 계산하고, 만일 현재 점수가 3점이라면 다음 수에서는 될 수 있는 한 3점보다 커지게 두면 되는 것이다.

게임은 자신은 점수를 최대화maximize하는 수를 두고, 상대는 자신의 점수를 최소화minimize하는 수를 두는 것으로 성립한다고 가정하면, 5수 앞이, 10수 앞의 최선의 수가 결정된다. 이것이 최소최대법min-max problem에서 2수 앞의 반상(장기, 바둑의 형세) 평가로부터 자신이 다음에 놓을 수를 결정하는 방법으로 자세한 내용은 79페이지의 그림에서 소개하고 있다.

체스나 장기로 인간을 이기다

1997년 IBM이 개발한 슈퍼컴퓨터 '딥블루'가 당시의 체스 세계 챔피언 게리 카스파로프Garry Kasparov와 대전하여 승리를 거두었다. 결국 인류가 컴퓨터에 패했다라는 사실로 인해 전 세계에 충격을 안겨 주었다.

또, 내 편에서 잡고 있는 상대편의 말(상대가 잃은 말)을 사용할 수 있는 일본 장기로 컴퓨터가 인간에게 이기는 것은 당분간 힘들 것이라고 생각했었지만 2012년 제1회 장기전왕전에서 당시의 일본 장기연맹 회장인 요네나가 구니오 영세기성이 전년의 세계 컴퓨터 장기선수권의 우승 소프트웨어 '본크라이즈'와의 대전에서 패배했다. 그의 저서『우리 패배하거나』에서는 컴퓨터에게 패할 때의 과정과 심경이 담겨 있다. 주9

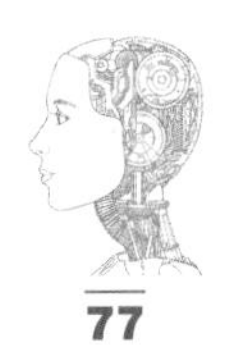

이듬해인 2013년에는 현역 프로기사 vs 컴퓨터 소프트웨어에 의한 5대5 '제2회 장기전왕전'이 열려, 제2국에서 컴퓨터 소프트웨어ponanza가 사토 신이치(佐藤 愼一) 4단에게 승리한다. 이는 역사상 처음으로 현역 프로기사가 패배한 것으로 화제가 되었다. 대전 성적은 소프트웨어가 3승 1패 1무. 다음 해인 2014년의 '제3회 장기전왕전'에서도 소프트웨어가 4승 1패를 차지해 컴퓨터가 유리한 상황이 계속된다. 장기전왕전은 니코니코 생방송에서 중계되어 '인간 vs 컴퓨터 소프트웨어'라는 대중성도 한몫하면서 굴지의 인기 콘텐츠가 되었다.

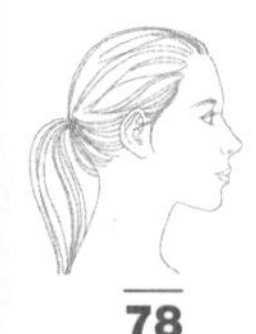

최근 몇 년 동안의 장기 소프트웨어의 능력 향상에는 놀라운 것이 있다. 왜 이토록 강해졌는지 가장 먼저 생각할 수 있는 것은 컴퓨터의 처리 능력이 비약적으로 향상했다는 것이다. 예를 들면 제2회 전왕전에 등장한 'GPS 장기'는 도쿄대학에 있는 670대의 컴퓨터와 접속하여 1초에 3억 수를 읽는다고 알려지고 있다. 장기의 경우 초반의 조합이 그만큼 무수하게 많기 때문에 아무리 처리 능력이 뛰어난 컴퓨터라도 모든 수를 읽을 수는 없다. 그런데 중반이 되면 말의 위치가 정해지기 때문에 유효타의 수는 한정되기 마련이다. 그러므로 컴퓨터는 뒤쪽으로 갈수록 진가를 발휘하게 된다. 특히 마무리에 이르는 최종 국면에서는 먼저 실수하지 않기 때문에 중반을 어떻게 싸우는가가 장기 소프트웨어와의 대전에서는 중요해지는 것이다. 이 외에도 컴퓨터가 강해진 비결이 몇 가지가 있는데 여기에서는 두 가지만 소개한다.

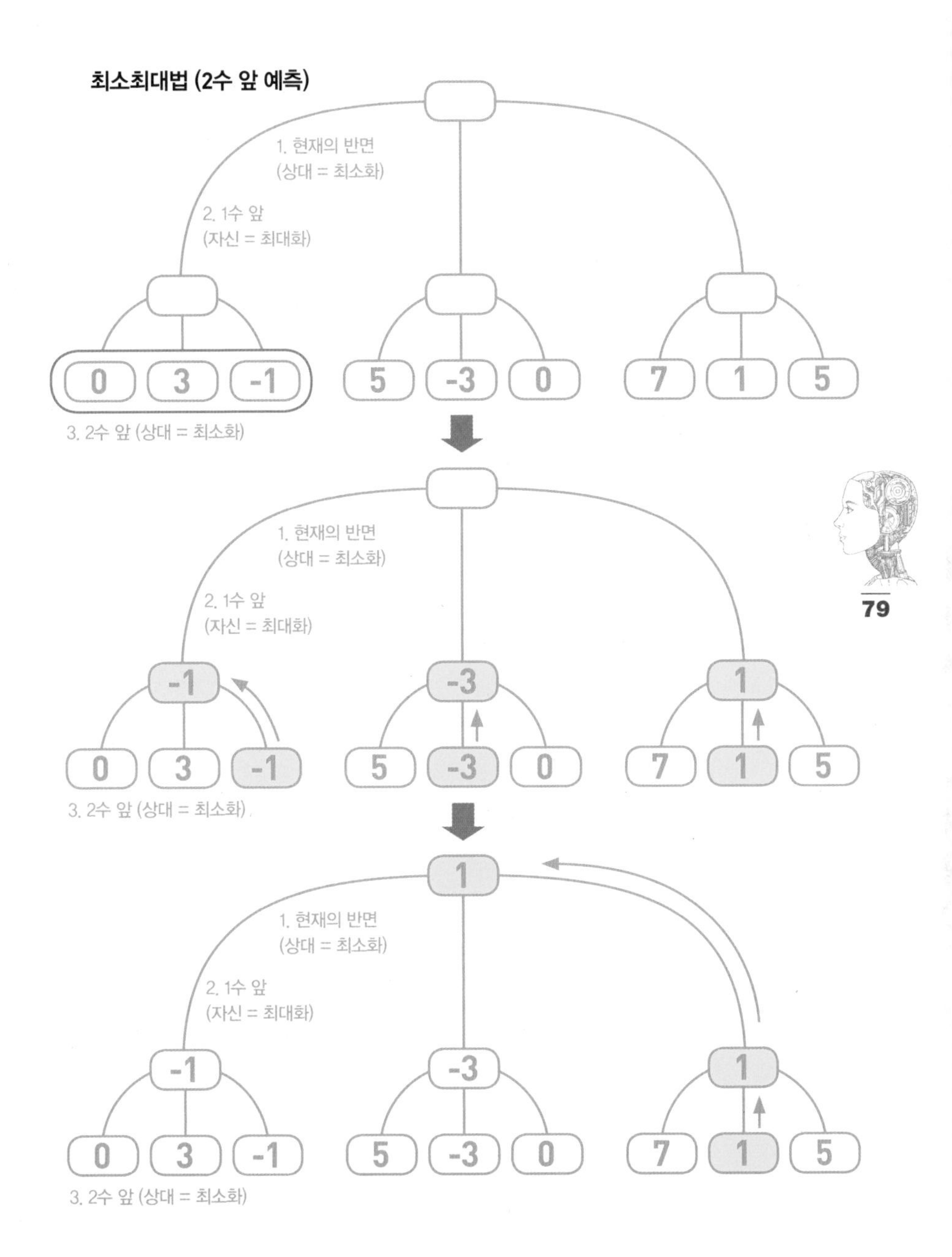
최소최대법 (2수 앞 예측)
1. 현재의 반면
(상대 = 최소화)
2. 1수 앞
(자신 = 최대화)
0 3 -1 5 -3 0 7 1 5
3. 2수 앞 (상대 = 최소화)
1. 현재의 반면
(상대 = 최소화)
2. 1수 앞
(자신 = 최대화)
-1 -3 1
0 3 -1 5 -3 0 7 1 5
3. 2수 앞 (상대 = 최소화)
1
1. 현재의 반면
(상대 = 최소화)
2. 1수 앞
(자신 = 최대화)
-1 -3 1
0 3 -1 5 -3 0 7 1 5
3. 2수 앞 (상대 = 최소화)

비결 1 보다 좋은 특징이 발견되었다

첫 번째는 제5장에서 자세하게 설명하게 될 기계학습의 적용과 그것을 위한 보다 좋은 '특징'이 발견되었다는 것이다. 기계학습에 의해 반상과 두어야 할 수를 과거의 방대한 기보(棋譜: 바둑이나 장기를 둔 내용의 기록)로부터 학습할 수 있게 되었다. 그리고 그 부분에 학습을 하는 대상물로서 날 것의 데이터raw data보다 2차 가공을 한 좋은 특징feature들을 학습 입력으로 넣었을 때 더 좋은 결과를 얻을 수 있다.

특징이라고 하는 것은 '데이터 중 어디에 주목할 것인가?'라는 것에 의해 프로그램의 동작이 변화되는 것으로, 예를 들면 '장군이 되어 있는가?'라는 것은 1개의 특징이고 '오우쇼우(王將(왕장), 이하 왕의 말이라 칭한다) 말이 어느 정도 앞에 나오고 있는가?'라는 것도 1개의 특징이다.

이전에는 기계학습으로 사용하는 특징이 어디까지나 '2개의 말의 관계'가 중심이었다. 왕의 말에 대하여 차의 말이 이 위치에 있다든가, 금장의 말이 장군을 쳤다든가, 2개의 말의 위치 관계에 주목하고 두어야 할 수를 계산하고 있었다. 그런데 연구가 진보됨에 따라 서서히 '3개의 말의 관계'를 사용한 쪽이 유리하다는 것을 알게 되었다. 예를 들면 왕의 말과 금과 은의 말의 위치 관계가 어떻게 되면 유리한 것인지, 인간에게는 보이지 않고 있었던 상관관계를 과거의 기보라는 빅데이터 속에서 찾아내고, 그것에 의해서 다음 수를 둘 때의 정밀도가 향상한 것이다.

비결 2 몬테카를로법으로 평가의 구조를 바꾸다

특히 바둑의 경우에 해당되는 것이지만 강해진 비결, 두 번째는 스코어의 평가에 '몬테카를로법'을 도입한 것이다. 그때까지는 각각의 말의 수나 위치 관계에 점수를 매겨서 반상을 평가하고 있었지만, 그 점수를 매기는 방법이 묘미라서 극단적인 이야기로 어떤 국면을 어떤 식으로 평가하는가에 따라 소프트웨어가 강하다는 것이 결정되고 있었다. 점수를 매기는 방법은 어디까지나 인간이 정하고 있었던 것이다.

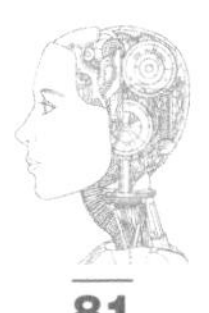

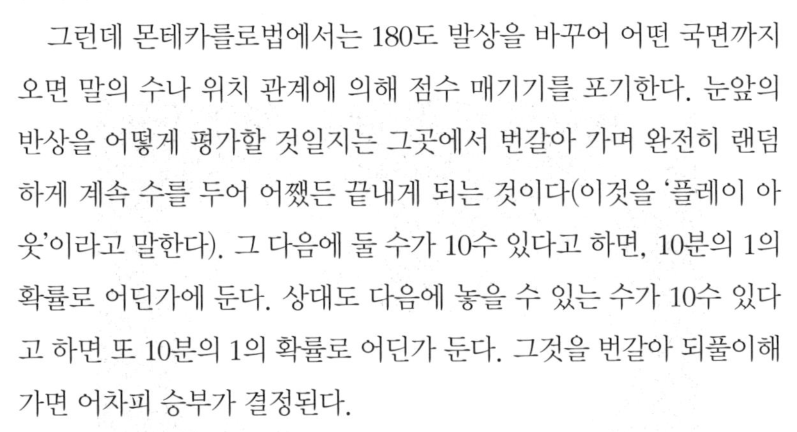

그런데 몬테카를로법에서는 180도 발상을 바꾸어 어떤 국면까지 오면 말의 수나 위치 관계에 의해 점수 매기기를 포기한다. 눈앞의 반상을 어떻게 평가할 것일지는 그곳에서 번갈아 가며 완전히 랜덤하게 계속 수를 두어 어쨌든 끝내게 되는 것이다(이것을 '플레이 아웃'이라고 말한다). 그 다음에 둘 수가 10수 있다고 하면, 10분의 1의 확률로 어딘가에 둔다. 상대도 다음에 놓을 수 있는 수가 10수 있다고 하면 또 10분의 1의 확률로 어딘가 둔다. 그것을 번갈아 되풀이해 가면 어차피 승부가 결정된다.

최초에는 자신이 이겼지만 다음은 상대가 승리하고, 그 다음은 자신이라는 것을 예를 들어 100회 되풀이한다. 그 결과 60승 40패라면 스코어는 60점, 20승 80패라면 스코어는 20점이라는 식으로 평가하는 것이다. 1초간에 몇 억 수를 읽는 컴퓨터라면 어떤 국면부터 랜덤하게 두어서 어느 쪽이 이길지를 시뮬레이션하는 것은 매우 쉬울 것이다.

그렇게 해서 세세하게 수의 의미를 생각하지 않고 한결같이 랜덤하게 계속 두어 가면서 그 승률에서 반상을 평가하는 것이, 인간이 스코어(점수)를 매기는 방법을 생각하고 중요성을 부여해서 반상을 평가하는 것보다도 최종적으로 강해진다는 것을 알아 왔다(실제로는 완전한 랜덤이 아니고 여러 가지 샘플링 방법에 대한 연구를 하고 있다). 아마추어의 판단(랜덤)에서도 자릿수 차이가 많아지면 전문가의 판단(인간에 의한 중요도 부여)에도 능가한다는 것이다.

이들의 새로운 수법이나 발견에 따라 게임을 공략하는 프로그램

도 점점 고도화되어 때로는 인간의 능력을 넘어서고 있다. 단 그 기본 원리는 탐색이며, 그것은 몇 십년 전부터 변하지 않고 있다. 이러한 탐색의 방법은 인간의 사고 방법과 달라서 단순 무식한brute force 방법이라고도 여겨진다. 탐색해야 할 해답(풀이)의 공간은 변수의 차원에 따라 기하급수적으로 넓어지므로, 이 경우엔 단순무식한 방법이 통용되기 어려운 것이 보통이다.

바둑은 장기보다도 더욱 반상의 조합이 방대해지므로 인공지능이 인간을 따라잡기 위해서는 아직 얼마간의 시간이 더 걸릴 것 같다. 인간의 사고 방법을 컴퓨터로 실현하고, 프로에게 이기기 위해서는 제6장에 나오는 특징표현 학습의 새로운 기술이 어떠한 형태로든 필요할 것이다. 실제 최근 구글과 페이스북 연구진들의 딥러닝 적용에 의해 바둑의 인공지능 역시 큰 향상을 보이고 있다.

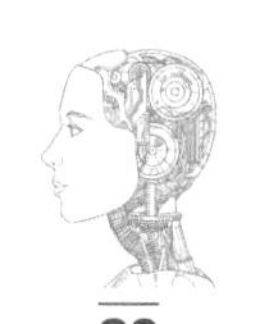

현실의 문제를 풀지 못하는 딜레마

1960년대에 꽃피운 제1차 AI 붐에서는 언뜻 보기엔 지적으로 보이는 다양한 과제를 컴퓨터가 잇달아 풀어 가는 것처럼 보였다. 아마도 컴퓨터는 똑똑하고 현명한 것이라고 생각했겠지만 냉정하게 살펴보면 이 시대의 인공지능은 대단히 한정된 상황에서만 문제를 풀 수 있는 실정이었다. 미로를 푸는 것도, 퍼즐을 푸는 것도, 체스나 장기에 도전하는 것도, 명확히 정의된 룰 안에서 다음 1수를 생각하면 되었지만 현실의 문제는 더욱 복잡했다.

예를 들어 어떤 사람이 병이 났을 때 어떤 치료법이 있는가 혹은 어떤 회사가 지금부터 성장하기 위해서는 어떠한 제품을 개발하면 좋을 것인가와 같은 우리들이 평소 직면하는 정말로 풀고 싶은 문제는 전혀 풀리지 않는다. 소위 토이프로블럼밖에 풀리지 않는다는 것이 시간이 지나며 밝혀진 것이다.

동시에 인공지능의 대가인 마빈 민스키가 당대를 풍미하고 있었던 뉴럴네트워크neural network(제5장에서 자세하게 설명한다)에 관해서 특정한 조건을 풀 수 없는 한계를 가리킨 것[9](그것 자체는 대단한 한계가 아니었지만 많은 사람들은 그것이 뉴럴네트워크 자체의 한계라고 착각했다), 또한 미국 정부가 기계 번역은 당분간 성과가 나올 가망이 없다는 보고서(ALPAC 리포트)를 발표하면서 연구의 지원이 중단된 것이 또 다른 큰 타격이 되었다. 그리고 그러한 실망감이 1970년대 인공지능의 겨울을 가져온다.

난해한 정리를 증명한다든가 체스에서 승리한다는 고도로 전문적인 내용은 컴퓨터로 실행했을 때는 의외로 간단했다. 그러나 현실의 문제는 다르고 어려웠다. 인간의 지능을 컴퓨터로 실현하는 것의 힘겨움을 알게 된 것이 제1차 AI 붐의 성과라면 성과였다.

9 입력층과 출력층만으로 이루어지는 Perceptron(3층의 뉴럴네트워크)에서는 선형분리 가능한 패턴밖에 분리할 수 없고, XOR 함수조차 실현되지 않는 것.

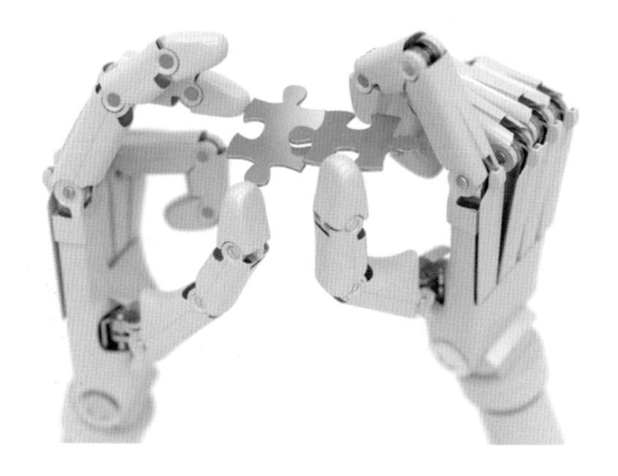

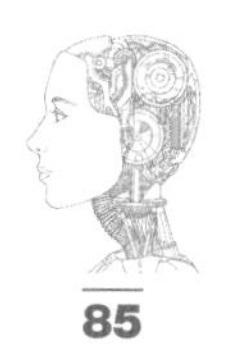

4
'지식'을 넣으면 똑똑해진다
- 제2차 AI 붐 -

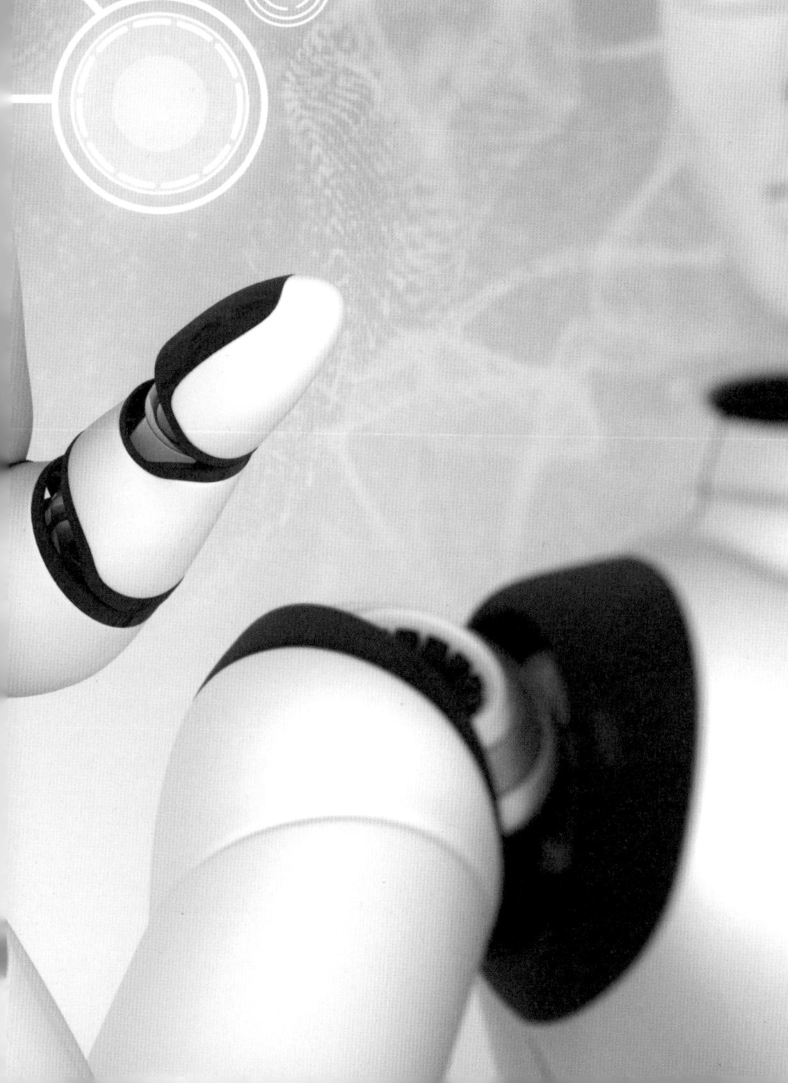

컴퓨터와 대화하다

인공지능 연구는 1970년대에 일단 수그러지는데 토이프로블럼은 풀려도 현실의 문제는 풀리지 않는다라는 한계가 밝혀졌기 때문이다. 이후 1980년대에 다시 기세를 되찾았는데 이번에는 공장의 생산현장 등 현실 산업 영역에서 응용되기 시작했다.

추론 · 탐색을 위한 단순한 룰로 인공지능을 실현하려고 했던 제1차 붐과는 다르게 제2차 AI 붐을 유지한 것은 '지식'이다. 예를 들어 의사의 역할이라면 '병에 관한 많은 지식'을 컴퓨터에 반영시키면 된다. 그리고 변호사의 역할이라면 '법률에 관한 많은 지식'을 넣어 두면 된다. 그렇게 된다면 미로를 푼다는 토이프로블럼이 아니고 병을 진단하거나, 판례에 따른 법률의 해석을 하는 현실의 문제를 풀 수 있게 된다. 이것은 확실히 현명한 방법이고, 실용적으로도 사용할 수 있을 것이다.

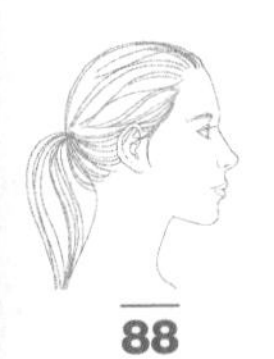

컴퓨터에 지식과 정보를 넣으려는 연구를 설명하기 전에 유명한 시스템 하나를 소개하자. 지식을 넣을 때까지 가지 않고 '지식이 있는 것처럼 보이는 방법'을 잘 만드는 것만으로도 얼마나 인간에게 강한 임팩트를 줄 수 있을 것인가에 관한 좋은 사례이다.

1964년에 개발된 ELIZA(이라이자)라는 대화 시스템은 아직도 유명하다. 이라이자는 컴퓨터와 사람이 텍스트 데이터를 교환하며 마치 '대화'하는 것처럼 보이는 시스템이다. 예를 들어 사용자가 '머리가 아프다'라고 입력하면 컴퓨터가 '왜 머리가 아프지요?'라고 되묻는다. '어머니가 나를 싫어하고 있다'라고 입력하면 '그 외에 누가 당신을 또 싫어하고 있나요?'라고 묻기도 한다.

과연 이런 것들이 어떻게 실현되고 있을까? 대답은 간단하다. 인간이 'XXX'라고 입력하면 '왜 XXX라고 말하니?'라든가 '그 외에 누

이라이자와의 대화

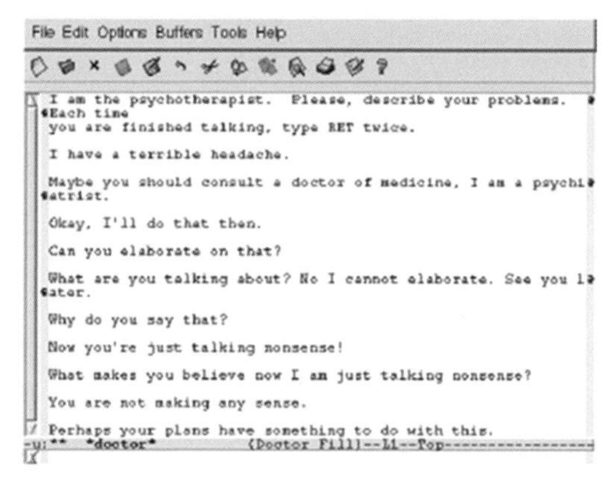

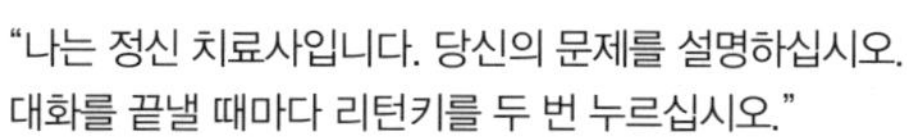

"나는 정신 치료사입니다. 당신의 문제를 설명하십시오.
대화를 끝낼 때마다 리턴키를 두 번 누르십시오."
"두통이 심할 거야."
"아마 의사와 상담해야 합니다. 나는 정신과 의사입니다."
"알았다. 나중에 그렇게 할게."
"그것에 대해 자세히 설명할 수 있습니까?"
"무슨 말을 하고 있는 거야? 설명할 수 없어. 자 이만."
"왜 그런 말을 합니까?"
"왜냐하면, 영문 모를 말을 하잖아!"
"왜 영문 모를 말을 한다고 생각합니까?"
"아무 의미가 없잖아."
"당신의 계획은 분명 이 일과 무슨 관계가 있네요."

가 XXX니?'라고 되묻는다라는 단순한 룰을 정하는 것뿐이다. 이 외에도 '그 질문, 재미있니?', '다른 것을 이야기 합시다' 등의 회화를 전개시키는 룰도 있다. 이러한 룰을 랜덤하게 사용하는 것으로도 인간은 마치 '대화'를 하고 있는 것 같은 착각을 해 버린다. 앞의 내용은 실제로 이라이자와 나눈 '대화'의 사례이다.

인간은 상대가 컴퓨터이기 때문에 페이크fake일 것이라고 작정하고 회화를 하는 것이지만, 대화 후반에 인간이 "영문 모를 말을 하고 있지 않은가!"라고 지적하면 컴퓨터는 "왜 영문 모를 말을 한다고 생각합니까?"라며 말을 되받고 있다. 확실히 인간이라도 그런 식으로 화낼 것 같다고 생각되는 한 장면이다.

이 대화 시스템은 인기를 얻어서 실제로 컴퓨터와 대화하는 것에 몰두하는 사람도 생겨나기 시작했다. 1976년 기사에 의하면 대화의 기록을 보려고 하자 컴퓨터가 '프라이버시 침해다'라고 비난하거나 '대화 중엔 방에 혼자 있게 해줘'라고 부탁했다고 한다.

여기에서 재미있는 것은 시스템의 구성 방법이 아니라 인간의 측면에 더 가깝다는 사실이다. 아무래도 인간은 단순한 룰로 기술된 말이라도 거기에 지성이 있다고 느끼는 모양이다. 청소 로봇 룸바가 이리저리 헤매고 있는 것만으로도 애착을 느껴 버리는 것이 인간이다.

트위터에서는 봇bot이라고 불리는 어카운트account가 많이 있지만 그중에는 어떤 특정한 알고리즘(룰 · 순서)에 준해서 트윗하는 것도 있어서 '인공무능'이라고 부르고 있다. 근본적인 원리는 이라이자와 동일하다.

아이폰iPhone에는 시리Siri라는 음성 대화 시스템이 들어 있다. 그 반응이 재미있다고 화제가 되자, 시리에게 "사랑하고 있다", "결혼하자"라고 말을 거는 사람이 속출했다. 이라이자는 텍스트 베이스text base로 이미 50년 전에 그 원형을 실현하고 있었다.[10]

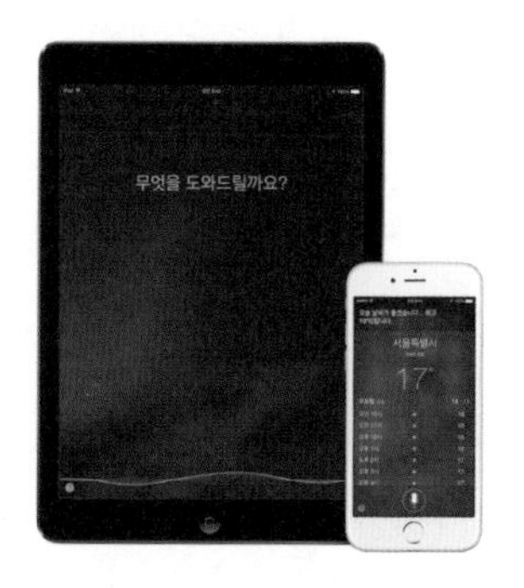

아이폰 시리(Siri)

자료 출처 : 애플 사이트 (http://www.apple.com/kr)

10 물론 Siri에는 그 후에 면면히 이어지는 대화 시스템의 연구 성과가 많이 받아들여졌다. 2000년대 스탠포드대학을 비롯해 미국의 많은 대학이 제휴한 CALO라는 프로젝트의 성과가 기초가 되고 있다.

전문가를 대체할 익스퍼트 시스템

제2차 AI 붐에 있어서 '지식'을 사용한 인공지능의 가장 유력한 것은 '익스퍼트 시스템expert system'이다. 어떤 전문 분야의 지식을 받아들이고 추론을 하는 것으로 그 분야의 익스퍼트(전문가)와 같이 대접하는 프로그램이다. 1970년대 초에 스탠포드대학에서 개발된 마이신MYCIN이 유명하다.

마이신은 전염성 혈액 질환의 환자를 진단하고 항생 물질을 처방하도록 디자인되어 있다. 500가지의 룰이 준비되어 질문에 따라 차례로 대답해 가면, 감염된 세균을 특별히 정하고 거기에 부합한 항생 물질을 처방할 수 있다. 이른바 감염증 전문 의사 대신 진단을 내리는 것이 기대되는 시스템이다.

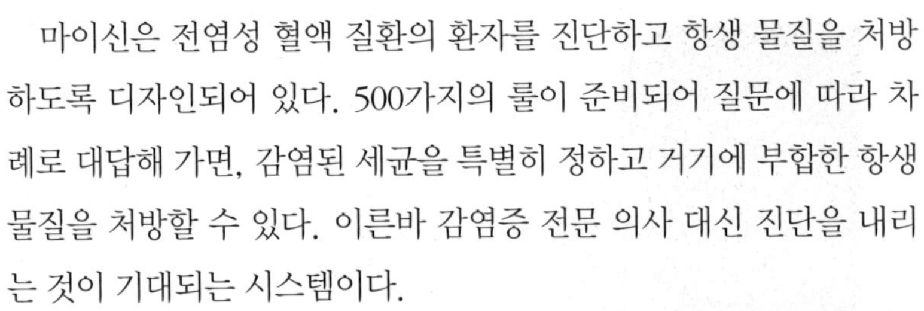

옆의 표는 녹농균pseudomonas의 판정 사례이다. 왼쪽의 룰의 예에서 'if' 이하의 조건이 일치하면 '그때는(then) 그 미생물의 정체가 ㅇㅇ이다'라고 기술해 두면, 오른쪽과 같은 대화를 통해서 그 세균을 특별히 지정할 수 있다는 구조이다.

마이신은 성능적으로는 69%의 확률로 적합한 처방을 할 수 있었다. 이것은 세균 감염 전문이 아닌 의사보다는 좋은 확률이지만 전문의(80%의 확률을 보임)보다는 뒤떨어진 결과였다. 단지 놀라운 것은 지금으로부터 40년 전에 이러한 시스템이 실제로 만들어졌다는 것이다.

그 외에도 생산 · 회계 · 인사 · 금융 등 다양한 분야에서 익스퍼트

마이신에 의한 진단

규칙의 예

(defrule 52
if (site culture is blood)
만약 배양지는 혈액이며,
(gram organism is neg)
그램 염색은 부정적이며,
(morphology organism is rod)
세균의 모양이 막대 모양이고
(burn patient is serious)
환자의 통증이 심하다고 한다면

then .4
(identity organism is pseudomonas)
박테리아는 녹농균이라고 판정

진단을 위한 대화

Q : 배양지는 어디?
A : 혈액
Q : 세균의 그램 염색에 의한 분류 결과는?
A : 부정적
Q : 세균의 형태는?
A : 막대
Q : 환자의 통증이 심한가, 심하지 않은가?
A : 심함
→ pseudomonas (녹농균)라고 판정

시스템이 만들어졌다. 예를 들면 주택 융자의 익스퍼트 시스템에서는 대출이 가능할지 불가능할지의 판단을 자동화하고, 종업원의 비용을 삭감하는 것을 목표로 삼고 있었다. 익스퍼트 시스템의 대가인 에드워드 파일겐바움Edward Albert Feigenbaum이 1960년대에 개발한 미지의 유기 화합물을 특정하는 DENDRAL(덴도랄)이라는 익스퍼트 시스템도 매우 유명하다.

1980년대에는 미국 대기업(포춘 1000)의 3분의 2가 어떠한 형태로든 일상 업무에 인공지능을 사용하고 있는 것으로 생각되었다. 이것은 제2차 AI 붐의 과열 때문만은 아닐 것이다.

익스퍼트 시스템의 과제

익스퍼트 시스템은 잘 된 예도 있었지만 반면에 문제 상황도 있었다. 그중 하나는 지식을 컴퓨터에 저장하기 위해 전문가의 의견을 청취하면서 지식을 꺼내야 한다는 것이다. 이것은 비용도 들고 상당히 규모가 큰 일이었다. 또 지식의 수가 늘어나고 룰의 수가 몇 천, 몇 만이 되면 서로 모순되거나 일관되지 않아서 지식을 적절하게 유지 관리할 필요가 있다는 것도 알게 되었다.

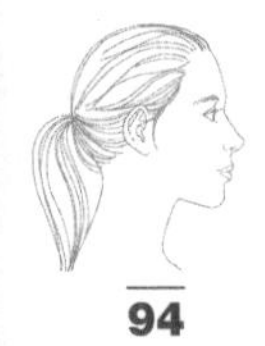

게다가 고도로 전문 지식이 필요한 한정된 분야에서는 괜찮았지만 더 넓은 범위의 지식을 다루려고 하면, 순간적으로 지식을 기술하는 것이 어려워졌다. 예를 들어 어쩐지 배가 아프다거나, 위 주변이 메슥메슥하다고 말하는 '애매한 증상'에 대해서 진찰하고 결단을 내리는 것은 컴퓨터에게는 난이도가 상당히 높은 것이다. '배'는 무엇인가, '아프다'라는 것은 어떤 아픔인가, '위의 주변'은 구체적으로 어느 부분인가, '메슥메슥하다'는 어떤 상태인가 등에 대해 정확히 정의해 놓을 필요가 있기 때문이다.

따라서 컴퓨터가 미리 인간의 신체나 생물로서의 특징에 대해서 어느 정도 파악해 둘 필요성이 있다는 과제가 나오게 된다. 인간에게는 '손'과 '발'이 2개씩 있다, '배'에는 '위', '소장', '대장' 등이 있다라는 상식적인 지식을 넣어 두어야 하는 것이다.

그런데 바로 이러한 '상식 수준의 지식들'이 뜻밖에 난적이었던 것이다.

지식을 표현한다는 것은?

인간이라면 누구라도 아는 지식을 어떻게 표현하면 컴퓨터가 처리하기 쉬운 형태로 될 수 있을까? 이를 위해 기본적인 연구가 진행되었는데, '지식 표현'의 연구가 바로 그것이다.

'시멘틱 네트워크Semantic Network'는 인공지능의 초기부터 유명한 연구로 불리는데 인간이 의미를 기억할 때의 구조를 나타내기 위한 모델이다. 이것은 '개념'을 노드Node로 표시하고, 노드끼리 링크로 맺어 네트워크화해서 표현한다.

다음 페이지 그림의 상단에서 '인간'은 '포유류'에, '포유류'는 '동물'에, '동물'은 '생물'에 속한다. 동시에 '인간'은 '2개'의 '손'과 '2개'의 '발'을 가지고 '꼬리'는 가지지 않는다. 그림 중에 타원이 노드에 해당되고 화살표는 링크를 나타낸다. 이 분야에 관한 지식은 이와 같이 개념을 나타낼 때 그 관계성을 사용해서 기술해 가는 것이 상투적인 수단이었다.

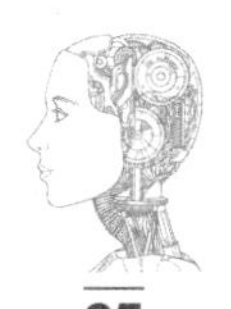

게다가 인간이 가지는 모든 일반 상식을 컴퓨터에 입력하려는 야심적인 프로젝트도 시작되었다. 이것을 Cyc(사이크) 프로젝트라고 부르는데 그림 하단에서 가리키는 것과 같이 '빌 클린턴은 미국 대통령의 한 사람이다', '모든 나무는 식물이다', '파리는 프랑스의 수도다'라는 지식을 일괄되게 입력해 간다.

사이크 프로젝트는 더글라스 레나트Douglas Lenat라는 미국의 벤처 사업가이자 인공지능 업계의 유명인에 의해 1984년부터 시작되었지

지식을 표현하다

의미 네트워크

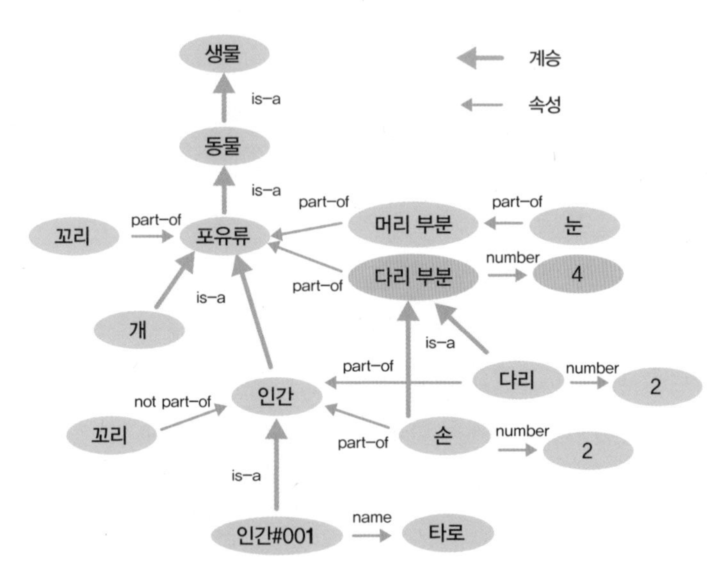

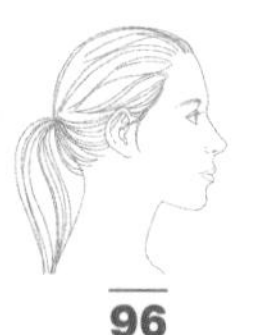

사이크 프로젝트에 기술된 지식의 예

(#$isa #$BillClinton #$UnitedStatesPresident)
"Bill Clinton belongs to the collection of U.S. presidents."
(빌 클린턴은 미국 대통령의 한 사람이다)

(#$genls #$Tree–ThePlant #$Plant)
"All trees are plants."
(모든 나무는 식물이다)

(#$capitalCity #$France #$Paris)
"Paris is the capital of France."
(파리는 프랑스 수도이다)

만, 사실은 30년이 지난 현재도 계속되고 있다.

인간이 가지는 상식은 아무리 많이 사용해도 다 사용하지 못한다. 진정 현대의 바벨탑이라 해도 좋을 것이다. 이 프로젝트는 인간이 가지는 '일반 상식' 수준의 지식이 방대하고, 그것을 형식적으로 기술하는 것이 얼마나 어려운가를 역설적으로 보여 줄 수 있지 않을까 생각한다.

온톨로지 연구로 지식을 정확하게 기술한다

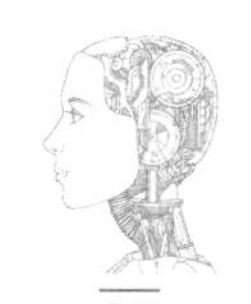

지식을 기술하는 것이 어렵다는 것을 알면서도 그 자체에 대한 연구가 계속 이루어졌다. 그것이 온톨로지ontology 연구로 연결되었다.

온톨로지란 철학 용어로 '존재론'이며, 인공지능 용어로는 '개념화의 명시적인 사양'이라고 정의할 수 있다. 정보 시스템을 만들 때 거기에 명확한 사양을 기술한 설명서가 있어야 하는 것처럼 지식을 쓸 때에도 그곳에 사양을 적은 설명서가 있어야 한다는 사고방식이다.

전 인공지능학회 회장인 미조구치 리이치로(溝口理一郎)는 온톨로지 연구의 일인자다. 대단히 중요하고 재미있는 연구이지만 상당히 뒤얽힌 이야기이므로 온톨로지 연구는 어떠한 것인가를 살짝 건드리는 정도로 소개해 본다(자세한 내용은 미조구치 회장의 저서를 참고하기 바란다.[주10]

앞에서 설명한 그림에 나오는 것 같은 개념 간의 관계를 나타낼 때 통상적으로 잘 이용하는 것이 'is-a 관계'와 'part-of 관계'이다.

'is-a 관계'는 상하위의 관계를 말하는데 '개는 포유류이다'라든지 '딸기는 과일이다'라는 카테고리의 관계를 나타낸다. 한편 'part-of 관계'는 부분이 전체적으로 포함되어 있는 것을 말한다. 예를 들면 '손 part-of 인간(손은 인간의 일부)', '손가락 part-of 손(손가락은 손의 일부)'와 같은 지식을 기술할 수 있다.

그렇다면 'is-a 관계'에는 추이률(이동률이라고도 하며 등호에 관한 기본 법칙의 하나)이 성립할 것인가? 추이률이라는 것은 A와 B의 관계가 성립되고 B와 C에도 성립되어 있으면, A와 C도 자동적으로 성립된다는 것이다. 예를 들면 수의 대소 관계는 추이률이 성립한다. 1보다 3이 크고 3보다 7이 크면 반드시 1보다 7이 크다. 그런데 가위바위보의 세기 관계(강한 관계)는 추이률이 성립하지 않는다. 즉 관계의 종류에 따라 추이률이 성립하는 것과 성립하지 않는 것이 있다는 말이다.

'is-a 관계'의 경우는 추이률이 성립할 것인가 아닌가라고 물으면 '성립한다'가 정답이다. 예를 들어 '인간 is-a 포유류(인간은 포유류다)', '포유류 is-a 동물(포유류는 동물이다)'이라면 '인간 is-a 동물(인간은 동물이다)'이라고 말할 수 있다.

그러면 'part-of 관계'에서의 추이률은 성립할 수 있을까? 이것은 어려운 문제다. 도쿄대학 혼고우(本鄕) 캠퍼스에 공학부 2호관이라는 건물이 있다고 하자. '공학부 2호관 part-of 혼고우 캠퍼스(공학부 2호관은 혼고우 캠퍼스의 일부)', '혼고우 캠퍼스 part-of 도쿄대학 (혼고우) 캠퍼스는 도쿄대학의 일부)'라고 쓸 수 있다. 이때 당연히 '공학부 2호관 part-of 도쿄대학(공학부 2호관은 도쿄대학의 일부)'이다. 따라서 'part-of 관계'에도 추이률은 성립될 것 같다.

그런데 '엄지손가락 part-of 김 아무개(엄지 손가락은 김 아무개의 일부)', '김 아무개 part-of 이사회(김 아무개는 이사회의 일부)'라면 '엄지 손가락 part-of 이사회(엄지 손가락은 이사회의 일부)'가 성립할 것인가? 답은 그렇지 않다는 것이다. 이 경우에는 'part-of 관계'에서 추이률은 성립하지 않는 것이다.

모두가 똑같이 'part-of 관계'라고 말해도 실제로는 다양한 관계가 있다는 것을 알고 있다.

예를 들어 자전거와 바퀴의 관계는 '바퀴 part-of 자전거(바퀴는 자전거의 일부)'이지만 자전거 입장에서 바퀴가 없어져 버리면 이미 자전거라고 말할 수 없다. 그러나 바퀴 입장에서는 자전거가 있어도 없어도 바퀴인 것이다.

숲과 나무의 관계를 살펴보자. '나무 part-of 숲(나무는 숲의 일부)'으로 숲에서 나무를 하나 빼도 숲은 숲인 채로, 나무도 나무인 채로이다. '남편 part-of 부부(남편은 부부의 일부)'는 남편이 없으면 아내가 아니고, 아내가 없으면 남편이 아니다. '케이크(한 조각) part-of 케이크(홀 케이크)'는 양쪽 다 케이크로 아무리 작게 잘라도 케이크인 것이다.

앞서 말한 '김 아무개 part-of 이사회'의 예는 '바퀴 part-of 자전거'와 같이 전체를 문맥으로 만든 뒤에 각각의 롤(역할)이 결정된다.

즉 이사회라는 전체의 문맥 속에서 이사인 김 아무개라는 부분의 위치가 부여되므로 그것과는 다른 '김 아무개의 신체'라는 문맥으로 기술되는 '엄지 손가락 part-of 김 아무개'라고 조합시킬 수는 없는 것이다.

'part-of 관계' 하나만 보아도 사실은 세세한 차이가 있다. 우리가 지금까지 이러한 것들을 의식한 적이 있었던가? 이렇듯 인간이 자연스럽고 손쉽게 다루고 있는 지식이라도 컴퓨터에게 적절하게 기술하려 한다면 대단히 어려운 일이라는 것을 서서히 알게 된 것이다.

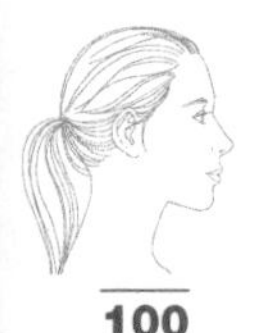

헤비웨이트 온톨로지와 라이트웨이트 온톨로지

온톨로지 연구에 의해 지식을 적절하게 기술하는 것이 얼마나 어려운지 밝혀지면서 크게 2개의 유파가 생겨 났다.

필자의 해석으로 간단히 설명하면 '지식을 기술하기 위한 방법에 대해 인간이 적극적으로 개입하여 정확한 상호 관계를 찾는 것'을 고민하는 것이 '헤비웨이트Heavy weight 온톨로지' 파라고 불리는 입장이며, '컴퓨터에 데이터를 읽게 해서 자동으로 개념간의 관계성을 찾자'라는 것이 '라이트웨이트light weight 온톨로지' 파이다.[11]

---

11 보다 엄밀하게 설명하면 헤비웨이트 온톨로지는 철학적인 고찰에 근거해 대상 세계를 적절하게 잡는 것을 중시한 것이고, 라이트웨이트 온톨로지는 정보론적인 이용 효율을 중시한 것이다.

라이트웨이트 온톨로지

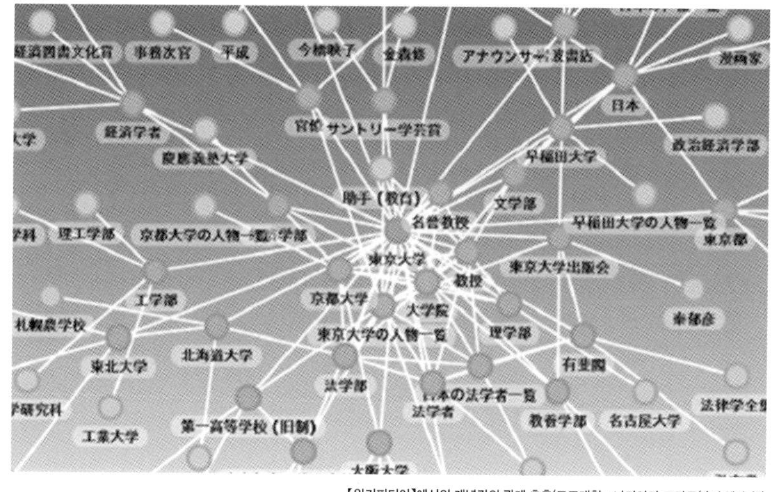

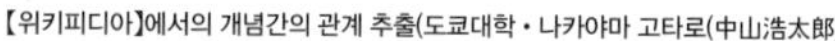
【위키피디아】에서의 개념간의 관계 추출(도쿄대학・나카야마 고타로(中山浩太郎)

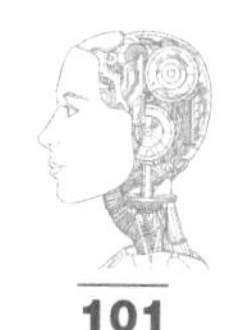

라이트웨이트 온톨로지파는 완전히 정확한 것이 아니어도 사용할 수 있는 것이라면 상관없다는 식의 다소 뜨뜻미지근한 입장이었지만 현실적인 접근법이었다. 그 때문에 웹데이터를 해석해서 지식을 꺼내는 웹마이닝이나, 빅데이터를 분석해서 지식을 꺼내는 데이터마이닝과 궁합이 잘 맞았다. 예를 들면 위의 그림은 온라인 백과사전 《위키피디아》의 어느 페이지로 어느 페이지에 링크가 붙여지고 있는지를 통계 처리하고, 그것을 개념끼리의 관계성으로 나타낸 것이다.

이러한 온톨로지 연구는 웹의 개방형 연결 데이터Linked Open Data(LOD)와도 관계가 있다. 국립정보학연구소 다케다 히데야키(武田英明) 교수, 게이오기주쿠대학 이공학부 야마구치다카히라(山口高平) 교수가 이 분야를 이끌고 있다.

왓슨

라이트웨이트 온톨로지의 하나의 궁극 모형이라고도 말할 수 있는 것이 IBM이 개발한 인공지능 '왓슨Watson'이다. 왓슨은 2011년에 미국의 퀴즈 프로그램 '죠파디!(Jeopardy!)'에 출연하여 역대 챔피언(물론 인간)과 대결해 승리하면서 일약 각광을 받았다. 이는 예전부터 지금까지 있었던 질문 응답Question-Answering이라는 연구 분야의 성과이기도 하다. 위키피디아의 기술을 바탕으로 라이트웨이트 온톨로지를 생성하고 그것을 정답에 사용하고 있다.

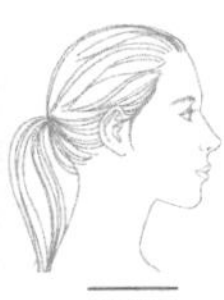

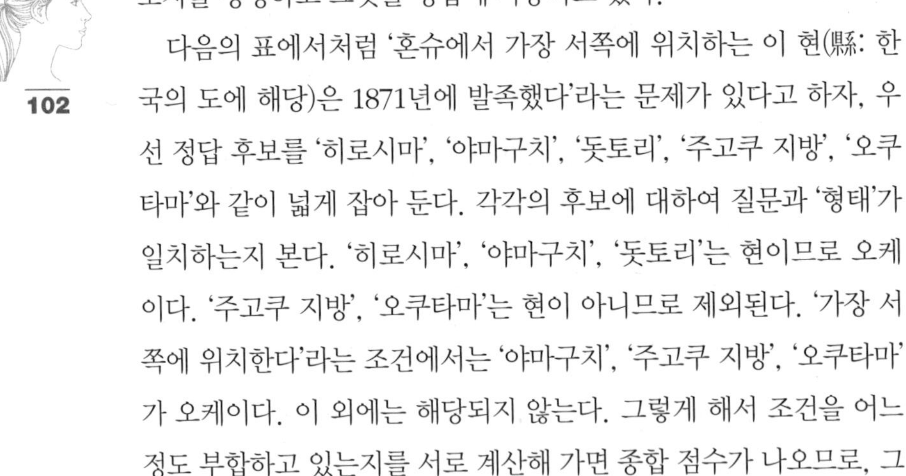

다음의 표에서처럼 '혼슈에서 가장 서쪽에 위치하는 이 현(縣: 한국의 도에 해당)은 1871년에 발족했다'라는 문제가 있다고 하자, 우선 정답 후보를 '히로시마', '야마구치', '돗토리', '주고쿠 지방', '오쿠타마'와 같이 넓게 잡아 둔다. 각각의 후보에 대하여 질문과 '형태'가 일치하는지 본다. '히로시마', '야마구치', '돗토리'는 현이므로 오케이다. '주고쿠 지방', '오쿠타마'는 현이 아니므로 제외된다. '가장 서쪽에 위치한다'라는 조건에서는 '야마구치', '주고쿠 지방', '오쿠타마'가 오케이다. 이 외에는 해당되지 않는다. 그렇게 해서 조건을 어느 정도 부합하고 있는지를 서로 계산해 가면 종합 점수가 나오므로, 그 중 가장 높은 '야마구치'를 선택해서 대답하면 된다.

결국 왓슨 자체는 질문의 의미를 이해해서 대답하는 것이 아니고 질문에 포함되는 키워드와 관련될 것 같은 대답을 빠르게 끌어내고 있는 것뿐이다. 인간의 퀴즈 왕처럼 질문을 이해해서 대답하는 것은

질문 응답 시스템

질문 : 혼슈의 가장 서쪽에 위치한 이 지방은 1871년에 발족했다.
정답 : 야마구치(현).

관점 / 정답 후보	히로시마	야마구치	돗토리	주고쿠 지방	오쿠타마
관점 / 정답 후보로 형태가 일치하는? ('현'이다)	O	O	O	X	X
조건의 일부가 일치? (가장 서쪽에 있다)	X	O	X	O	O
시간 표현이 공통적? (1871년의 기술을 포함)	X	O	X	O	X
해당 단어에 대한 링크 수 (많은 편이 좋다)	1300	500	200	150	10
종합점(확신도)	2%	92%	20%	6%	0%

질문 응답 시스템 '왓슨'이 보여주는 미래, ProVISION 2011

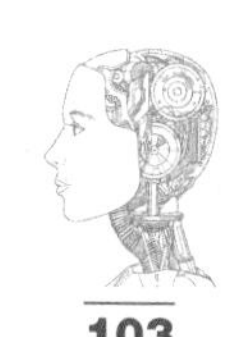

결코 아니다. 질문 응답 시스템은 예전부터 연구되고 있는 분야로 기계학습을 받아들이면서 더욱 진화하고 있지만, 기본적인 기술은 별로 달라진 점이 없다. 단지 정밀도를 더 높이기 위한 한결같고 꾸준한 노력의 결정체인 것이다.

IBM은 오랫동안 왓슨의 연구 개발을 해 왔는데 IBM의 인공지능 프로젝트는 언제나 놀라움을 준다.[12] IBM의 딥블루가 체스 세계 챔

12 IBM 사내에서는 항상 이러한 대형 프로젝트를 복수로 구성해 엄밀하게 관리하고 있다고 한다. 그 노력에 고개가 숙여진다.

피언에게 승리한 것이 1997년, 왓슨이 퀴즈 프로그램 챔피언에게 승리한 것이 2011년이었다. 양쪽 모두 컴퓨터가 인간을 꺾고 승리한 획기적인 사건으로 인공지능 역사에 남아 있지만, 각각 제1차, 제2차 AI 붐의 연구 성과를 현대식으로 정리한 것이라고도 말할 수 있을 것이다.

IBM은 왓슨을 의료 진단에 응용한다고 밝혔지만, 미국 전체가 주목하는 퀴즈 프로그램에서 인간 챔피언을 꺾으며 왓슨의 '위업'이 단숨에 올라갔다. 그리고 '셰프 왓슨'이라는 새로운 요리의 레시피를 생각해 내는 응용에도 도전하고 있다. 그 방면의 IBM의 전략적 솜씨는 매우 훌륭하다고 할 수 있다.

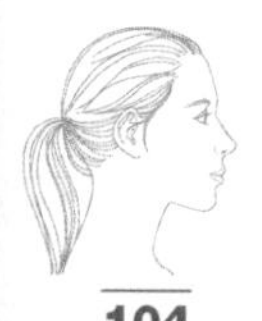

한편, 일본에서도 시선을 끄는 프로젝트를 선보였다. 그것은 바로 '로봇이 도쿄대학에 입학할 수 있을까?'라는 테마로 2021년까지 일본 최고 대학인 도쿄대학 입시 합격을 목표로 하는 인공지능 '토우로보군' 프로젝트이다.

미국 퀴즈 프로그램 '죠파디!(Jeopardy!)'

자료 출처 : IBM 블로그 (https://developer.ibm.com/watson/blog/) 죠파디 사이트 (https://www.jeopardy.com)

2014년 11월에 실시된 전국센터모의시험의 결과, 편차치는 전년 45.1을 상회하는 47.3으로 일본 전국의 사립대학 8할에 해당하는 472개 대학에서 합격할 가능성이 8할 이상이라는 'A판정'이 나와 화제가 되었다. 역사나 지리 등의 암기 과목에서는 왓슨과 비슷하지만 이과나 수학이 되면 도형이나 그래프를 읽어 내기 위한 화상 처리계의 기술도 필요하므로 토우로보군은 '종합 격투기'라고 말할 수 있을지도 모른다.[13]

1970년대 초반의 마이신 시대부터 이미 40년이 흘렀다. 다양한 데이터로 라이트웨이트 온톨로지를 생성해서 질문에 대답하는 환경은 정돈되어 왔다. 지금이라면 의료 진단도 상당히 실용적인 수준으로 실현될 것이다. 질문 응답 시스템에 의한 진단이 보급되면 의사의 절대 수가 부족한 지역이나 원격지, 개발도상국에서의 응용도 가능하다고 생각된다. 이러한 기술에 의한 변화는 조금씩 세상을 바꾸어 가게 될지도 모른다.

기계 번역의 어려움

여기까지 설명한 바와 같이 제2차 AI 붐은 '지식'을 입력하는 것으로 인공지능의 능력 향상을 도모해 왔다. 그러나 왓슨의 성능이 아무

13 일본에서는 이 외에도 '2050년에 사람형 로봇으로 월드컵 챔피언에게 이기는 것을 목표하자', 1995년경부터 로봇이 축구를 하는 '로보컵' 등의 매력적인 프로젝트가 실시되고 있다.

리 좋아진 것처럼 보였다고 해도 질문의 '의미'를 이해하고 있는 것은 아니다. 컴퓨터가 '의미'를 이해한다는 것은 정말로 어려운 것인데, 여기에서는 그 어려움의 상징이 되는 몇 가지를 소개한다.

기계 번역은 인공지능이 시작된 이래 오래전부터 연구되고 있지만 매우 곤란한 과제 중 하나이다. 물론 1990년대부터의 '통계적 자연어처리'에 의해 성능은 크게 향상되었다. 구글 번역 등은 훌륭한 기술이지만 그래도 아직 번역의 정밀도가 실용에 부합하는 것은 아니다. 컴퓨터가 알아서 척척 번역해 주면 한국인이나 일본인도 영어 공부 때문에 이렇게까지 고생하지 않아서 좋겠지만 안타깝게도 기계 번역이라는 것은 대단히 난이도가 높은 기술 중 하나이다.

무엇이 그렇게 어려운 것일까? 다음과 같은 예문을 한번 생각해 보자.

He saw a woman in the garden with a telescope.

(직역을 하면 '그 본 여성 정원 안에서 망원경으로'가 된다)

대부분의 사람은 이것을 '그는 망원경으로 정원에 있는 여성을 보았다'라고 번역한다. 독자들도 아마 그렇게 번역했을 것이다. 그런데 이 해석은 사실 문법적으로는 유일하게 정해지지 않는 것이다. 정원에 있는 것은 그인가, 그렇지 않으면 여성인가? 망원경을 가지고 있는 것은 그인가, 여성인가? 실제로 구글 번역에서는 '그는 망원경으로 정원에서 여성을 보았다'라고 번역한다. 정원에 있었던 것은 여성이 아니고 '그'라고 해석하고 있다. 그런데 우리가 생각할 때 이것은 조금 부자연스러운 부분이 있다. 왠지 '그는 망원경으로 경치를 보고 있었던 중 우연히 정원에 있는 여성을 발견하고 마음을 빼앗겼다'라는 시추에이션situation이 떠오른다. 그러므로 '여성은 정원에' 있어야만 하고, '그는 망원경으로' 엿보아야만 하는 것이다.

왜 인간이 그런 생각을 할 수 있을까 질문한다면 그때까지의 경험으로부터 '왠지 그 상황이 있을 법하다'라고 판단하는 것뿐으로 설명하기는 어렵다. 이것을 컴퓨터에 가르치려고 한다면 '망원경으로 들여다보고 있는 것은 남성이 많다' 혹은 '정원에 있는 것은 여성이 많다'와 같은 지식을 입력할 수밖에 없다.

이 경우만큼만 대처하면 그래도 간단하겠지만 세상에는 비슷한 일이 온갖 장면에서 발생한다. 정원이 아니고 산에는 남성이 많을 것일지, 여성이 많을 것인지, 강에는 남성이 많은 것일지 여성이 많은 것인지 혹은 외국인이 정원에 있는 것은 부자연스러운 것인지 그렇지 않은 것인지, 스모 선수가 정원에 있는 것은 부자연스러운 것인지

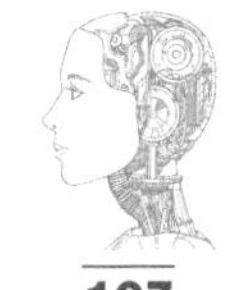

그렇지 않은 것인지 등등 그러한 모든 상황과 사태를 상정하고 필요로 하는 지식을 입력하는 작업이 상당히 방대해서 여러 상황을 입력한다는 것이 얼마나 어리석은 짓인지 간단히 상상할 수 있을 것이다.

단순한 1개의 문장을 번역하는 것도 일반 상식이 없으면 번역을 잘 할 수 없다. 여기에 기계 번역의 어려움이 있는 것이다. 컴퓨터가 일반 상식을 다루기 위해서는 인간이 갖고 있는 사용할 수도 없을 정도의 방대한 지식을 다룰 필요가 있어서 지극히 곤란한 것이다. 인공지능 분야에서는 컴퓨터가 지식을 획득하는 어려움을 '지식 획득의 보틀넥bottleneck'이라고 말한다.

프레임 문제

인공지능에 있어서 프레임 문제도 어려운 문제 중 하나로 알려져 있다. 원래는 인공지능의 대가 중 한 사람인 존 매카시John McCarthy의 논의로부터 시작되고 있지만 철학자 대니얼 데닛Daniel Dennett이 고안한 예를 들어 설명하기로 한다.

동굴 안에 로봇을 움직이게 하는 배터리가 있고 그 위에 시한폭탄이 장착되어 있다. 로봇은 배터리를 가져오지 않으면 배터리가 다 떨어져 움직일 수 없게 되므로 동굴에서 배터리를 가져오라는 지시를 받았다. 연구자들은 이것을 수행시키기 위해 로봇을 설계했다.

로봇 1호는 배터리를 동굴에서 가져올 수 있었다. 그러나 로봇은 배터리 위에 놓여 있는 시한폭탄도 같이 가져와 버렸다. 시한폭탄이 실려 있다는 것은 알고 있었지만 배터리를 가져오면 폭탄도 함께 가져오게 된다는 사실을 몰랐던 것이다. 그래서 동굴에서 나온 후에 폭탄이 폭발해 버렸다.

연구자들은 다음으로 로봇 1호를 개량해서 로봇 2호를 만들었다. 배터리를 반출할 때 폭탄도 같이 반출할 것인가, 아닌가를 판단시키기 위해서 '자신이 무언가를 하면 그 행동에 따라서 부차적으로 일어나는 것'도 고려할 수 있도록 개량되었다. 그러자 로봇 2호는 배터리를 앞에 두고 생각하기 시작했다. '자신이 왜건을 끌어당기면 벽의 색이 바뀔 것인가', '천장이 무너지지는 않을까' 등등. 하지만 모든 현상이 일어날 것인가 아닌가를 생각한 탓에 타임 오버로 시한폭탄이 폭발하고 로봇 2호도 부서져 버렸다.

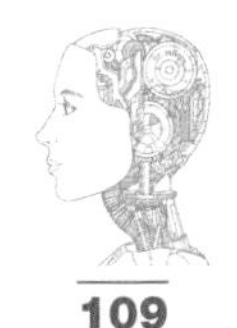

그래서 로봇 3호는 더욱 개량되었다. 이번에는 '목적을 수행하기 전에 관계없는 사항은 고려하지 않도록' 개량되었다. 그러자 로봇 3호는 관계 있는 것과 없는 것을 분류하는 작업에 몰두하고 무한한 생각을 거듭한 탓에 동굴에 들어가기 전에 동작이 멈추어 버렸다. '벽의 색은 이번의 목적과 관계 없는 것일까', '천장이 무너질 것인가 아닌가는 이번의 목적과 관계 없을까' 등 목적과 관계가 없는 사항도 워낙 많기 때문에 그 모든 것을 고려하는 것만도 긴 시간이 걸렸기 때문이다.

이렇듯 프레임 문제는 어떤 태스크$_{\text{task}}$를 실행할 때 '관계 있는 지식만을 꺼내서 그것을 사용한다'라는 인간이라면 지극히 자연스럽고

당연히 할 수 있는 작업이 인공지능에서는 얼마나 어려운지를 보여 주고 있다.[14]

심볼그라운딩 문제

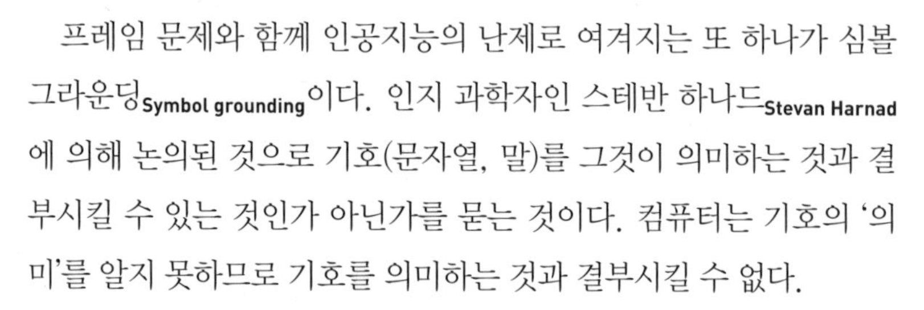

프레임 문제와 함께 인공지능의 난제로 여겨지는 또 하나가 심볼 그라운딩Symbol grounding이다. 인지 과학자인 스테반 하나드Stevan Harnad에 의해 논의된 것으로 기호(문자열, 말)를 그것이 의미하는 것과 결부시킬 수 있는 것인가 아닌가를 묻는 것이다. 컴퓨터는 기호의 '의미'를 알지 못하므로 기호를 의미하는 것과 결부시킬 수 없다.

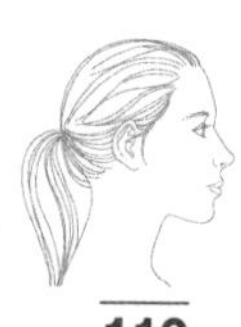

예를 들면 얼룩말을 본 적이 없는 사람이 있는데 그 사람에게 '얼룩말이라는 동물이 있고, 얼룩이 있는 말이다'라고 가르치면 진짜 얼룩말을 본 순간 그 사람은 '저것이 이야기에서 나왔던 얼룩말일지도 모른다'라고 바로 인식할 수 있을 것이다. 이것은 인간이 말의 의미와 줄무늬의 의미를 알고 있기 때문이다. 말이라는 것은 갈기와 발굽이 있고 "히힝" 하고 우는 4개의 발을 가진 동물이라는 이미지가 인간에게는 있는 것이다. '시마시마(얼룩말의 줄무늬를 지칭하는 일본어)'라는 것은 색이 다른 2개의 선이 교대로 나오는 모양이라는 것도 알고 있다.

14 특히 1층 술어 논리 등의 형식 논리를 사용해서 지식을 표현하려고 생각하면 이 문제는 치명적이었다.

따라서 그것을 조합시킨 '시마시마가 있는 말'도 바로 상상할 수 있는 것이다.

그러한 의미를 알고 있는 인간에게는 지극히 간단한 일이 의미를 알지 못하는 컴퓨터에게는 말할 수 없이 힘든 일이 된다. 얼룩말이 '시마시마가 있는 말'이라는 것은 기술할 수 있어도 단순히 기호의 나열에 지나지 않으므로 그것이 무엇을 가리키는지 모른다. 따라서 처음으로 얼룩말을 보아도 '이것이 저 얼룩말이다'라고 인식할 수 없다. 즉 얼룩말이라는 심볼(기호)과 그것을 의미하는 것이 결부되어(그라운드) 있지 않은 것이 문제인 것이다.[15] 이것을 심볼그라운딩 문제라고 한다.

로봇 연구자 중에는 이 심볼그라운딩 문제를 지능을 실현하는 데 있어 대단히 중요한 문제라고 생각하는 사람도 있다. '말'이라는 것을 정말로 이해하기 위해서는 현실 세계에 존재하는 '신체'를 이해해야 한다. 신체가 없으면 심볼과 그것이 가리키는 것을 접지시킬(그라운드 시킨다) 수 없기 때문에 이러한 접근법을 '신체성'에 착안한 연구라고 부른다. 예를 들어 컵이라는 것을 정확히 이해하기 위해서는 컵을 만져 볼 필요가 있다. 유리나 도자기 컵은 강하게 쥐면 깨져버린다는 것도 포함해 '컵'이라는 개념이 만들어지는 것이다. '외부세계와 상호 작용할 수 있는 신체가 없으면 개념은 전부 파악할 수 없다'라는 것이 신체성이라는 접근법의 사고방식이다.

15 덧붙이면 오리지널 논문에서도 얼룩말의 예가 나오지만 영어로 얼룩말은 'zebra', 시마는 'stripe', 말은 'horse'이므로 'zebra=stripe+horse'라고 설명되어 있다.

지나치게 시대를 앞선 '제5세대 컴퓨터'

이렇듯 제2차 AI 붐에서는 지식이 주인공이 되어 발전했지만 동시에 지식을 기술하는 것의 어려움도 알게 되었다. 그동안 일본에서는 통상산업성(현 경제산업성)이 주도한 거대 프로젝트 '제5세대 컴퓨터'가 시작되었다.

1980년대 후반 당시 시대를 살펴보면, 일본 경제는 버블 경기로 들끓고 있었다. 미국의 대일 무역 적자가 커지고, 미일 무역 마찰이 일어나는 등 일본의 산업계는 미국에게 각양각색의 압력을 받고 있었다. 그러한 시대에 나라의 위신을 건 국가 프로젝트로서 '제5세대 컴퓨터'의 개발이 시작된 것이다.

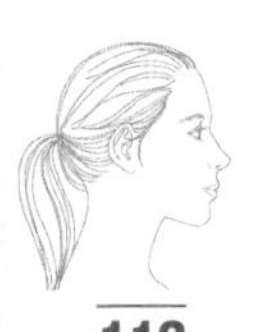

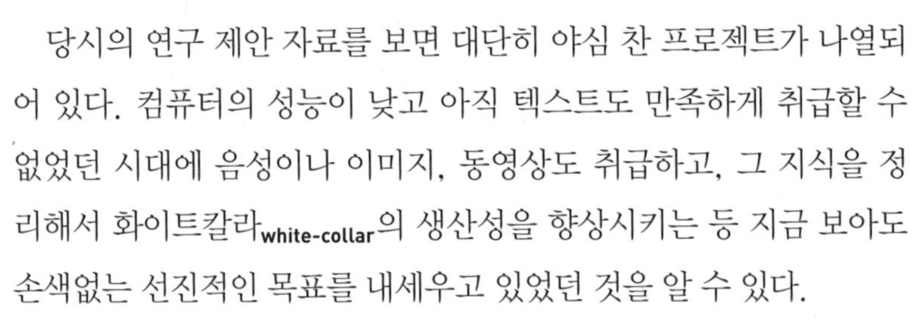

당시의 연구 제안 자료를 보면 대단히 야심 찬 프로젝트가 나열되어 있다. 컴퓨터의 성능이 낮고 아직 텍스트도 만족하게 취급할 수 없었던 시대에 음성이나 이미지, 동영상도 취급하고, 그 지식을 정리해서 화이트칼라white-collar의 생산성을 향상시키는 등 지금 보아도 손색없는 선진적인 목표를 내세우고 있었던 것을 알 수 있다.

단지 당시에는 '데이터'가 없을 뿐이었다. 개방적으로 이용 가능한 데이터가 폭발적으로 늘어난 것은 인터넷의 등장 이후다. 웹이 보급된 것은 1990년대 후반부터이고 구글의 창업은 1998년이다. 이용 가능한 데이터가 없었기 때문에 추론을 더 강화하는 것으로 인간과 같은 지적인 처리를 할 수 있지 않을까라는 가설이 서고, 병렬에 추론하는 구조의 연구에 매진한 것이지만 그 방향에서는 결국 생각한 것과 같은 성과는 얻을 수 없었다.

'제5세대 컴퓨터'는 1982년부터 10년간에 걸쳐 570억 엔(약 5,700억 원)을 투입했던 국가 프로젝트였지만 처음 의도대로 가지는 않았다. 그러나 인공지능 연구에 우수한 인재가 모이고 해외의 유명한 연구자를 불러서 연계 연구를 할 수 있었다는 성과를 낳기도 했다.

역사에 '~만 된다면'은 없지만 만약 웹의 출현이 15년 빨랐으면 지금의 실리콘밸리 자리는 일본이었을지도 모른다고 생각해 본다. 경제 성장으로 끓어오른 이러한 프로젝트는 그 정도로 선진적인 목표를 내세우고 있었기 때문이다.

결과에 대해서는 찬반양론이 있지만 '제5세대 컴퓨터' 프로젝트는 당시 확실하게 '이기기 위해서 던질 가치 있는 주사위'였다. 세계 넘버원을 쟁취하자는 강한 의지와 그것을 위한 전략, 당시의 자료를 읽으면 그러한 느낌이 전해져 온다. 지금의 일본이 가장 부족한 부분이기도 하다.[주11]

그리고 제2차 AI 붐은 끝났다

제2차 AI 붐에서는 컴퓨터에 지식을 입력하면 확실히 똑똑하고 현명해진다는 사실을 알게 되었다. 그 결과 산업적으로도 어느 정도는 사용할 수 있다는 것을 알 수 있었다. 그러나 지식을 쓴다는 것은 상상 이상으로 어려운 일로 전부 다 쓸 수가 없다.

규모가 크고 어려운 일을 진행할 때 대기업이 돈을 들이면 하지 못할 것도 없지만 사이크 프로젝트와 같이 오랜 세월이 흘러도 다 쓰지 못하는 사례를 보면, 또 온톨로지 연구의 심오함이나 기계 번역의 곤란함을 보면서, 지식을 끝까지 쓴다는 것은 거의 불가능하다고 생각된다. 프레임 문제나 심볼그라운딩 문제의 존재도 인공지능의 실현에 큰 물음표를 찍고 있다.

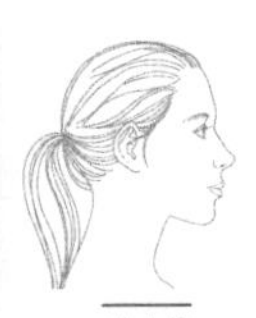

결국 AI는 꿈 같은 이야기일지도 모른다. 많은 사람들이 그렇게 생각했다. 인공지능 연구자조차도 그랬으니까. 이렇게 비관적인 관측이 퍼지면서 1995년경부터 AI 연구는 겨울의 시대를 맞이해 버린다.[16]

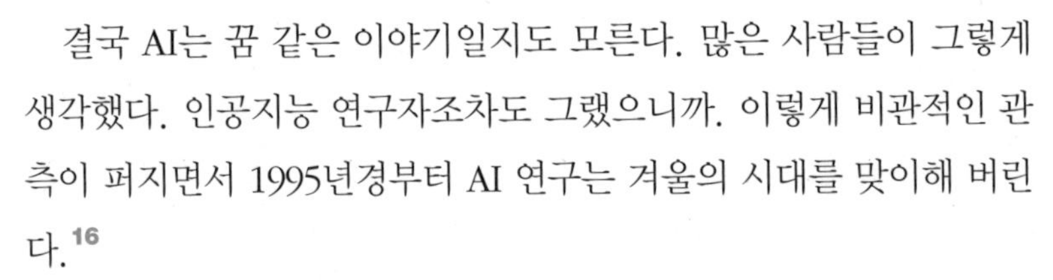

필자가 인공지능을 배운 학생 시절은 제5세대 컴퓨터 프로젝트와 그 뒤를 이은 RWC(리얼 월드 컴퓨팅) 프로젝트가 끝난 직후였다. 일본에서는 인공지능에 대한 기대가 높았던 것만큼 반대로 겨울의 추위도 혹독했다. 인공지능이라는 말을 기피했고, 인공지능에 대한 비

16 일본에서는 제5세대 컴퓨터 프로젝트의 영향 등으로 인해 겨울의 시대를 1995년경부터 시작되었다고 본다. 다른 나라에서는 그보다 빠른 1987년 정도부터로 보고 있다.

난은 강해졌다.

이 책의 프롤로그에서 소개한 바와 같이 연구비 심사에서 면접관이 '인공지능 연구자는 언제나 거짓말을 한다'라고 쏘아붙인 것도 그러한 시대적 배경이 한몫했던 것이다.

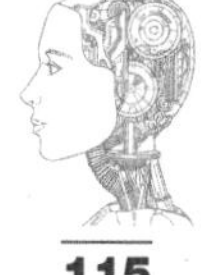

5
'기계학습'의 조용한 확대

– 제3차 AI 붐 ① –

데이터의 증가와 기계학습

제2차 AI 붐에서는 '지식'을 많이 받아들일수록 그만큼 행동할 수는 있었지만 기본적으로 입력한 지식 이상의 것은 할 수 없었다. 그리고 입력하는 지식이 보다 실용적이야 하고, 예외에도 대응할 수 있도록 만들려고 하면 방대해져서 언제까지나 입력(기억)시킬 수는 없었다. 근본적으로는 기호와 그것이 가리키는 의미가 결부되지 않았고, 컴퓨터가 '의미'를 취급하는 것은 상당히 어려웠다.

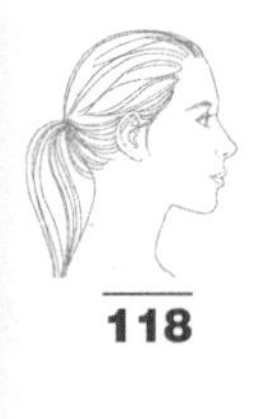

이러한 폐쇄감 속에 차근차근 힘을 키워온 것이 '기계학습Machine Learning'이라는 기술이며, 그 배경에는 문자 식별 등의 패턴 인식 분야에서 오랜 세월 축적되어 온 기반 기술과 증가하는 데이터의 존재가 있었다. 웹에 처음으로 페이지가 생긴 것이 1990년, 초기에 유명한 브라우저 '모자이크'를 할 수 있었던 것이 1993년이었다. 구글의 검색 엔진을 사용할 수 있었던 것이 1998년이고, 고객의 구매 데이터나 의료 데이터 등의 데이터 마이닝 연구가 왕성하고 국제적인 학회를 열었던 것이 같은 해인 1998년의 일이다.[17] 특히 인터넷상에 있는 웹페이지의 존재는 강렬해서 웹페이지의 텍스트를 다루는 것이 가능한 자연어처리Natural Language Process와 기계학습의 연구가 크게 발전했다.

그 결과 통계적 자연어처리Statistical Natural Language Process라고 불리는

---

17 SIGKDD(Knowledge Discovery in Data 분과회)가 정식 ACM(계산기계학회)의 활동이 된 것이 1998년. 실제로는 그 몇 년 전부터 활동이 이뤄지고 있었다.

영역이 빠른 속도로 발전했다. 이것은 예를 들어 번역을 생각할 때에 문법 구조나 의미 구조를 생각하지 않고, 단지 기계적으로 번역되는 확률이 높은 것을 적용시켜 나가면 된다라는 사고방식이다. 즉, 기존의 언어학에서 연구되어 온 문법에 관한 지식이나 문장이 전하려는 의미를 정확히 파악해서 번역하는 것이 아니고, 대역 코퍼스corpus라는 두 가지의 언어가 양쪽으로 기재된 대량의 텍스트 데이터를 학습하여, '영어로 이러한 단어의 경우는 일본어의 이 단어로 번역되는 확률이 높다', '영어로 이러한 문구의 경우는 일본어의 이러한 문구로 번역될 경우가 많다'라고 단순하게 적용시켜 가는 것이다.

이렇게 해서 종래의 추론이나 지식 표현과 다소 다른 분야에서 기존의 데이터를 확률적 또는 통계적으로 분석하여, 그것을 활용하는 연구로서 기계학습의 연구가 진행되고 있었다. 구글은 그야말로 이 통계적 자연어처리의 화신 같은 기업이며 창업으로부터 10년이 지나자 급성장을 이루었다. 구글이 10만 달러(약 1억 원)의 자금으로 창업한 것이 1998년인데 2004년에 상장했을 당시의 시가 총액은 230억 달러(약 2,300억 원), 그 후 10년이 지난 2014년에는 3,500억 달러(약 35조 원)가 되어 시가 총액으로 토요타 자동차의 2,000억 달러(약 20조 원)를 크게 상회한다.

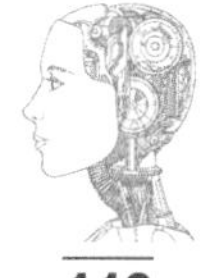

'학습한다'는 것은 '분류한다'는 것

기계학습이란 인공지능 프로그램 자신이 학습하는 구조를 말한다. 도대체 학습은 무엇인가? 어떻게 하면 학습했다고 말할 수 있는 것인가?

학습의 근간을 두는 것은 '분류한다'라는 처리이다(물론 '회귀' 등의 작업도 있지만 여기에선 '분류'에 초점을 맞춰 설명하도록 하겠다). 잘 분류할 수 있으면 사물을 이해할 수도 있고, 판단해서 행동할 수도 있을 것이다. '분류한다'라는 것은 그러한 학습 과정의 가장 기본적인 단계인데, 다시 말해 'YES냐 NO로 대답하는 문제'인 것이다.

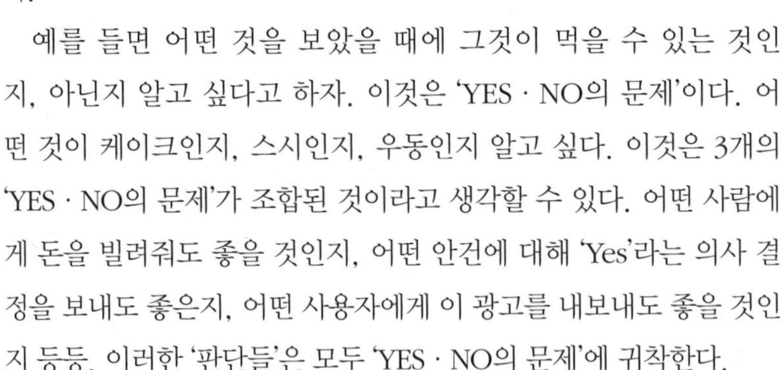

예를 들면 어떤 것을 보았을 때에 그것이 먹을 수 있는 것인지, 아닌지 알고 싶다고 하자. 이것은 'YES · NO의 문제'이다. 어떤 것이 케이크인지, 스시인지, 우동인지 알고 싶다. 이것은 3개의 'YES · NO의 문제'가 조합된 것이라고 생각할 수 있다. 어떤 사람에게 돈을 빌려줘도 좋을 것인지, 어떤 안건에 대해 'Yes'라는 의사 결정을 보내도 좋은지, 어떤 사용자에게 이 광고를 내보내도 좋을 것인지 등등. 이러한 '판단들'은 모두 'YES · NO의 문제'에 귀착한다.

본래 생물은 생존을 위해서 세계를 분절(이어진 전체를 몇 개로 나눔)한다. 먹을 수 있을지 없을지, 적인지 아군인지, 수컷인지 암컷인지 말이다. 우리들 인간은 보다 고도의 지능을 가지고 있으므로 대단히 세세하게, 언뜻 보면 무의미할 정도로 세계를 분절하고 있다.

이렇듯 인간에게 있어서 '인식'이나 '판단'은 기본적으로 'YES · NO의 문제'라고 파악할 수 있다. 이 'YES · NO의 문제'의 정밀도, 정답율을 올리는 것이 바로 학습하는 것이다.

기계학습은 컴퓨터가 대량의 데이터를 처리하면서 이 '분류 방법'을 자동적으로 습득한다. 일단 '분류 방법'을 습득하면 그것을 사용해서 기존에 보지 못했던 새로운 입력 데이터를 '분류할' 수 있다. 일단 '고양이'를 분별하는 방법을 훈련 데이터 세트로부터 익히면 다음부터는 고양이의 이미지를 본 순간에 '이것은 고양이다' 라고 순식간에 분별할 수 있다는 것이다.

지도 학습, 비지도 학습

기계학습은 크게 '지도 학습supervised learning'과 '비지도 학습unsupervised learning'으로 나눌 수 있다.[18]

'지도 학습'은 '입력'과 '올바른 출력(분류 결과)'이 세트가 된 훈련 데이터를 미리 준비하고, 어떤 입력이 주어졌을 때 올바른 출력(분류 결과)이 나오도록 컴퓨터에 학습을 시킨다.

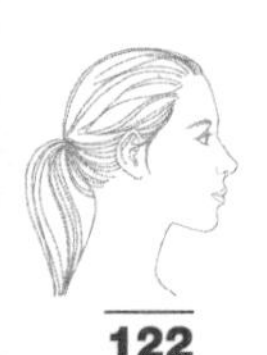

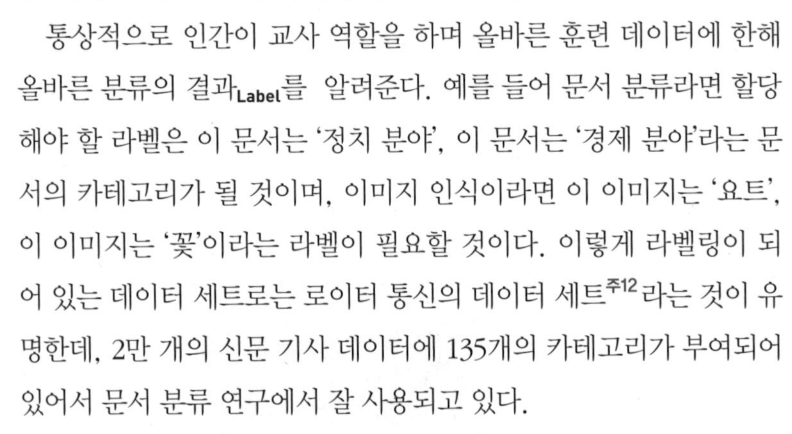

통상적으로 인간이 교사 역할을 하며 올바른 훈련 데이터에 한해 올바른 분류의 결과Label를 알려준다. 예를 들어 문서 분류라면 할당해야 할 라벨은 이 문서는 '정치 분야', 이 문서는 '경제 분야'라는 문서의 카테고리가 될 것이며, 이미지 인식이라면 이 이미지는 '요트', 이 이미지는 '꽃'이라는 라벨이 필요할 것이다. 이렇게 라벨링이 되어 있는 데이터 세트로는 로이터 통신의 데이터 세트[주12]라는 것이 유명한데, 2만 개의 신문 기사 데이터에 135개의 카테고리가 부여되어 있어서 문서 분류 연구에서 잘 사용되고 있다.

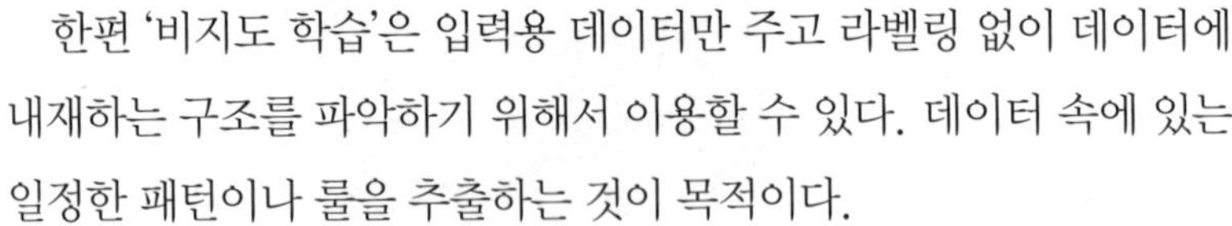

한편 '비지도 학습'은 입력용 데이터만 주고 라벨링 없이 데이터에 내재하는 구조를 파악하기 위해서 이용할 수 있다. 데이터 속에 있는 일정한 패턴이나 룰을 추출하는 것이 목적이다.

전체의 데이터를 어떤 공통 항목을 가지는 군집으로 나누거나(클

18 또 하나 '강화 학습'을 추가해 3개라고 설명하는 것도 있다. 강화 학습이란 시행착오를 통해서 환경에 적응하는 학습 제어의 틀이다. 지도 학습과 다르고, 맞은 행동을 명시적으로 주어지는 것이 아닌 보수(사례금)라는 행동의 바람직함을 나타내는 정보를 단서로 학습한다. 보수에는 늦음이 있기 때문에 행동을 실행한 직후의 보수를 보는 것만으로는, 학습 주체는 그 행동이 맞는 것인지 아닌지를 판단할 수 없다는 곤란이 수반된다.

러스터링), 빈출 패턴을 찾는 것이 대표적인 비지도 학습 태스크이다이다. 예를 들면 어떤 슈퍼마켓의 구매 데이터로 먼 곳에서 물건을 사러 오고 평균 구매 단가가 높은 그룹과, 근처에서 사러 와서 평균 구매 단가가 낮은 그룹을 데이터 분포를 통해 밝혀내는 것은 클러스터링의 한 예라 할 수 있다.

또한, '기저귀와 맥주를 함께 구매하는 경우가 많다'라는 것을 발견하는 것이 빈출 패턴 마이닝 혹은 상관 룰 추출이라고 불리는 처리이다. 이와 같이 비지도 학습은 인간의 '라벨링' 없이도 데이터의 분포만으로 그 패턴을 인식하는 학습 방법을 말한다.

'분류 방법'에도 여러 가지가 있다

'분류한다'라는 작업에 대해 조금 더 자세히 살펴보자. 다음 페이지의 그림을 보면서 이해하면 좋겠다.

신문 기사를 카테고리로 분류하는 것을 생각해 보자. 우선은 컴퓨터가 훈련용 데이터를 읽고 기사에 나오는 단어를 바탕으로 어떠한 공간을 만든다. 예를 들어 기사에 나오는 단어로부터 가장 자주 나오는(빈출)것을 100개 선택하고 100차원의 공간을 만들면 1개의 기사는 이 공간상 1개의 점으로서 나타날 수 있다. 이 공간에서는 같은 단어가 나오는 기사는 근처에, 나오지 않는 기사는 멀리 떨어져 있게 매핑된다.

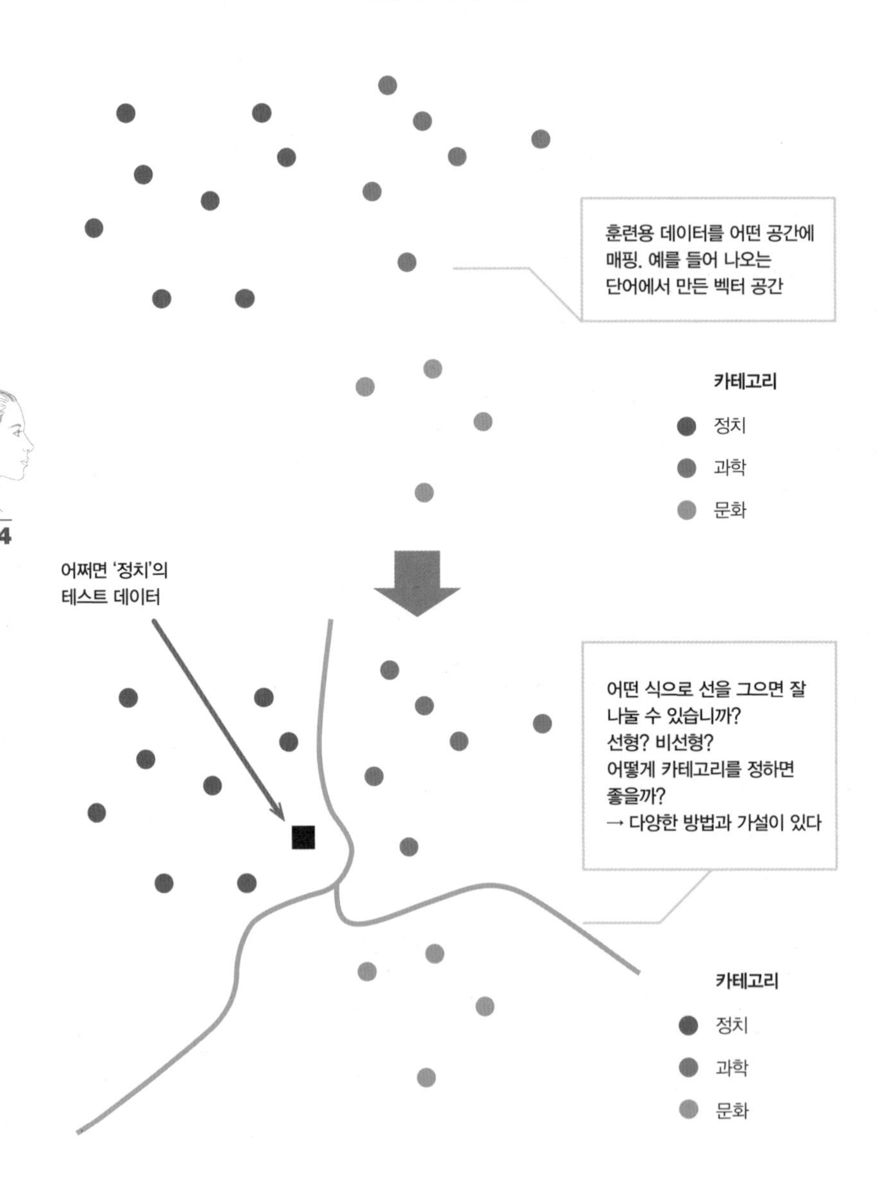
신문기사를 분석한다
훈련용 데이터를 어떤 공간에
매핑. 예를 들어 나오는
단어에서 만든 벡터 공간
카테고리
정치
과학
문화
어쩌면 '정치'의
테스트 데이터
어떤 식으로 선을 그으면 잘
나눌 수 있습니까?
선형? 비선형?
어떻게 카테고리를 정하면
좋을까?
→ 다양한 방법과 가설이 있다
카테고리
정치
과학
문화

신문 기사에는 '정치', '과학', '문화'라는 카테고리가 붙여져 있다고 해 보자.

대충 매핑이 끝나면 그 다음에 새로운 테스트 데이터를 읽게 해서 어느 카테고리에 분류될지를 본다. 그림 중앙의 ■가 테스트 데이터였다고 하면, 이것을 3개의 카테고리 가운데 어디에 나눌 수 있을 것인가? 그림과 같이 구분되어 있으면 테스트 데이터는 '정치'에 분류될 것이다. 이 선을 어떻게 긋는가에 따라 분류 방법이 바뀐다. 즉 '분류한다'라는 것은 갈라놓기 위한 '선을 긋는다'는 것과 같은 의미이다.[19]

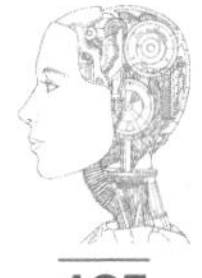

최종적으로 '나라' '정부' '예산' '행정' '여당' 등의 단어가 나오면 '정치', '우주' '물리' '생명' '세포' '컴퓨터' 등의 단어가 나오면 '과학', '음악' '미술' '그림' '조각' '애니메이션' 등의 단어가 나오면 '문화'라는 식으로 컴퓨터가 학습해 주면 오케이다. 선을 긋는 방법에는 여러 가지 방법이 있고, 각각 다른 가설에 근거하고 있다. 여기에서는 대표적인 분류 방법 5가지를 소개하도록 하자.

① 최근접 이웃 방법

최근접 이웃 방법Nearest neighbor이라는 것은 선을 긋는다는 것보다 더 소박한 방법인데 문자 그대로 '가장 가까운 이웃의 분류를 따른다'라는 것이다. 이것은 가장 가까운 데이터의 카테고리가 맞는 확률

---

19 방법에 따라서는 그 이외의 방법도 있다.

이 높을 것이라는 가설에 근거하고 있다.

그림의 예를 살펴보면, '정치'의 문서가 가장 가까우므로 최근접 이웃 방법에서는 테스트 데이터도 '정치'일 것이다라고 판단한다. 그러나 단순한 만큼 노이즈에 영향을 받기 쉽고, 예를 들어 '정치'의 덩어리 안에 우연히 '문화'로 분류되는 기사가 섞여 들어가 있었다면, 그 주변은 '문화'에 분류된다는 단점을 가지고 있다(결국 그 이상표본outlier 하나 때문에 그 주변은 문화로 분류되는 오버피팅overfitting의 결과를 낳게 된다).

② 나이브 베이즈법

나이브 베이즈법Naive Bayes은 확률에 관한 유명한 정리인 '베이즈의 정리'를 사용해 나누는 방법으로, 데이터의 특징마다 어느 카테고리에 꼭 들어맞는가에 대한 확률들을 곱해 가장 그럴 법한 분류를 찾는다. 예를 들어 기사에 '여당'이라는 단어가 들어 있었다면 아마도 그 기사는 정치 기사일 가능성이 높을 것이다. 이것은 확률적으로는 다음과 같이 생각할 수 있다.

모든 카테고리의 기사에 '여당'이라는 단어가 포함되는 확률과 정치 카테고리에 '여당'이라는 단어가 포함되는 확률을 비교한다. 이 확률의 비교가 예를 들어 '1:10'이라면 정치 카테고리에 log(10/1), 즉 1포인트 추가한다. 이 비교가 극단적일수록 높은 점수가 들어간다. 이것을 조사하고 싶은 기사 중에 포함되는 모든 단어로 시도한 후에, 최종적인 '정치' 카테고리의 점수, '과학' 카테고리의 점수, '문화' 카테고리의 점수를 계산하여 가장 높은 것을 옳은 분류의 결과로 판정한다는 것이다.

나이브 베이즈는 기업의 채용 활동을 떠올리면 이해하기 쉽다. 지망하는 학생을 채용할 것인지, 채용하지 않을 것인지라는 2개의 카테고리에 분류한다. 학력이나 직업, 경력, 자격의 유무, TOEIC 점수, 소속 서클 등 각각의 특징에 근거해서 점수를 쌓아 간다. 최종적으로 종합 점수를 통해 '채용할지, 채용하지 않을지' 어느 쪽에 속할지가 결정된다. 즉 채용해야 할 사람이 가지는 속성을 생각하면서 점수를 매겨 간다는 것이다. 이러한 방식은 차별이라 간주되어 버릴 가능성도 있어서 주의가 필요하지만 속성에 근거해 평가하는 나이브 베이즈법을 잘 사용하면 합리적인 의사 결정을 만들어 낼 수 있다는 장점도 가지고 있다. 예를 들어 성가신 메일을 분리하는 스팸 메일 필터라도 하나하나의 키워드가 '어떤 확률로 스팸 메일이 될 가능성이 있나'만을 수치로 갖고 있으면 된다. 이렇게 나이브 베이즈법은 그 계산이 간단하기 때문에 다양한 방면에서 실용화되고 있다.

③ 결정트리

결정트리decision tree는 각 속성들이 포함되어 있는가 아닌가를 기반으로 분류를 수행한다. '여당'이라는 단어가 들어 있는 집합과 들어 있지 않은 집합으로 나누고, '국회'라는 단어가 들어 있는 집합과 들어 있지 않은 집합으로 분류하여 '여당과 국회가 동시에 들어 있으면 정치 카테고리로 나눌 수 있다'와 같은 룰을 만드는 방식으로 질문의

트리를 자동으로 만든다. 결국 질문에 있는 각각의 요소에 대해 그 단어가 들어 있는지 아닌지를 가지고 가장 그럴 법한 분류 결과를 뽑아내는 것이 바로 결정트리이다.[20]

이것도 채용에 비유해 보자면 먼저 과거에 채용한 사람의 경향을 참고해 ○X로 갈라지는 트리를 만든다. 체육계 사람으로 캡틴이나 부장을 하고 있으면 ○, 그렇지 않으면 X, 이 외에 두드러진 활약이 있으면 ○, 그렇지 않으면 X라는 것을 되풀이한다. 결국 이러한 판단 근거들을 바탕으로 옳은 분류 결과를 내놓는 것이다. 이 방법의 단점이라면 컴퓨터에는 복수의 속성을 조합시킨 애매한 조건(예를 들면 위의 예제에서 '활약이 그저그런 중간 간부')은 만들기 힘들다는 점이다. 즉 공간을 '기울게' 자를 수 없으므로 복잡한 문제에서의 판단의 정밀도는 그다지 높지 않다.

④ 서포트 벡터 머신

서포트 벡터 머신Support Vector Machine은 최근 15년 정도 유행하고 있었던 방법으로 데이터를 구분 짓는 구분선과 각 데이터 그룹간의 마진(간격)을 최대로 나누는 방법이다. 다시 말해 흩뿌려진 백점과 흑점을 나누고 싶다면 서포트 벡터 머신은 백으로부터 보나 흑으로부터 보나 가장 거리가 떨어진 중앙 한복판에 영토를 나누려는 것이다. 124 페이지 그림의 예로 말하면 '정치'의 끝(가장자리)에 있는 점과

20 ID3, C4 · 5, C5 · 0이라고 불리는 알고리즘이 알려져 있다.

'과학'의 끝(가장자리)에 있는 점의 중앙 한복판을 연결해서 선을 그어 가면 각 카테고리의 경계에 있는 점에서의 거리는 같아져서 여백은 최대가 된다.

실제로 서포트 벡터 머신의 정밀도는 꽤 높아서 잘 이용되어 왔으나, 큰 데이터를 대상으로 했을 때는 계산에 시간이 걸린다는 결점도 있다.

⑤ 뉴럴네트워크

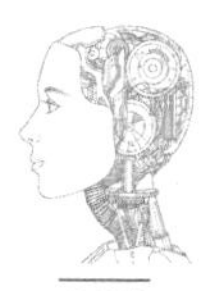

뉴럴네트워크Neural network는 지금까지의 방법과는 조금 다르게 인식할 수 있다.

지금까지의 방법이 순수하게 기계학습이 분류한다고 말하는 '기능'을 우아한 방법으로 실현하려는 것인데 반해서 뉴럴네트워크는 인간의 뇌신경 회로를 흉내 내 매우 복잡한 구조의 힘을 통해 분류하려는 것이다.

인간의 뇌는 뉴런(신경 세포)의 네트워크로 구성되어 있어서 각 뉴런은 시냅스를 통해 서로 전기 자극을 전달한다. 여기엔 임계값threshold이라는 개념이 있는데, 자극이 일정 임계값을 넘지 못하면 전기 신호가 발화되지 않아(수학적으로 표현하면) 그 값이 0이 되고, 발화되면 1이 되어 정보를 전달하는 방식이 뉴런 사이에서 일어난다.

뉴럴네트워크는 이러한 생체 뉴런의 정보 전달 방식을 모사하였으며, 각 노드는 시냅스를 모방하고 있다고 보면 된다. 아래층 뉴런

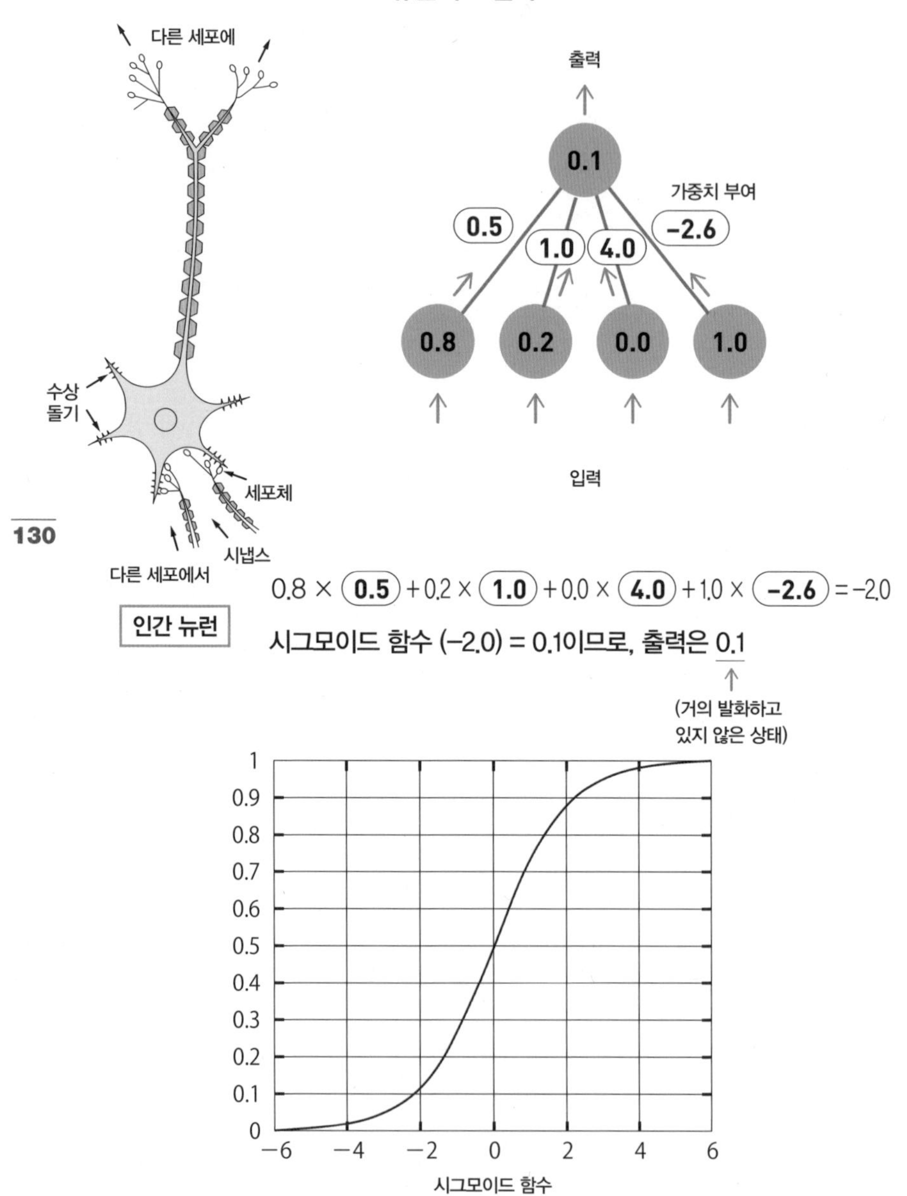
뉴런의 모델화
다른 세포에
수상
돌기
세포체
시냅스
다른 세포에서
인간 뉴런
출력
0.1
가중치 부여
0.5
1.0
4.0
-2.6
0.8
0.2
0.0
1.0
입력
0.8 × 0.5 + 0.2 × 1.0 + 0.0 × 4.0 + 1.0 × -2.6 = -2.0
시그모이드 함수 (-2.0) = 0.1이므로, 출력은 0.1
(거의 발화하고
있지 않은 상태)
1
0.9
0.8
0.7
0.6
0.5
0.4
0.3
0.2
0.1
0
-6
-4
-2
0
2
4
6
시그모이드 함수

으로부터 받은 값에 가중치를 곱하고, 그 합을 시그모이드sigmoid(S자 곡선) 함수를 거쳐 출력한다(참고로 시그모이드 함수는 '온-오프'를 수학적으로 취급하기 쉽도록 하기 위한 함수이다).

일련의 흐름 중에서 중요시 되는 것은 가중치weight(중요성)의 부여로, 인간의 뉴런이 학습에 의해 시냅스의 결합 강도를 변화시키듯이 학습하는 과정에서 중요성(가중치)의 부여를 변화시켜 최적인 값을 출력하여 조정하는 것으로 정밀도를 높여 간다. 결과적으로 훈련 데이터를 통해 이 가중치값들이 결정되면 이들의 결정된 네트워크를 통해 입력 데이터를 분류하는 것이 바로 뉴럴네트워크이다.

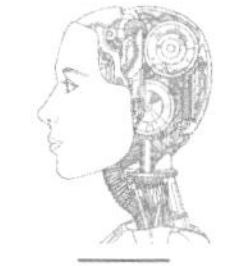

기계학습에서는 어떤 데이터를 준비할 것인가, 어떻게 정확한 라벨(정답 데이터)을 준비할 것인가, 이 2개의 조합에 의해 얼마든지 새로운 일을 시킬 수 있다. 예를 들면 이런 문제이다.

· 돈을 빌리는 사람의 경제 상황과 상환할 수 있는가, 아닌가?
· 어떤 문서가 외설인가, 그렇지 않은가?
· 어떤 이미지에 수상한 인물이 비치고 있는가, 아닌가?
· 어떤 사람의 성적과 그 사람이 대학에 합격할 것인가, 아닌가?
· 어떤 고객의 정보와 그 사람이 단골손님이 될 것인가, 아닌가?

실제로 필자의 연구실에서는 신입생들에게 '자신이 좋아하는 데이터로 분리 방법을 연구해 컴퓨터에 학습시켜 자동적으로 분류하시오'라는 과제를 내고 있다. 자신의 출신지, 음식점의 좋고 나쁨을 학습하는 프로그램을 만드는 사람이 있는가 하면, 자신이 좋아하는 아이돌 이미지를 판별시키려는 사람까지 다양하다.

뉴럴네트워크로 손글씨를 인식한다

기계학습의 유망한 분야 중 하나인 뉴럴네트워크에 대해서 좀 더 들여다 보자.

지금까지 기계학습 분야는 자연어처리, 구조화된 데이터, 이미지나 음성 등의 멀티미디어, 로봇 등의 영역에서 연구되어 왔다. 그중에서도 웹의 등장 이후에는 자연어처리와 기계학습이 제대로 팀을 이루어 올라왔다고 볼 수 있다. 그런데 최근의 돌파구는 이미지 인식 분야에서 일어났다. 따라서 여기에서는 이미지를 통한 기계학습을 예로 들어 보도록 하자.

자주 사용되는 예가 최근 스마트폰에도 많이 적용되고 있는 손글씨 문자 식별이다. 손글씨 문자 식별이란, 간단한 예로 우체국의 우편 번호 자동 읽기에서 사용되는 것과 같은 것이다. 다음 페이지 그림의 좌측 밑 그림 '3'이 비뚤어지거나 구부러지거나, 커지거나 줄어들거나할 때, 인간이라면 이 정도 표기의 흔들림은 손쉽게 '3'이라고 판별할 수 있을 것이다. 그런데 이것이 컴퓨터에게는 상당히 어려운 문제이다. 어떠한 이미지가 '3'이고, 어떠한 이미지가 '8'인가 혹은 '5'인가라는 것을 명시적 룰로서 주는 것이 어렵기 때문이다.

손글씨 문자 인식

3 바른(정확한) 출력 결과

0의 확률	1의 확률	2의 확률	3의 확률	4의 확률	5의 확률	6의 확률	7의 확률	8의 확률	9의 확률
0.05	0.05	0.05	0.40	0.05	0.10	0.05	0.05	0.15	0.05

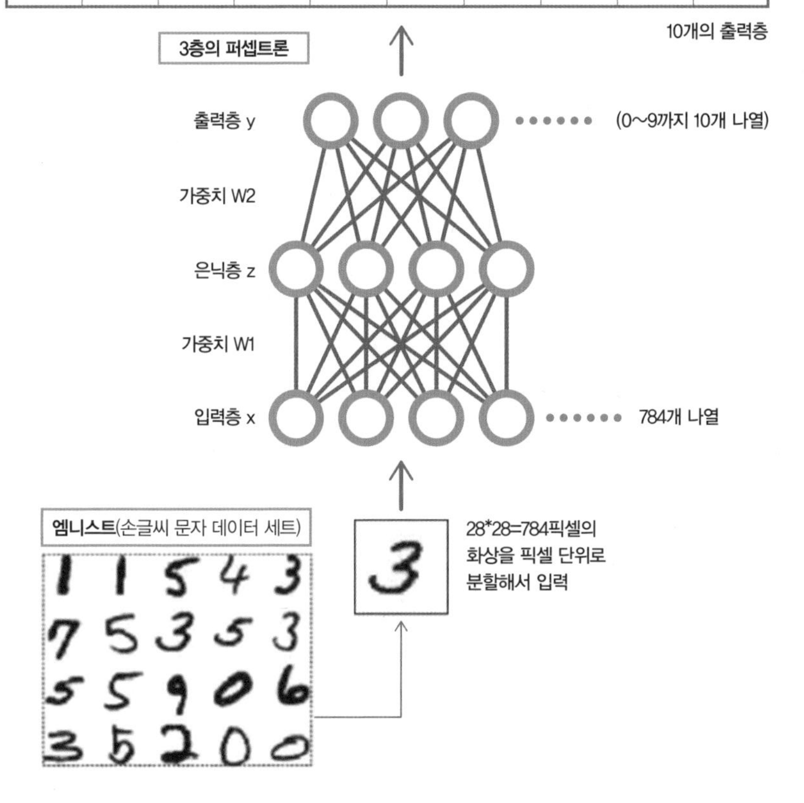

손글씨 문자를 정확하게 인식할 수 있게 하기 위한 훈련용 데이터로서 0부터 9까지 10개의 숫자를 여러 가지 손글씨 문자로 표현한 MNIST(엠니스트: 손글씨 문자의 인식)라는 데이터 세트가 있다. 이미지 인식 분야에서는 잘 사용되는 표준 공개데이터이다.

이 데이터 세트에서 하나하나 손으로 쓴 숫자는 28픽셀×28픽셀=784픽셀의 이미지가 된다(이미지 데이터로서는 정말 작은 크기이다). 이러한 이미지 7만 장에는 각각 어느 숫자에 해당하는 것인가라는 정답 라벨이 붙여져 있다. 이 이미지를 픽셀 단위로 분해해서 뉴럴네트워크에 읽게 한다. 입력층과 출력층 사이에 있는 것이 은닉층 hidden layer이며, 입력된 데이터는 입력층으로부터 은닉층, 은닉층에서 출력층에 출력된다(구조에 따라 여러 개의 은닉층을 거친 후 출력층에 도달하기도 한다. 이것이 바로 딥러닝이다). 뉴럴네트워크의 출력층에서는 0부터 9까지 대응하는 10개의 뉴런이 있어서 각각 값이 출력된다. 그림의 경우는 '3'인 확률이 '0.40'이 되어 가장 높으므로 이 손글씨 문자는 '3'이라고 판정한다.

참고로 기계학습 연구에서는 많은 연구자들이 엠니스트와 같은 공통의 데이터 세트를 사용한다. 왜냐하면 각각의 데이터를 사용하면 좋은 알고리즘이 된 것인지, 우연히 데이터가 좋았던 것인지 모르기 때문이다. 그리고 학습을 하는 방법, 테스트 하는 방법에 대해서도 표준적인 방식이 있다. 그리고 이를 통해 서로의 알고리즘 성능을 비교(벤치마크)하며 기술을 발전시켜 간다.

엠니스트의 데이터를 사용해서 학습할 때는 예를 들면 '3'의 이미지를 입력하고, 만약 틀려서 '8'이라고 판정했을 경우 '입력층'과 '은닉층'을 연결하는 부분의 무게 W1, '은닉층'과 '출력층'을 연결하는 부분의 무게 W2의 값을 바꾸어 바른 답이 나오게 조정을 더한다. 요컨대 앞의 그림의 가중치(그림 중에서 타원에 표시된 숫자)를 조금씩 변화시키고 맞은 답이 되도록 조정하는 것이다.

이 가중치는 다시 말해서 뉴런끼리 연결하는 선의 굵기다. 이 선의 수는 정말로 많아서 은닉층이 만일 100개라고 하면 784×100+100×10으로 합계 약 8만 개나 된다. 이 방대한 수의 가중치를 바꾸면 카테고리가 구분되는 공간의 형태가 바뀐다. 그중에 어떤 구분된 공간은 숫자의 '3'을 나타낸다. 즉 약 8만 개나 있는 가중치를 잘 조정하지 않으면 이미지 '3'을 보고 정확하게 '3'이라고 인식할 수 없는 것이다.

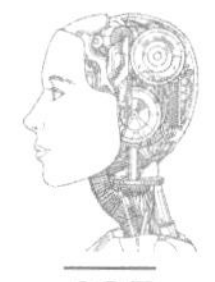

서로 답하기를 해서 틀릴 때마다 가중치의 조정을 되풀이하고 인식의 정밀도를 올려 가는 대표적인 학습법을 '오차역전파Back Propagation'라고 말한다. 이것을 조정하기 위해서는 우선 전체의 오차(틀릴 확률)가 적어지게 기울기값gradient을 잡는다. 기울기값을 잡는다는 것은 결국 어떤 하나의 가중치를 크게 하면 오차가 줄어드는지, 작게 하면 오차가 줄어드는지를 계산한다는 것이다. 그리고 오차가 작아지는 방향에, 8만 개의 가중치 각각에 미세한 조정을 해 간다.

다른 예로 설명하면 어떤 조직에 있어서 상사가 판단을 내리지 않으면 안 되는 장면을 생각해 보자. 상사는 부하의 정보를 바탕으로 판단을 내린다. 자신의 판단이 맞았을 때는 그 판단의 근거가 된 정보를 올린 부하와의 관계를 강화하고, 판단이 틀렸을 때는 틀린 원인이 된 정보를 올린 부하와의 관계를 약화시킨다. 이것을 몇 번이고 되풀이하면 조직으로서 바른 판단을 내리는 확률이 올라갈 것이다. 즉 맞은 판단 재료가 아래(부하)로부터 위(상사)로 올라간다. 한편, 수정을 할 때는 반대로 위(상사)의 오차(판단의 잘못)로 출발해서 아래(부하)와의 관계의 강화 정도에 수정을 더해 가기 때문에 오차역전파라고 하는 것이다.

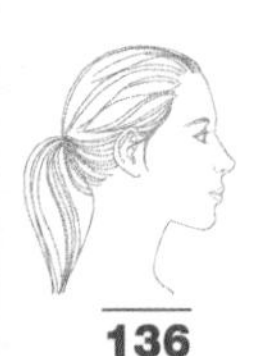

시간 걸리는 '학습', 순식간인 '예측'

다음 페이지의 그림에서 볼 수 있듯이 기계학습은 뉴럴네트워크를 만드는 '학습 페이즈'와 완성된 뉴럴네트워크를 사용해서 정답을 내는 '예측 페이즈' 2개로 나뉜다. 학습 페이즈는 1,000건으로부터 100만 건 정도의 대량의 데이터를 입력하고, 서로 답변 맞춤을 하여 틀릴 때마다 W1과 W2를 적절한 값으로 수정하는 작업을 일괄적으로 되풀이한다. 이 작업은 8만 개의 가중을 수정하기 위해서 7만 장의 이미지를 계속 입력하는 셈이어서 정말로 시간이 많이 걸린다. 통상 몇 초부터 길 때는 며칠 걸리는 것도 있다. 그러나 일단 완료되면 사용할 때는 간단해서 그저 완성된 가중치를 이용해 새로운 입력데이터를 이 가중치 네트워크에 통과시켜 주기만 하면 된다. 이 작업은 순식간에 끝난다. 1장의 이미지를 분류하기위해 필요한 것은 은닉층

학습 페이즈와 예측 페이즈

만들 때 : 학습 페이즈

대량의 데이터를 읽어 들여 정답을 맞추어 감.
통산, 수초~수일 걸린다.

훈련용 데이터

1 1 5 4 3
7 5 3 5 3
5 5 9 0 6
3 5 2 0 0

정답 t

출력층 y

가중치 W2

은닉층 z

가중치 W1

입력층 x

학습된
매개 변수(가중치)

사용할 때 : 예측 페이즈

새로운 데이터를 입력하고 출력한다.
순식간에 계산은 끝난다 (1초 이하).

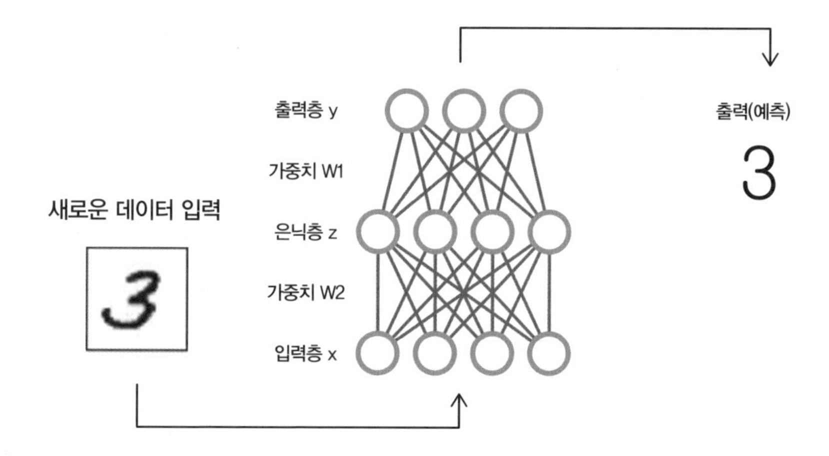

을 계산하기 위한 간단한 가산과 출력층을 계산하기 위한 간단한 가산을 하는 것뿐이므로 단 1초도 걸리지 않는다.

인간도 학습을 할 때는 시간이 걸리지만 학습한 성과를 사용해서 판단할 때는 순식간에 알 수 있다. 이 손글씨 문자가 '3'을 나타낸다는 것을 알게 될 때까지 태어나서 몇 년 걸리지만, 일단 알아 버린 다음부터는 본 순간 '이것은 3이다'라고 바로 알 수 있다. 뉴럴네트워크도 그렇게 생각하면 이해하기 쉬울 것이다. 여담이지만 고령화 사회에서는, 고령자들의 학습 능력이 젊은이에게 뒤지는 것이 당연하다. 따라서 새로운 것을 학습하는 것은 힘든 일이다. 판단 · 식별하는 능력은 긴 세월에 걸쳐 만들어지지만, 쉽게 빨리 사용할 수 있다. 고령자의 판단 · 식별 능력을 유용하게 사용하는 것은 노인의 지혜를 살리는 것이므로 고령화 사회에 있어서 중요한 문제일 것이다.

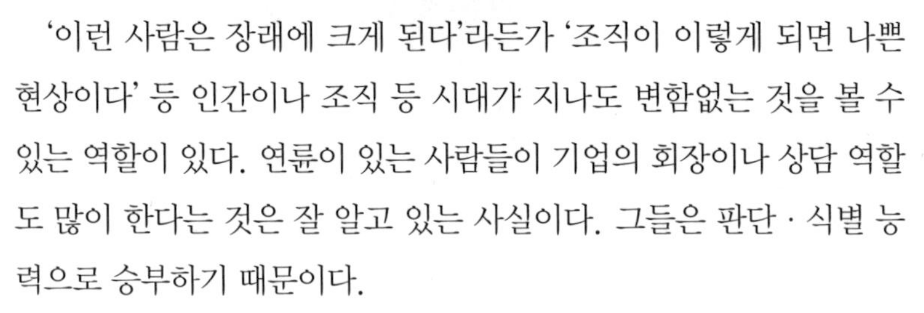

'이런 사람은 장래에 크게 된다'라든가 '조직이 이렇게 되면 나쁜 현상이다' 등 인간이나 조직 등 시대가 지나도 변함없는 것을 볼 수 있는 역할이 있다. 연륜이 있는 사람들이 기업의 회장이나 상담 역할도 많이 한다는 것은 잘 알고 있는 사실이다. 그들은 판단 · 식별 능력으로 승부하기 때문이다.

기계학습에서 나타난 어려운 문제

컴퓨터는 기계학습에 의해 '분류 방법'이나 '선 긋기 방법'을 스스로 찾는 것으로 미지의 것을 판단 · 식별 그리고 예측할 수 있다. 이 기술은 웹이나 빅데이터의 영역에서 널리 사용되고 있지만 기계학습에도 약점이 있다. 그것이 피쳐 엔지니어링Feature engineering[21]이며, 특징 혹은 근본 소성 원인이라고 하는 설계이다. 여기에서는 '피쳐(특징) 설계feature design'라고 부르기로 하자.

특징이라는 것은 기계학습의 입력에 사용하는 변수로 그 값이 대상의 특징을 정량적으로 나타낸다. 이 특징에 무엇을 선택하느냐에 따라 예측prediction 정밀도가 크게 변화되는 것이다.

예를 들어 손글씨 문자 식별에서는 이미지의 중심과 크기를 조정

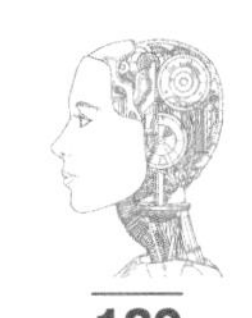

연수입을 예측한다

'특징(신분)'을 무엇으로 할지에 따라 예측의 정밀도가 바뀐다

성별	주거 지역	신장	좋아하는 색	연수입(만 엔)
남	도쿄	168	빨강	250
남	사이타마	176	흰색	700
남	카나가와	183	청색	1,200
여	도쿄	155	–	400
남	치바	174	빨강	180
여	도쿄	163	녹색	5,000

신장이나 좋아하는 색보다 연령, 직업, 업종, 자격 등이 관계가 있을 것 같다

---

21 피쳐 엔지니어링의 일본어 번역은 확립되지 않아 태생 공학, 피쳐 공학, 태생 설계 등이라고도 불리지만 여기에서는 피쳐 설계로 번역한다.

해서 특징을 설계할 필요가 있다. 앞의 설명을 단순화하기 위해서 다루지 않았지만, 단지 픽셀 단위로 나누어서 읽게 한다고 정밀도가 오르는 것은 아니다.

특징을 무엇으로 할지가 예측 정밀도에 결정적인 의미를 가지는 것은 연수입을 예측하는 문제를 생각하면 이해하기 쉽다. 어디에 살고 있는가, 남성인가 여성인가라는 어떤 특징으로부터 연수입을 예측한다는 것은 뉴럴네트워크나 그 외의 기계학습 방법을 사용해서 학습할 수 있다. 이때 특징을 무엇으로 할 것인가, 바꾸어 말하면 어떤 변수를 읽게 할지가 예측 정밀도에 크게 기여한다는 것을 쉽게 상상할 수 있을 것이다.

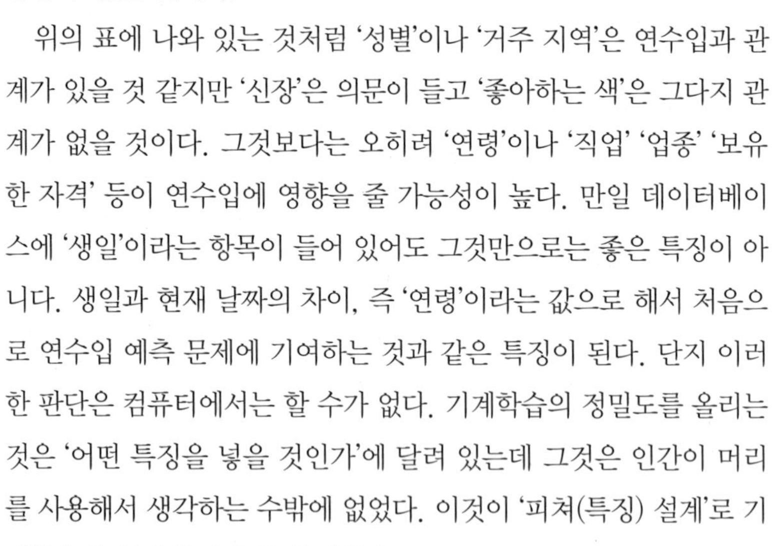

위의 표에 나와 있는 것처럼 '성별'이나 '거주 지역'은 연수입과 관계가 있을 것 같지만 '신장'은 의문이 들고 '좋아하는 색'은 그다지 관계가 없을 것이다. 그것보다는 오히려 '연령'이나 '직업' '업종' '보유한 자격' 등이 연수입에 영향을 줄 가능성이 높다. 만일 데이터베이스에 '생일'이라는 항목이 들어 있어도 그것만으로는 좋은 특징이 아니다. 생일과 현재 날짜의 차이, 즉 '연령'이라는 값으로 해서 처음으로 연수입 예측 문제에 기여하는 것과 같은 특징이 된다. 단지 이러한 판단은 컴퓨터에서는 할 수가 없다. 기계학습의 정밀도를 올리는 것은 '어떤 특징을 넣을 것인가'에 달려 있는데 그것은 인간이 머리를 사용해서 생각하는 수밖에 없었다. 이것이 '피쳐(특징) 설계'로 기계학습의 최대의 난제 중 하나였다.

이것에 관해서 학생 시절의 추억이 하나 생각난다.

1998년경에 필자가 자연어처리로 유명한 쿠로바시 요시오(黑橋禎夫, 교토대학 교수)의 수업을 받고 있을 때였다. 쿠로바시 교수는 일본에서 이 분야의 연구에 엄청난 영향을 주는 연구자이다. 자연어처리뿐만 아니라 데이터베이스나 프로그래밍의 이야기도 많아서 재미있었지만 기계학습의 긴 해설이 끝난 후, 쿠로바시 교수가 "음……방법은 여러 가지 있습니다만, 결국 좋은 특징을 만드는 것이 사실은 가장 힘든 일로 인간이 할 수밖에 없지만요"라고 은근하게 말했다.

그 말에 나는 머리를 맞은 것 같은 충격을 받았다. 내가 그때까지 계속 생각해 온 것을 너무도 담담히 말씀하셨기 때문이다. 특징을 어떻게 만들지가 기계학습에 있어서의 본질적인 문제다라는 것을 나 이외의 사람의 입에서 처음으로 들은 것이다. 그 후에 그 문제는 피쳐 설계로써 통상적으로 이해하게 되었다.

인간은 특징을 잡는 데 능력이 있다. 무언가 같은 대상을 보고 있으면 자연스럽게 그곳에 내재하는 특징을 알아차리고 보다 간단히 이해할 수 있다. 길에서 어떤 사람이 놀라울 정도로 단순하게 사물을 이야기하는 것을 들은 적이 있을지도 모른다. 특징을 잡기만 한다면 복잡해 보이는 현상도 정리되어 간단히 이해할 수 있다.

인간은 시각 정보에서도 이와 같은 것을 할 수 있다. 예를 들면 어떤 동물이 코끼리인가 기린인가, 얼룩말인가 고양이인가를 분별하는 것은 인간에게는 정말 간단하지만, 컴퓨터의 경우 이미지 정보만으로 이 동물을 판정하기 위해 필요한 특징을 찾아내는 것은 상당히 어려운 부분이다. 기계학습을 시키는 방법도 이 특징을 적절하게 낼 수 없다면 학습을 잘 할 수 없는 것이다.

왜 지금까지 인공지능이 실현되지 않았나?

일단 기계학습의 이야기에서 벗어나 지금까지 설명한 내용을 포함해서 생각해 보도록 하자.

제4장에서는 '지식'을 넣으면 인공지능은 똑똑해지지만 어디까지 '지식'을 써도 다 쓸 수 없다라는 문제에 부딪쳤다. 또 '프레임 문제'에서는 태스크에 의해 로봇이 사용해야 할 지식을 어떻게 정해 두면 좋은 것일지가 결정되지 않았다. '심볼그라운딩 문제'에서는 컴퓨터가 얼룩말이 '시마시마가 있는 말'이라고 이해할 수 없는 것이 문제였다. 이번 장에서 언급한 것은 기계학습에서 무엇을 특징으로 할지는 인간이 정하지 않으면 안 된다는 점이다. 인간이 특징을 잘 설계하면 기계학습은 잘 움직이고 그렇지 않으면 잘 움직이지 않는다는 말이다. 이 문제는 결국 같은 한 방향을 가리키고 있다. 지금까지 인공지능이 실현되지 않은 것은 '세계에서 어느 특징에 주목해서 정보를 꺼내야 할까'에 관해 인간의 손을 빌리지 않으면 안 되었기 때문이다. 즉 컴퓨터가 주어진 데이터로 주목해야 할 특징을 찾고, 그 특징의 정도를 나타내는 '특징'을 얻을 수만 있으면, 기계학습에 있어서의 '피쳐(특징) 설계' 문제를 해결할 수 있다.

시니피앙과 시니피에

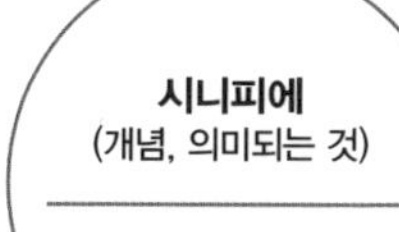

심볼그라운딩 문제에서도 컴퓨터가 스스로 특징을 찾아내고, 더욱이 특징을 이용해서 나타내는 개념(예를 들면 '시마시마가 있는 말')을 꺼낼 수 있으면, 다음은 기호의 이름(얼룩말)을 주어서 인간이 결부시키는 것으로 컴퓨터는 기호의 의미를 이해해서 사용할 수 있다(어머니가 아이에게 물건의 이름을 가르치는 것처럼).

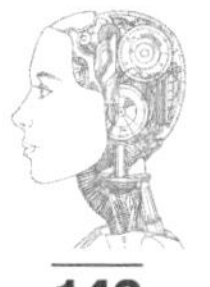

프레임 문제에서도 데이터를 바탕으로 현상의 특징을 꺼내고, 그 특징을 이용한 개념을 사용해서 지식을 표현해 두면 그렇게 예외적인 것은 일어나지 않을 것이다.[22] 또 '필요한 지식을 골라낼 때도 한없이 생각해 버린다' 따위의 일도 없다.

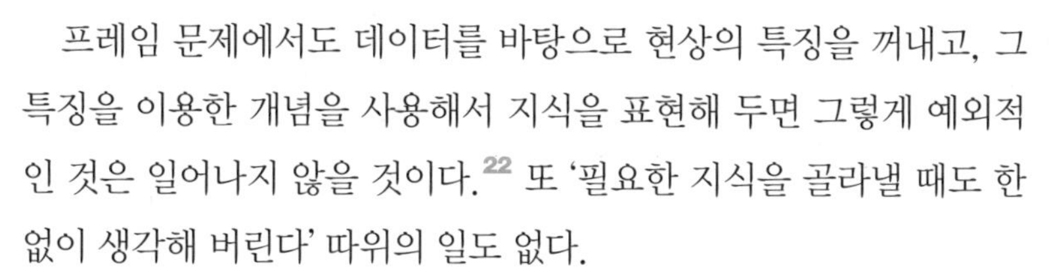

과거 언어철학자 소쉬르Saussure, Ferdinand De는 기호란 개념signifie과 이름signifient이 표리일체(안팎이 한 덩어리가 된다는 뜻으로 두 가지 사물의 관계가 밀접하게 됨을 이르는 말)가 되어 결부된 것이라고 생각했다. 시니피에는 기호 내용, 시니피앙은 기호 표현이라고도 말한

22 애초에 인간도 본질적으로는 프레임 문제를 풀지 않고 있다. 단지 실질적으로 많은 경우에 문제 없는 것처럼 처리할 뿐이며, 그것은 특징표현 학습(과 그 앞에 있는 기술)을 사용하면 컴퓨터에도 가능할 것이다.

다. 그림에서 가리키는 시니피앙인 곳의 '고양이'라는 언어는 다른 임의의 것도 괜찮지만 일단 결부되어 버리면 고양이라는 이름(시니피앙)은 고양이의 개념(시니피에)을 나타내도록 이해할 수 있다.

컴퓨터가 데이터에서 특징을 꺼내고 그것을 사용한 '개념(시니피에: 의미되는 것)'을 획득한 후에, 거기에 '이름(시니피앙): 의미하는 것)'을 주면 심볼그라운딩 문제는 처음부터 발생하지 않는다. 그리고 '결정된 상황에서의 지식'을 사용할 뿐만 아니라 상황에 맞추어 목적으로 맞추고 적절한 기호를 컴퓨터 스스로가 만들어 내고, 그것을 사용한 지식을 스스로 획득하고 활용할 수 있다. 지금까지 인공지능이 각양각색인 문제에 직면하고 있었던 것은 개념(시니피에)을 스스로 획득할 수 없었기 때문이다.

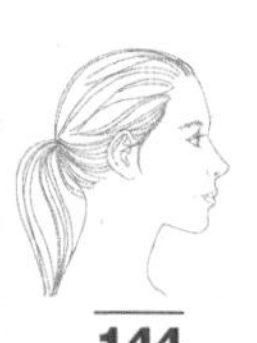

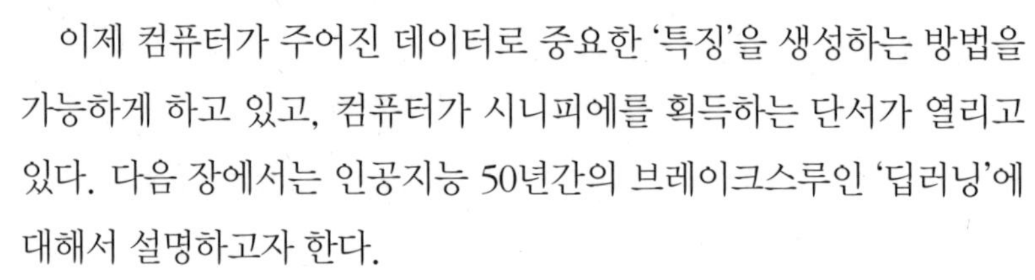

이제 컴퓨터가 주어진 데이터로 중요한 '특징'을 생성하는 방법을 가능하게 하고 있고, 컴퓨터가 시니피에를 획득하는 단서가 열리고 있다. 다음 장에서는 인공지능 50년간의 브레이크스루인 '딥러닝'에 대해서 설명하고자 한다.

6 정적을 깨는 '딥러닝'

- 제3차 AI 붐 ② -

새로운 시대를 개척한 딥러닝

2012년, 인공지능 연구 분야가 큰 충격에 빠졌다. 세계적인 이미지 인식 컴피티션(competition, 경연 대회) 'ILSVRC Imagenet Large Scale Visual Recognition Challenge'에서 도쿄대학, 옥스포드대학, 독일 예나대학, 제록스 등 유명한 연구기관이 개발한 인공지능을 누르고 처음 참가한 캐나다 토론토대학의 슈퍼비전 SuperVision이 압도적인 승리를 장식한 것이다.

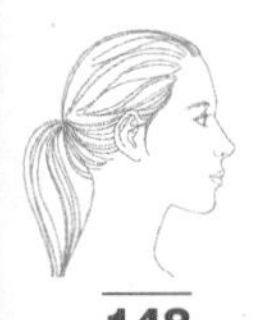

이 컴피티션에서는 어떤 이미지에 비치고 있는 것이 요트인가, 꽃인가, 동물인가, 고양인가를 컴퓨터가 자동으로 맞추는 태스크가 부과되어, 그 정답율의 높음(실제는 에러율의 낮음)으로 서로 경합한다. 각 팀은 천만 장의 이미지 데이터를 기계학습으로 학습하고 15만 장의 이미지를 사용해서 테스트하고 정답율을 측정한다.

지금까지 이미지 인식이라는 태스크에서 기계학습을 이용하는 것은 상식이었지만 기계학습에서 사용 특징의 설계는 인간의 일이었다(대표적으로는 SIFT, HOG 등이 있다). 각 대학 · 연구 기관은 소수점 이하 몇 %의 정밀도로 에러율을 낮추기 위해서 맹렬히 싸우고, 그 때문에 이미지 안에 이러저러한 특징에 주목하면 에러율이 낮아지지는 않을까라는 시행착오를 거듭해 왔다.

기계학습이라고 해도 특징의 설계는 오랜 지식과 경험이 말하는 장인 기법이다. 장인 기법에 의해 기계학습의 알고리즘과 특징의 설계가 조금씩 진행되면서 1년 공들여 1% 에러율이 떨어진다는 세계

ILSVRC 2012의 결과 : 태스크1 (분류)

다른 연구소 인공지능이 에러율 26%대의 공방을 펼치는 사이,
토론토대학의 'SuperVision'이 15%, 16%대의 큰 차이로 승리

토론토대학의 SuperVision

Team name	Filename	Error (5 guesses)	Description
SuperVision	test-preds-141-146.2009-131-137-145-146.2011-145f.	0.15315	Using extra training data from ImageNet Fall 2011 release
SuperVision	testpreds-131-137-145-135-145f.txt	0.16422	Using only supplied training data
ISI	pred_FVs_wLACs_weighted.txt	0.26172	Weighted sum of scores from each classifier with SIFT+FV, LBP+FV, GIST+FV, and CSIFT+FV, respectively.
ISI	pred_FVs_weighted.txt	0.26602	Weighted sum of scores from classifiers using each FV.
ISI	pred_FVs_summed.txt	0.26646	Naive sum of scores from classifiers using each FV.
ISI	pred_FVs_wLACs_summed.txt	0.26952	Naive sum of scores from each classifier with SIFT+FV, LBP+FV, GIST+FV, and CSIFT+FV, respectively.
OXFORD_VGG	test_adhocmix_classification.txt	0.26979	Mixed selection from High-Level SVM scores and Baseline Scores, decision is performed by looking at the validation performance
XRCE/INRIA	res_1M_svm.txt	0.27058	
OXFORD_VGG	test_finecls_classification.txt	0.27079	High-Level SVM over Fine Level Classification score, DPM score and Baseline Classification scores (Fisher Vectors over Dense SIFT and Color Statistics)
OXFORD_VGG	test_baseline_classification.txt	0.27302	Baseline: SVM trained on Fisher Vectors over Dense SIFT and Color Statistics
University of Amsterdam	final-UvA-lsvoc2012test.results.val	0.29576	See text above

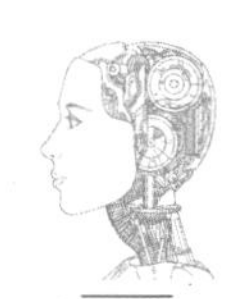

이다. 2012년에도 에러율 26%대의 공방을 할 터였다. 표를 보면 1위, 2위를 독점한 슈퍼비전을 제외하면 에러율 26%대의 몇 팀이 있는 것을 알 수 있다.

덧붙이자면 자연어처리에서도, 검색에서도 인공지능 기술을 이용해서 마지막으로 소수점 이하 몇 %라는 성능의 승부 단계가 되면 반드시 이 장인 기법(혹은 휴리스틱heuristic이라고 불린다)의 덩어리로 되어 온다. 즉 연구로서는 별로 재미없는 곳이기도 하다. 사실은 시리와 같은 '음성 대화 시스템'도, 왓슨과 같은 '질문 응답 시스템'도 대부분 이 단계에 들어 있고, 연구자로서는 '해도 좋지만 힘든 것에 비해 별로 미래가 없다'는 생각이 들게 한다. 그 분야에서 조금씩 성

능을 올려가기 위해서는 까마득한 노력이 요구된다.

그런데 2012년에 처음으로 참가한 토론토대학에서 다른 인공지능과 10포인트 이상 차이를 벌려 에러율 15%대를 만들어 낸 것이다. 문자 그대로 다른 참가자들에 비해 월등한 수준의 승리였다. 이것은 오랜 세월 이미지 인식 연구를 진행시켜 온 다른 연구자들을 혼비백산케 했다.

무엇이 토론토대학에 승리를 안긴 것인가? 그 승리의 원인은 같은 대학교수 제프리 힌톤이 중심이 되어서 개발한 새로운 기계학습 방법 '딥러닝(심층학습)'이었다.

딥러닝의 연구 자체는 2006년 무렵부터 시작되고 있었지만 그때까지 이미지 인식의 연구자들이 각자가 쌓아 온 노하우와는 전혀 다른 방식으로 접근하였고, 갑작스럽게 정상에 오른 것이라서 그 충격은 이루 다 말할 수 없었다. 이미지 인식 연구자 중에는 '이젠 연구자로서는 살아갈 수 없는 것이 아닐까?'라는 위기감을 느낀 사람도 적지 않았다고 들었다.

딥러닝은 데이터를 바탕으로 컴퓨터가 스스로 특징을 만들어 낸다. 인간이 특징을 설계하는 것이 아니고 컴퓨터가 스스로 높은 차원인 특징을 획득하고, 그것을 바탕으로 이미지를 분류할 수 있게 된다.[23] 딥러닝으로 인해 지금까지 인간이 관여해야만 했던 영역에 인공지능이 깊이 파고들 수 있게 된 것이다.

23 물론 이미지 특유의 지식(사전 지식)을 몇 가지 이용하고 있으므로 완전히 자동적으로 만들어 낼 수 있는 것은 아니다.

필자는 딥러닝을 '인공지능 연구에 있어서 50년간의 혁신'이라고 말하고 싶다. 좀 더 정확하게는 앞에서 살펴본 것과 같이 인공지능의 주요한 성과가 대부분 인공지능의 여명기, 즉 1956년부터 최초의 10년 내지는 20년 사이에 태어났다고 본다. 그 후 몇 가지 큰 발명은 있었지만 발전 방향에 대해 말한다면 '마이너 체인지minor change'였다. 그러나 딥러닝에 대표되는 '특징표현 학습'은 여명기의 혁신적인 발명 · 발견에 필적할 만한 대발명이다. 컴퓨터가 스스로 특징표현을 만들어 내는 것은 그 자체만으로 큰 비약인 것이다. 한편 통상적으로 딥러닝은 '표현 학습representation learning'의 하나로 여겨지지만 이 책에서는 '표현'이라는 단어를 알기 쉽게 하기 위해서 '특징표현 학습'이라고 부른다.[24]

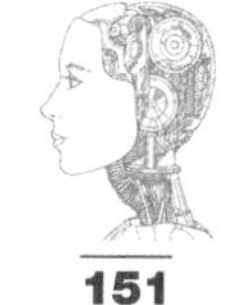

그렇다고 딥러닝에 의해 인공지능이 실현된다는 것은 지나치게 간단히 관련 지우는 것이고 지금의 딥러닝은 모자란 부분이 많다. 그러나 딥러닝이 '일개의 방법'이라고 생각하는 것, 이것 또한 기술의 가능성을 잘못 보고 있는 것이다. 딥러닝은 인공지능 분야에서 지금까지 풀리지 않은 '특징표현을 컴퓨터 스스로가 획득한다'라는 문제에 하나의 답을 제시했다. 즉 커다란 벽에 하나의 구멍을 뚫었다는

---

24 딥러닝은 '특징표현 학습'의 하나다. 통상은 '표현 학습'이라 불리지만 이 책에서는 특별히 특징표현 학습이라고 부르고 있다. 이렇게 부르는 것은 '표현 학습'이라는 말은 이해하기 힘들고 오해를 낳기 쉽기 때문이다. 영어의 representation이라는 말은 represent(대표하는 것)이라는 의미가 있으며 사물을 대표하여 나타내는 것이라는 의미가 있다. 혹은 re-present(다시-드러난다)라는 의미도 있다. 딥러닝이 오토인코더로 정보를 잘 복원하는 표현을 만든다는 뉘앙스가 훌륭하게 포함되어 적절한 용어다. 이미 널리 퍼져 있는 '표현 학습'이라는 말과 될 수 있는 한 어긋나지 않게 생략되고 있는 의미(feature representation)를 보충해서 이 책에서는 '특징표현 학습'이라 하며, feature도 '특징'이라고 부르고 있다.

것이다. 이것이 하나의 개미구멍이 되어(아무리 견고하게 지은 건축물도 개미가 파면서 열린 작은 구멍이 원인이 되어 붕괴하는 것처럼) 여기에서 연쇄적으로 브레이크스루가 일어날 것인지가 이후 주목해야 할 점이다.

2012년의 충격적인 컴피티션 이래 딥러닝에 관한 토픽은 대수롭지 않은 거품 상태가 되고 있다고 서두에서 설명했다. 하지만 현금흐름을 움직이는 인터넷계의 거인들이 모두 모여서 인공지능에 거액의 투자를 시작하고 있다. 온 세계의 뜨거운 시선이 쏟아지는 딥러닝은 과연 무엇인가? 6장에서는 딥러닝에 대해 자세히 소개한다.

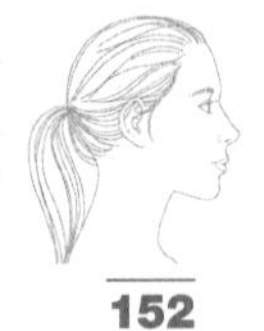

오토인코더로 입출력을 동시에

사실 대부분의 딥러닝이 '딥뉴럴네트워크'를 의미하지만 그렇지 않은 경우도 있다 (예를 들어 딥가우시안프로세스). 앞의 5장에서 3층의 뉴럴네트워크를 소개했지만 그것을 더 여러 층으로 깊이deep 포개 가는 것이다.

인간의 뇌는 겹친 구조를 하고 있어서 뉴럴네트워크 연구 초기부터 깊은 층의 뉴럴네트워크를 만드는 것을 당연한 시도로 생각했지만 아무리 노력해도 잘 되지 않았다.

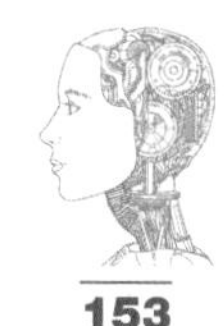

3층의 뉴럴네트워크라면 잘 될 것이기 때문에 4층, 5층으로 하면 더 좋아질 것이라고(실제로 은닉층의 뉴런의 수를 일정하게 하면 층을 거듭한 만큼 자유도는 올라가고, 뉴럴네트워크로 표현할 수 있는 함수의 종류는 층을 거듭하면 포갠 만큼 늘어난다)여겼는데 정작 해보면 그렇게 되지 않고, 정밀도도 오르지 않는 것이다. 왜냐하면 깊은층에는 오차반대전파가 아래쪽까지 도달하지 않기 때문이다.[25]

상사의 판단이 좋았던 것인가, 아닌가에서 부하와의 관계를 강화할지 약화시킬지 수정한다. 이 계층을 차례로 내려가면서 진행해 나가면 된다라는 것이 오차반대전파였지만 조직의 계층이 지나치게 깊어지면 맨 위의 상사 판단이 좋았는지, 나빴는지라는 것이 말단의 종

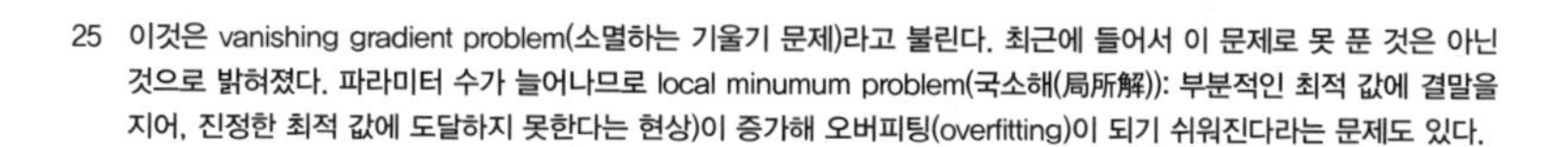

25 이것은 vanishing gradient problem(소멸하는 기울기 문제)라고 불린다. 최근에 들어서 이 문제로 못 푼 것은 아닌 것으로 밝혀졌다. 파라미터 수가 늘어나므로 local minumum problem(국소해(局所解)): 부분적인 최적 값에 결말을 지어, 진정한 최적 값에 도달하지 못한다는 현상)이 증가해 오버피팅(overfitting)이 되기 쉬워진다라는 문제도 있다.

업원까지 도달할 때에는 대부분 영향이 제로가 되어 버리는 것이다.

그런데 딥러닝은 그 다층의 뉴럴네트워크를 실현했다. 어떻게 실현한 것일까? 딥러닝이 종래의 기계학습과는 다른 점이 크게 두 가지가 있다. 하나는 한 층씩 계층마다 학습해 가는 점, 또 하나는 오토인코더autoencoder라는 '정보압축기'를 사용했다는 점이다.[26]

오토인코더에서는 조금 바뀐 처리를 하는데, 뉴럴네트워크를 만들기 위해서는 정답을 주어서 학습시키는 학습 페이즈가 필요했다. 예를 들면 손으로 쓴 '3'이라는 이미지를 보여주면 정답 데이터로서 '3'을 준다. 그런데 오토인코더에서는 '출력'과 '입력'을 같이 한다. 다음의 그림에서 볼 수 있듯이 '손글씨 3'의 이미지를 입력하고 정답도 같은 '손글씨 3'의 이미지로 서로 답하기를 하는 것이다.

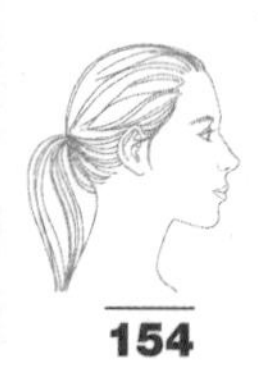

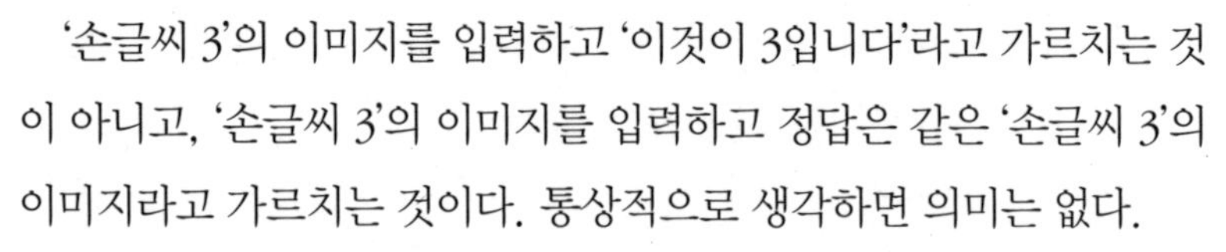

'손글씨 3'의 이미지를 입력하고 '이것이 3입니다'라고 가르치는 것이 아니고, '손글씨 3'의 이미지를 입력하고 정답은 같은 '손글씨 3'의 이미지라고 가르치는 것이다. 통상적으로 생각하면 의미는 없다.

실업가 제프 호킨스Jeff Hawkins는 그의 저서 『생각하는 뇌 생각하는 컴퓨터』에서 딥러닝이 되기 전에 이 방식을 예상하고 있었으며, 오토인코더는 '야채 가게에 가서 새로운 바나나를 살 때에 썩은 바나나로 지불하는 것과 같은 것' 혹은 '은행에 가서 너덜너덜한 100달러 지폐를 100달러 새 지폐로 교환하는 것'이라 말하고 있다.[주13]

---

26 딥러닝은 1층씩 학습해 가는 것에 한정하는 것은 아니다. 또 오토인코더 외에도 제한된 볼츠만머신(Restricted BoltzmannMachine, RBM)을 이용하는 방법도 있지만 원리는 거의 같으므로 여기에서는 오토인코더만을 설명한다. 자세하게는 인공지능학회지의 연재 해설 「Deep Learning(심층학습)」(2013년 5월호~2014년 7월호 전 7회)을 참조하기 바란다.

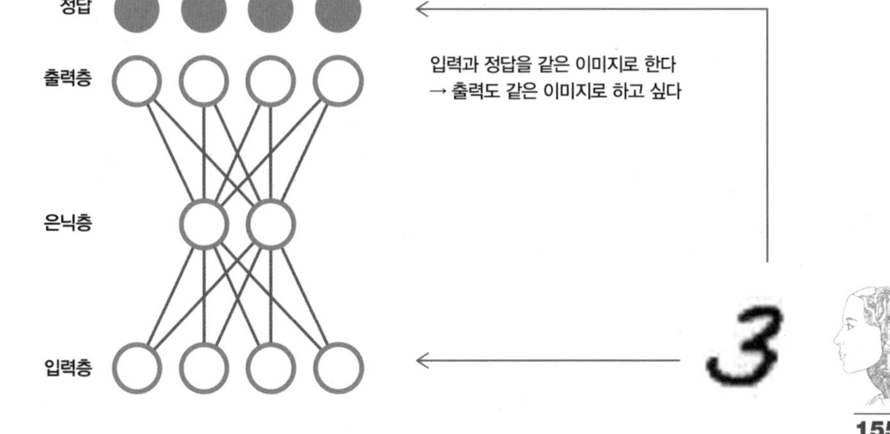

전국의 날씨로 지역 색출

다음에서 살펴볼 내용을 이해하기 위해서는 '정보량'이라는 개념을 가질 필요가 있다. 보다 쉽게 설명하기 위해 이미지 이야기에서 조금 벗어나 일본 전국의 날씨를 예로 들어 보자. '홋카이도의 오늘 날씨는 맑음, 아오모리는 흐리고, 가고시마는 비, 오키나와는 비'라는 전국 47도도부현(都道府縣)의 날씨 정보가 있다고 하자. 이때 다음 게임을 생각해 볼 수 있다.

〈룰〉 2명이 1팀으로 싸우는 전언 게임입니다. 팀원 중 한 명에게만 어떤 하루(1일)의 일본 전국 47도도부현의 날씨(맑음, 흐림, 비)를 알려 줍니다. 이것을 다른 한 명의 멤버에게 알리고, 그 사람이 47도도부현의 날씨 가운데 몇 개를 정확하게 대답할 수 있을지를 겨룹니다. 이때 편지를 건네서 메시지를 전할 수 있는데, 전국에서 10곳의 날씨만을 전할 수 있습니다. 그 10곳의 날씨를 바탕으로 다른 한 명은 47곳의 날씨를 예상합니다.

이 게임에 이기기 위해서 어떻게 하면 좋을까? 먼저 단순하게 북쪽에서 차례로 10곳을 골라 보자.

특징표현 ① : (홋카이도, 아오모리, 이와테, 미야기, 아키타, 야마가타, 후쿠시마, 이바라기, 군마) 예를 들면 이 10곳의 날씨를 (맑음, 맑음, 맑음, 맑음, 맑음, 맑음, 흐림, 비, 흐림, 흐림)이라는 형태로 전할 수 있다. 숫자로 하기 위해서 맑음은 2점, 흐림은 1점, 비는 0점으로 하자.

특징표현 ① : (홋카이도, 아오모리, 이와테, 미야기, 아키타, 야마가타, 후쿠시마, 이바라기, 군마) = (2, 2, 2, 2, 2, 2, 1, 0, 1, 1)

위와 같이 쪽지에 써서 건네 주면 된다. 이 쪽지를 받은 사람은 받은 지역의 날씨를 보고 그곳에 써 있지 않은 곳의 날씨도 예상하면서, 결과적으로 전국 47도도부현의 날씨를 대답할 수 있다. 하지만 이 '특징표현 ①'의 경우 북일본의 날씨는 잘 재현할 수 있어도 중부나 서일본의 날씨는 거의 다 틀릴 수 있다.

그렇다면 더 좋은 방법은 없는 것일까? 다음과 같이 생각해보면 어떨까. 어떤 현이 맑음이면 그 옆의 현도 맑음이고, 어떤 현이 비라면 그 옆의 현은 비일 확률이 높다. 도쿄가 맑음이라면 아마 치바도 맑음일 것이다. 아키타가 비라면 아마도 야마가타도 비라고 예상할 수 있다. 따라서 이 2개의 지역을 모두 전하는 것은 낭비가 크다고 볼 수 있다.

즉 어떤 지역과 지역 사이에는 '어느 정도 날씨가 비슷할까'라는 경향이 있다는 것이다. 이것을 제대로 사용해서 10곳을 선택하는 편이 더 낫다.

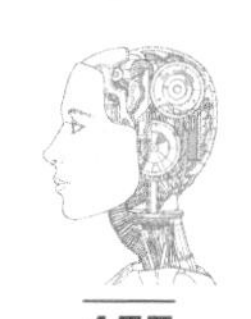

특징표현 ② : (홋카이도, 이와테, 니가타, 도쿄, 오사카, 시마네, 고치, 나가사키, 미야자키, 오키나와)

'특징표현 ①'보다 '특징표현 ②' 쪽이 상당히 높은 확률로 전국 47도도부현의 날씨를 예상할 수 있을 것이다. 즉 일본 전국의 날씨를 나타낼 때는 '특징표현 ①'보다 '특징표현 ②'가 더 좋은 특징표현이라고 말할 수 있다. 날씨의 정보가 '보다 효과적으로 압축해 채워져 있다'라는 것이다.

이보다 더 좋은 전달 방법은 없는지 생각해 보자.

10도도부현을 선택하는 것이 아니고 스스로 자유롭게 지역을 만들어 보는 것은 어떨까? 예를 들어 도쿄와 가나가와, 사이타마, 이바라기 등을 모으고 그 날씨의 평균을 구해 간토우 지방의 날씨라고 해서 한 곳을 생각하면 더 정확하게 전달되지 않을까? 그렇게 하면 이러한 특징표현의 방법도 생길 수 있다.

특징표현 ③ : (전국, 홋카이도, 동북, 간토우, 간사이, 시코쿠, 큐슈, 일본 해변, 태평양변, 오키나와)

이 경우는 다음과 같이 계산한다. 일본 전국의 날씨는 47도도부현의 날씨 '평균'을 구한 것이다. 도호쿠의 날씨는 도호쿠 지방의 현재 날씨 평균, 큐슈는 큐슈의 평균이다.

맑음을 2점, 흐림을 1점, 비를 0점으로 했으므로 각 지역의 점수 평균을 계산하면 된다. 그 결과 어떤 날의 날씨는 다음과 같이 표현된다.

특징표현 ③ : (전국, 홋카이도, 동북, 간토우, 간사이, 시코쿠, 큐슈, 일본 해변, 태평양변, 오키나와) = (1.8, 1.0, 2.0, 1.5, 1.2, 0.8, 1.1, 0.3, 1.5, 0.0)

다른 한 명의 팀 멤버가 이 정보로부터 각 현의 날씨를 구하고 싶을 때는 그 현이 해당하는 카테고리의 값을 평균을 내어 사용한다.

예를 들어 가가와 현이라면 전국과 시코쿠에 해당하므로 전국 1.8과 시코쿠 0.8을 서로 더해서 평균을 낸 1.3이 된다. 반올림해서 1이기 때문에 흐림으로 예상한다.

사실은 '특징표현 ③'처럼 나타내는 것이 '특징표현 ②' 보다 정확하게 일본 전체의 날씨를 전할 수 있다.

컴퓨터는 데이터간의 상관관계를 분석하는 것으로 '특징표현 ③'과 같은 정보를 자동적으로 찾을 수 있다. 즉 '도호쿠'라든가 '간토우'라고 하는 분리 방법은 몰라도 날씨와 관련이 높은 것부터 지리적인 통합을 자유롭게 찾을 수 있는 것이다.[27] 그리고 그중에서도 가장 알맞은 특징표현을 자동적으로 찾아낼 수 있다.

좀 더 전문적인 용어로 설명하면 각 현의 날씨 사이에 '정보량'이 있을 때에 이것을 이용한다는 것이다. 어떤 현의 날씨가 맑음인 것이 다른 현의 날씨에 영향을 미칠 때 '정보량이 있다'라고 한다. 컴퓨터는 전국 47도도부현의 날씨 데이터를 보는 것으로 자유자재로 '도호쿠 지방이나 일본 해변'이라는 개념을 생성할 수 있다. 그때 해결의 요소가 되는 것이 '어떻게 적은 정보로 날씨를 전하고 정확하게 재현할 수 있을 것인가?'라는 것이다.

27 예를 들면 일본 해변이나 태평양변이라는 표현은 날씨의 상관관계에서 편리하기 때문에 자주 사용하는 개념이므로 이것을 날씨 데이터만으로 재현할 수 있다 해도 놀랄 일은 아니다.

손글씨 문자의 '정보량'

그렇다면 이제 손글씨 문자 식별 이야기로 다시 돌아가 보자. 입력과 출력을 같이 하면 은닉층에 그 이미지의 특징을 나타내는 것이 자연스럽게 생성된다. '도호쿠 지방'이나 '일본 해변' 같은 적절한 특징표현이 만들어진다.

155 페이지 그림과 같이 입력층과 출력층을 비교하면 한복판의 은닉층이 가늘고 쏙 들어가 있으므로[28] 입력은 일단 '가는 곳을 통해' 출력된다. 그때 출력을 원래의 입력과 될 수 있는 한 가까운 것이 되도록(전문적인 표현을 하면 '복원 에러'가 최소가 되도록) 가중치가 수정된다. 날씨를 예로 들면 본래 47곳의 날씨 정보로부터 10곳 만의 날씨 정보를 전하는 것에서 47곳 날씨의 정답율을 올리고 싶은 것과 같다.

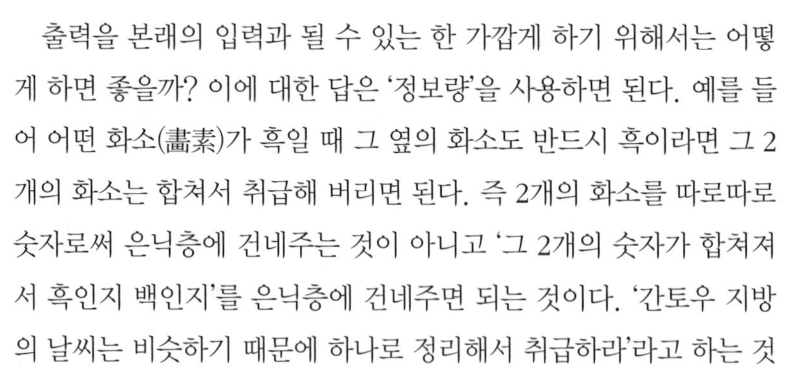

출력을 본래의 입력과 될 수 있는 한 가깝게 하기 위해서는 어떻게 하면 좋을까? 이에 대한 답은 '정보량'을 사용하면 된다. 예를 들어 어떤 화소(畵素)가 흑일 때 그 옆의 화소도 반드시 흑이라면 그 2개의 화소는 합쳐서 취급해 버리면 된다. 즉 2개의 화소를 따로따로 숫자로써 은닉층에 건네주는 것이 아니고 '그 2개의 숫자가 합쳐져서 흑인지 백인지'를 은닉층에 건네주면 되는 것이다. '간토우 지방의 날씨는 비슷하기 때문에 하나로 정리해서 취급하라'라고 하는 것

28 실제로는 반드시 가늘고 쏙 들어갈 필요성은 없다.

과 같다.

여기에서 어디를 합치면 결과(출력)에 영향을 주지 않을 것인지, 반대로 어디를 취급하면 크게 다른 결과(출력)가 나올 것인지, 컴퓨터는 압축 포인트를 오차역전파를 통해 스스로 학습하게 된다. 즉 '복원 에러'가 최소가 되는 적절한 특징표현을 발견하는 셈이다.

앞의 5장에서 등장한 28픽셀×28픽셀=784픽셀의 이미지 예에서는 입력층이 784차원, 출력층도 784차원이 있어서 한복판의 은닉층이 예를 들어 100차원 있는 것 같은 이미지다.

784차원을 100차원으로 압축하기 위해서 '좌측 밑의 위치가 검어지고 있으면 그 주변에 10픽셀은 정리해서 검게 해도 결과(출력)에 영향을 주지 않는다'라는 것을 알면 10픽셀의 정보를 1픽셀로 대용할 수 있다. 오로지 같은 이미지의 인코딩(압축)과 디코딩(복원·재구축)을 되풀이하는 동안에 어떻게 효율적으로 적은 정보량을 경유해서 본래로 되돌릴 수 있을지를 학습해 가는 것이다. 그리고 서로 '질의응답하기'의 성적이 좋을 때에 은닉층으로 되어 있는 것이 좋은 특징표현이다.

수학이나 통계에 익숙한 사람이라면 알 수 있겠지만 오토인코더로 할 때에는 앙케이트 결과의 분석 등으로 익숙한 주성분 분석 principal component analysis, PCA과 같다고 보면 된다. 주성분 분석이란 많은 변수를 가장 큰 분산을 나타내는 주성분을 축으로 압축하는 방법으로 마케팅 분야에서 자주 사용된다. 실제로 오토인코더에 선형 가중치 함수를 이용하고 최소 자승 오차를 복원 에러의 함수로 하면 주성

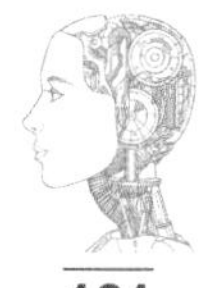

분 분석과 일치하는 결과를 얻을 수 있다.[29]

오토인코더의 경우는 뒤에 설명하는 것처럼 다양한 형태로 노이즈를 주고 그것을 통해 아주 신뢰도 높은$_{robust}$ 주성분을 꺼낼 수 있다. 이것이 '딥, 즉 다계층으로 하는 것'을 가능하게 하고, 그 결과 주성분 분석에서는 꺼낼 수 없는 높은 차원인 특징을 꺼낼 수 있다.

몇 계층도 딥으로 탐구하다

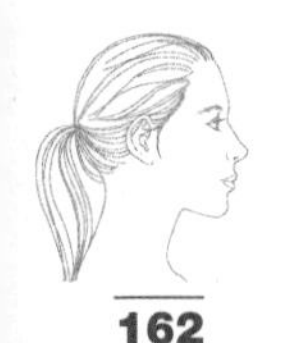

게다가 딥러닝에서는 이 작업을 한 단, 한 단씩 포개 간다. 첫 번째 단의 은닉층을 두 번째 단의 입력(및 정답 데이터)으로 컴퓨터에 학습시키는 것이다(이를 end-to-end learning 이라고 부른다). 다음의 그림을 살펴보자.

1층째가 784차원의 입력 100차원의 은닉층이었기 때문에 2층째의 입력은 은닉층의 수와 같은 100차원의 데이터가 된다. 이 100차원의 데이터를 똑같이 입력으로 한다. 그 때문에 은닉층을 만일 20개로 하면 입력층의 100차원의 데이터를 일단 20개까지 압축하고 한 번 더 100차원의 노드에 복원하는 셈이다.

2층째의 은닉층에는 1층째의 은닉층으로 얻을 수 있었던 것을 더

29 오토인코더와 주성분 분석에는 몇 가지 차이가 있다. 먼저 오토인코더의 경우에는 비선형인 함수를 이용하고 있다(보다는 임의의 함수를 사용하고 있다). 두 번째로 주성분 분석에서는 통상 제2주성분은 제1주성분의 잔여로부터 계산되므로 제1주성분의 영향을 강하게 받는다. 제3주성분은 제1, 제2주성분의 영향을 강하게 받는다. 따라서 높은 차원인 주성분이 되면 대부분 실질적인 의미가 없어지고 있다.

오토인코더를 2층으로 한다

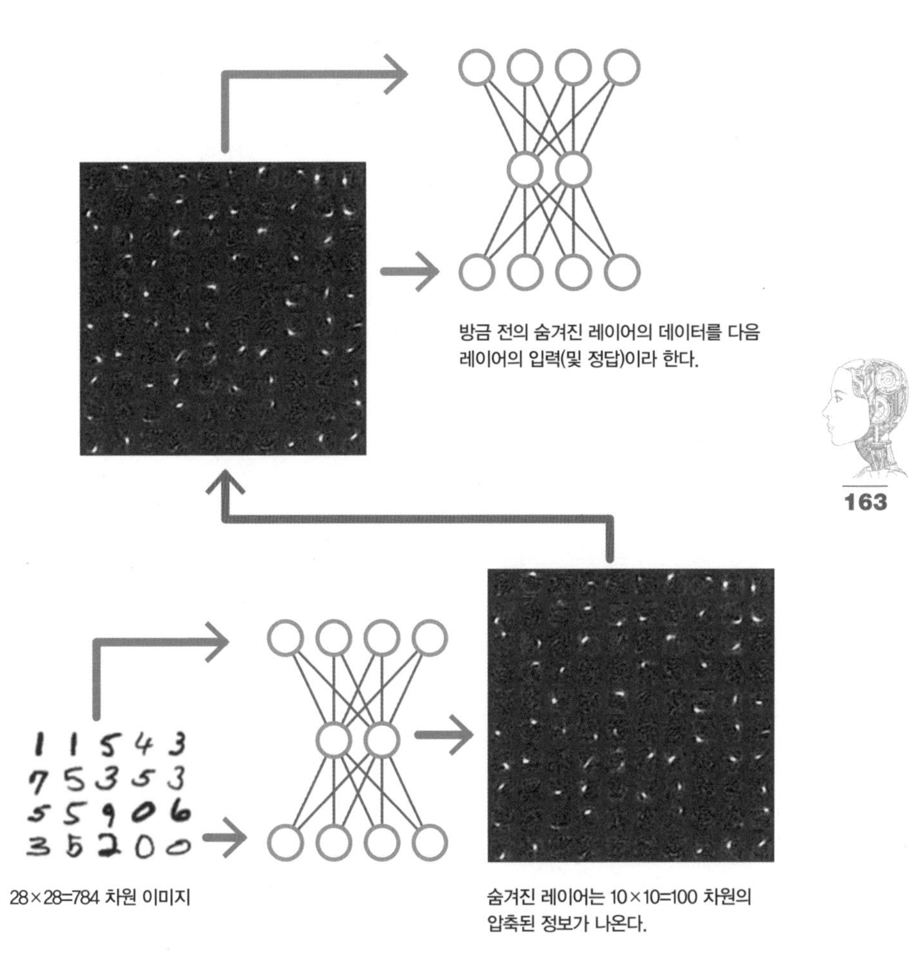

방금 전의 숨겨진 레이어의 데이터를 다음 레이어의 입력(및 정답)이라 한다.

28×28=784 차원 이미지

숨겨진 레이어는 10×10=100 차원의 압축된 정보가 나온다.

조합시킨 것이 나오기 때문에 더욱 높은 차원인 특징을 얻을 수 있다(본래의 입력 이미지 차원으로 되돌리면 추상화된 이미지가 나오게 된다). 이것을 그 위에 3층째의 입력으로 이용하고, 그렇게 얻은 은닉층을 다시 4층째의 입력으로 한다. 그렇게 차례로 되풀이하면서 다계층으로 해 나가는 것이다.

이 다계층의 딥러닝 구조를 그림으로 표시한 것이 다음 페이지의 그림이다. 한복판의 은닉층을 위로 잡아당기기 시작하고(②), 입력층과 출력층은 같기 때문에 편의상 생략한 후 이것을 입력으로 다시 한 번 쌓는다(③), 이것을 몇 층에 걸쳐서 거듭하면 ④의 타워처럼 된다. 가장 아래에서 입력한 이미지는 위로 올라가면서 추상도(抽象度)를 증가시켜 높은 차원의 특징이 생성된다. 그리고 '3'이라면 '3'이라는 숫자의 개념에 가깝게 된다. 개별적이고 구체적이며 각양각색인 '손글씨 3'을 읽고 4, 5회 추상화를 되풀이하고 나면 여러 노이즈와 변형에도 강인한 숫자 '3'이 학습되는 것이다.

일단 '전형적인 3'이나 '전형적인 5'의 개념을 잡을 수 있으면 이것은 '3', 이것은 '5'라고 그 개념의 이름을 일러 주면 된다. 지도 학습은 대단히 적은 샘플수로 가능해진다.

따라서 상관이 있는 것을 한 묶음으로 해서 특징을 꺼내고, 그것을 이용해서 더 높은 차원의 특징을 꺼낸다. 그렇게 높은 차원인 특징을 사용해서 나타나는 개념을 꺼낸다. 인간이 멍하니 경치를 보고 있을 때에도 사실은 이런 장대한 처리가 뇌 안에서는 일어나고 있는 것이다.

계층을 포개어 탐구하다

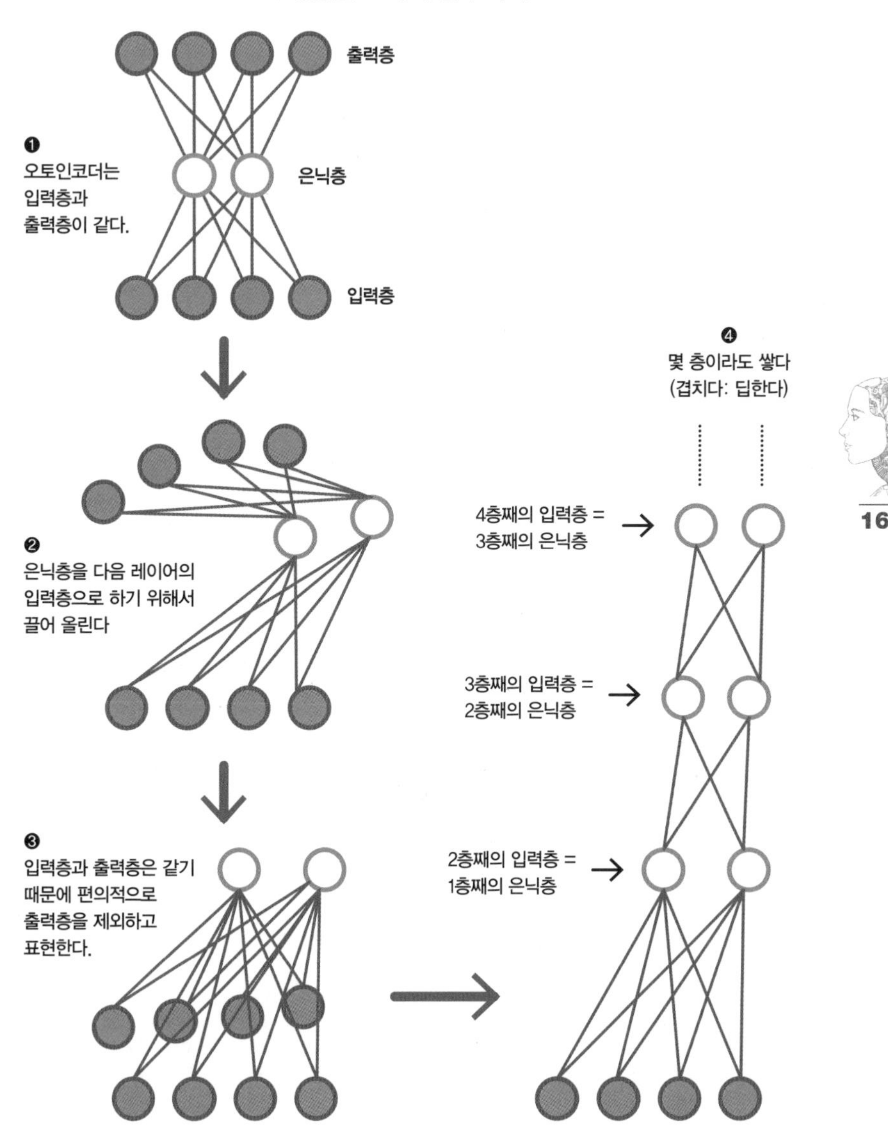

출력층
❶
오토인코더는
입력층과
출력층이 같다.
은닉층
입력층
❷
은닉층을 다음 레이어의
입력층으로 하기 위해서
끌어 올린다
❸
입력층과 출력층은 같기
때문에 편의적으로
출력층을 제외하고
표현한다.
❹
몇 층이라도 쌓다
(겹치다: 딥한다)
4층째의 입력층 =
3층째의 은닉층
3층째의 입력층 =
2층째의 은닉층
2층째의 입력층 =
1층째의 은닉층

아마도 갓 태어난 아기는 눈이나 귀로 들어오는 정보의 홍수 속에서 무엇이 상관이 있고, 어떤 것이 독립적인 성분인가라는 '연산'을 빠른 스피드로 하고 있을 것이다. 수많은 정보 속에서 예측하고 질의응답을 되풀이하는 것을 통해 각양각색인 특징을 발견하고, 드디어 '어머니'라는 개념을 알게 되며, 주변에 있는 '물건'을 찾고, 그것들의 관계를 배운다. 그렇게 조금씩 세상을 학습해 가는 것이다.

구글의 고양이 인식

다음의 그림은 2012년에 구글의 연구자들이 발표해 유명해진 '구글의 고양이 인식' 연구다.

손으로 쓴 문자를 입력하는 것이 아니라 유튜브 동영상에서 천만 장의 이미지를 꺼내서 그것을 입력하였다. 일반적인 이미지를 다루기 때문에 당연히 손으로 쓴 문자의 경우보다 힘들고, 이용하는 뉴럴 네트워크는 보다 거대해진다.

아래층에서는 점이나 엣지 등의 이미지에 자주 검출되는 '모양'을 인식하는 것뿐이지만 위로 가면서 원이나 삼각 등의 모형을 인식할

---

30 Quoc V. Le, Marc'Aurelio Ranzato, Rajat Monga, Matthieu Devin, Greg Corrado, KaiChen, Jeffrey Dean, Andrew Y. Ng: Building high-level features using large scale unsupervisedlearning, ICML 2012. 여전히 이미지 인식 등에 사용되고 있는 것은 미리 문제에 적합한 구조를 넣은 합성곱(회선) 네트워크를 보통으로 잘못 계산해 역전파시키는 것이 많아 오토인코더를 사용하지 않는 것도 많다. 구글의 고양이 인식 연구는 합성곱 네트워크+오토인코더에 의한 사전 학습이다.

딥러닝에 의한 이미지 인식

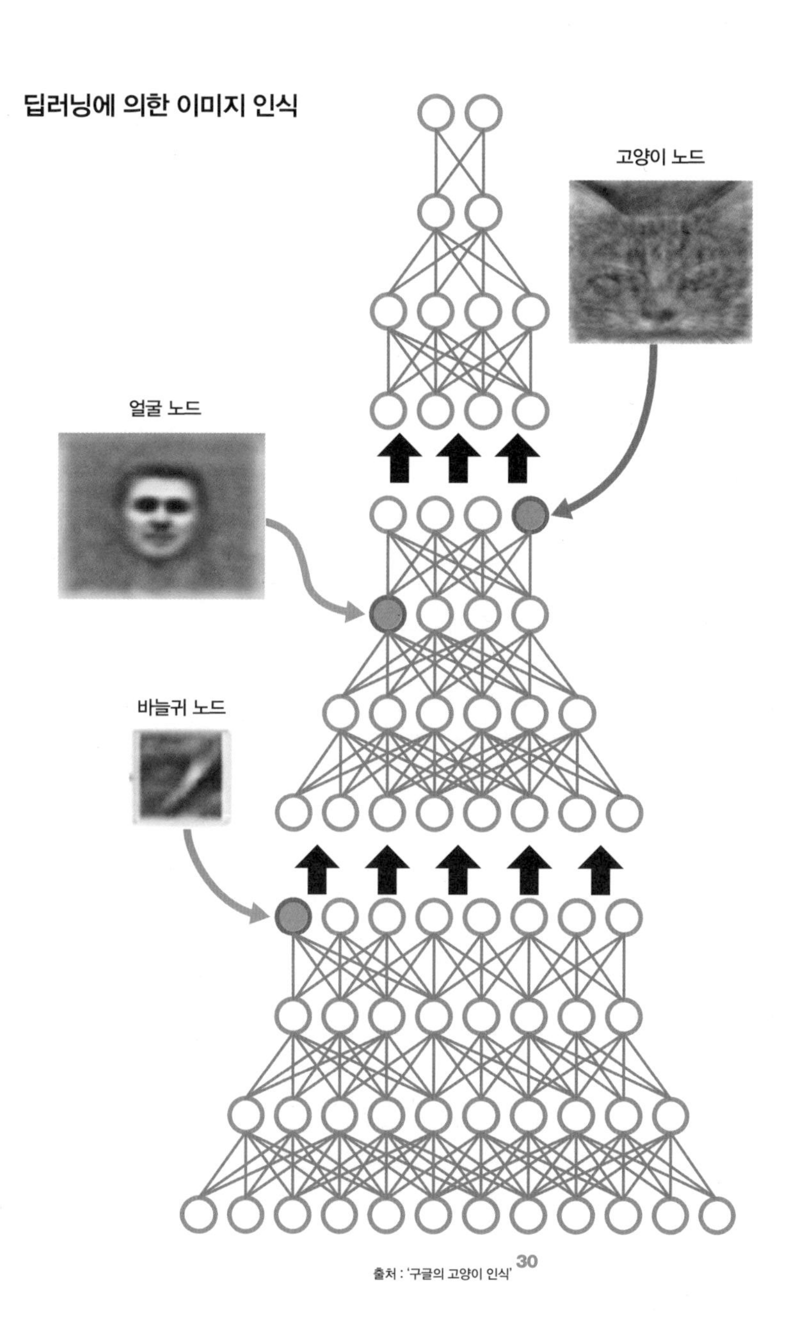

출처 : '구글의 고양이 인식'[30]

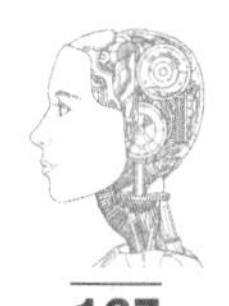

수 있게 된다. 그리고 그것들을 조합해서 둥근형(얼굴) 속에 2개의 점(눈)이 있고, 그 한복판에 세로로 한 줄기(코) 복잡한 부품을 조합시킨 특징을 얻을 수 있다. 그 결과 위의 층에서는 '인간의 얼굴' 같기도 하고 '고양이의 얼굴' 같은 것이 나온다.

즉 유튜브로부터 꺼낸 이미지를 대량으로 보여 주고 딥러닝에 걸면 컴퓨터가 특징을 꺼내고 자동적으로 '인간의 얼굴'이나 '고양이의 얼굴'이라는 개념을 획득하는 것이다.

컴퓨터가 개념(시니피에, 의미되는 것)을 자력으로 만들어 낼 수 있으면, 그 단계에서 '이것은 인간이다', '이것은 고양이다'라는 기호 표현(시니피앙, 의미하는 것)을 적용시키는 것만으로 스스로 시니피앙과 시니피에가 조합된 기호를 습득한다. 여기까지 오면 그 후에는 인간이나 고양이의 이미지를 보는 것만으로 '이것은 인간이다' 또는 '이것은 고양이다'라고 판단 가능하게 된다. 단 이 연구에서는 천만 장의 이미지를 다루기 위해서 뉴런끼리의 관계의 수가 100억 개라는 거대한 뉴럴네트워크를 사용하고 1,000대의 컴퓨터(1만6,000개의 프로세서)를 3일간이나 가동했을 정도로 방대한 계산량을 필요로 했다.

한편 데이터에서 개념을 만들어 낸다는 것은 본래 라벨이 된 데이터labeled data가 필요 없는 '비지도 학습'이다. 딥러닝의 경우 이러한 비지도 학습을 지도 학습으로 접근하고 있다.

오토인코더는 원래 교사가 주는 정답에 해당하는 부분에 본래의 데이터를 넣음으로써 입력한 데이터를 예측하며, 다양한 특징을 생성한다. 그것이 지도 학습에서 비지도 학습을 하고 있다는 것을 의미한다.

그런데 조금 이해가 어려운 것이 그렇게 해서 얻을 수 있었던 특징을 사용해서 마지막으로 분류할 때 막히면, '그 특징을 소유하는 것은 고양이다'라든가 '그것은 개다'라는 정답 라벨을 주게 되는데 그 때는 '지도 학습'이 되는 것이다. 즉, '비지도 학습'을 통해 특징을 만들고 마지막에 지도 학습의 결합을 통해 라벨과 연관을 지음으로써 개념이 학습되는 것이다. 결국 지도 학습을 할 때 딥러닝을 해도 별로 의미가 없는 것 같이 생각할지도 모르지만 이 차이는 상당히 크다고 할 수 있다.

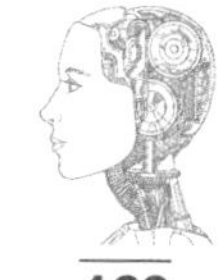

예를 들면 딥러닝에 의한 날씨의 정보로부터 '일본 해변'의 개념이 이미 되어있다면 "시마네, 돗토리, 후쿠이, 이시카와, 도야마, 니가타, 야마가타, 아키타 등의 현을 일본 해변이라고 말합니다"라고 가르치는 것만으로 "아, 이 덩어리는 '일본 해변'이라고 부르면 되는 것이네요"라고 바로 알 수 있다. 그런데 이러한 개념이 되어 있지 않으면 "시마네, 돗토리……어라? 효고는 들어가는 것인가?"라고 기억하는 것이 엄청난 일이다. "산음(산의 그늘진 북쪽 편)이라는 것은 시마네, 돗토리 혹은 야마구치 현 북부나 교토 북부도 포함되는 경우가 있다"라고 들으면 "아 그렇군요, 그러니까 그 근처 날씨가 비슷하지요"라고 바로 이해할 수 있다. 인간은 라벨된 데이터가 그리 많지않아도 잘 학습할 수 있는 것에 비해 컴퓨터는 그것을 필요로 하는 정도가 완전히 다른 것이다.

세상에서 서로 관계가 있는 일끼리의 연관성을 미리 잡아두는 것으로 인해 현실적인 문제의 학습이 빨라진다. 왜냐하면 연관이 있다는 것은 겉보기엔 잘 드러나 있지 않을 수도 있기 때문이다.

비약의 열쇠는 '강건성'

딥러닝은 '데이터를 바탕으로 무엇을 특징표현해야 할까?'라는 지금까지 가장 어려웠던 부분을 해결하는 한줄기 빛이 보였다는 의미에서 인공지능 연구를 비약적으로 발전시킬 가능성을 지니고 있다.

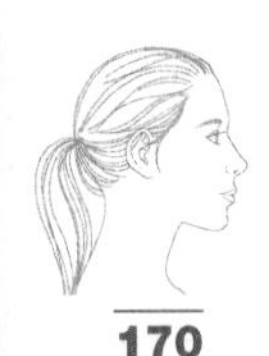

그런데 사실 딥러닝에서 하고 있는 것은 주성분 분석을 비선형으로 여러 층으로 한 것뿐이다. 즉 데이터 안에서 특징이나 개념을 찾고, 그 덩어리를 사용하고, 더 큰 덩어리를 찾는 것이다. 뭐라 할 없는 정말 단순하고 소박한 아이디어다.

실제로 딥러닝의 아이디어에 상당히 가까운 것은 과거부터 존재했다. 이미 1980년대에 당시 NHK의 연구소에 근무하던 후쿠시마 구니히코(福島邦彦)가 신인식기(neocognitron: 인식기를 개선하기 위한 노력으로 후쿠시마가 제안한 패턴 인식 모형)라는 선행적인 연구를 했었다. 1990년대에는 산업기술종합연구소의 노다 이츠키(野田五十樹)나 도완고 인공지능연구소 소장인 야마카와 히로시(山川宏)도 같은 생각을 하고 있었다. 필자도 2000년경부터 '아무리 생각해도 이 방식밖에 없다'라는 마음으로 계속해서 어떻게 하면 될 수 있을지 이것저것 시도해 왔다. 앞서 기술한 제프 호킨스는 실리콘밸리에 레드우드 신경과학연구소라는 시설까지 만들었다(현재는 캘리포니아대학 버클리교 산하). 하지만 이 방식밖에 없다는 생각에도 불구하고 어떤 이유에선지 잘 되지 않았다.

그 후 2006년에 토론토대학의 힌톤이 연구 논문으로 실증해 보였고(그 전후에 같은 사고방식으로 결과가 나와 있는 연구도 많이 있었다. 라벨이 안 된 데이터를 사용해서 지도 학습의 정밀도를 올린다는 아이디어 자체는 꽤 오래전부터 있었다), 2012년에는 컴피티션에서 압승함으로써 결국 많은 사람들의 눈앞에 굉장한 모습으로 나타났다. 그 이후로 투자 경쟁과 기대감의 고조는 앞에서 말한 그대로다. 이제야 깨닫게 된 것은 당시 생각이나 사고는 틀리지 않았고, 단지 방식이 틀렸던 것이다.

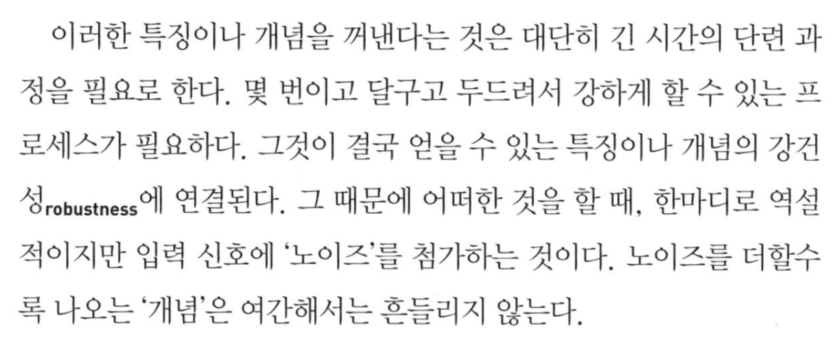

이러한 특징이나 개념을 꺼낸다는 것은 대단히 긴 시간의 단련 과정을 필요로 한다. 몇 번이고 달구고 두드려서 강하게 할 수 있는 프로세스가 필요하다. 그것이 결국 얻을 수 있는 특징이나 개념의 강건성robustness에 연결된다. 그 때문에 어떠한 것을 할 때, 한마디로 역설적이지만 입력 신호에 '노이즈'를 첨가하는 것이다. 노이즈를 더할수록 나오는 '개념'은 여간해서는 흔들리지 않는다.

앞서 설명했던 일본 전국 날씨 분석의 예로 말하면 어떤 현의 날씨와 다른 현의 날씨가 어쩌다가 며칠 연속으로 일치하는 경우가 있을지도 모른다. 그 결과 우연히 일치하는 것만으로 '2개 현의 날씨가 비슷하다'라고 인식되어 버리는 것이다. 여기서 노이즈를 더해 어떤 지역의 날씨를 조금 옮긴다. 맑음은 흐림에, 흐림은 맑음이나 비에, 비는 흐림으로. 주사위를 흔들어 던져서 짝수의 눈이 나오면 날씨를 옮겨라 같은 식도 좋다. 그 결과 '약간 다르다'는 날씨의 데이터가 생긴다. 이 날씨 데이터도 원래와 같은 데이터로 다루는 것이다.

본래 100일간의 날씨 데이터가 있어서 노이즈를 더하면 거기에 100장의 날씨 데이터가 생긴다. 노이즈 더하는 방법은 랜덤하기 때문에 2회를 하면 2회 모두 다른 날씨의 데이터가 생긴다. 그러므로 10회, 100회 정도 되풀이해도 좋다. 100회 되풀이하면 원래 100장의 날씨 데이터를 1만 장의 날씨 데이터로 바꿔 놓을 수 있다. 이 1만 장의 날씨 데이터는 말하자면 '조금 달랐을지도 모르는 과거'이다.

어떤 지역의 날씨가 사실은 다른 곳에서는 맑음이 아니고 흐림이었을지도 모른다. 또 어느 지역에서는 비로 운동회가 중지가 되었다가 날씨가 흐려지면서 아슬아슬하게 개최할 수 있었을지도 모른다. 이러한 '조금 달랐을지도 모르는 과거'의 데이터를 많이 만드는 것으로 데이터의 수를 매우 많게 늘리는 것이다. 그렇게 하면 '어떤 지역과 다른 지역의 날씨가 우연히 일치하고 있었다'라는 부분이 없어지는 것이다. 조금 달랐을지도 모르는 과거를 포함시켜서 계산하므로 '우연히 일치'라고 할 일은 없다. 일치한다면 일치하는 순간의 이유가 있었을 것이다. 딥러닝에서는 이렇게 '조금 달랐을지도 모르는 과거'의 데이터를 많이 만들어 그것을 사용한 후, 학습하는 것으로 '절대로 틀리지 않았다'는 특징을 찾아낸다. 그리고 '절대로 틀리지 않았다'는 특징이기 때문에 그 특징을 사용한 높은 차원인 특징도 찾을 수 있는 것이다.

'조금 다른 과거'를 사용하면 된다는 것을 필자도 알지 못했고, 다른 연구자들도 마찬가지였다. 하나하나 추상화 작업은 대단히 견고한 것에 의해 2단, 3단 쌓아 올라갈 때에도 효과를 발휘한다. 집을 지을 때에 1층 부분이 흔들흔들 불안하면 2층, 3층을 쌓아 가는 것이 어렵고 힘들다. 2층 건물, 3층 건물 집을 만들기 위해서는 결국 1층 부분을 가장 튼튼하고 견고하게 만들 필요가 있었던 것이다. 또 어지간한 것으로는 흔들리지 않는 강건성을 획득하기 위해서는 실로 대단한 컴퓨팅 파워가 필요하다.

예를 들면 손글씨 문자 인식 28픽셀×28픽셀의 이미지는 이미지 데이터로는 대단히 작은 사이즈이지만 1장의 이미지에 대해서 몇 백으로부터 몇 천의 노이즈를 더하는 것만으로도 보통 PC로 계산하는데 2일 정도 걸린다. 해상도가 더 높은 이미지로 트레이닝하려면

2015년 현재의 머신 스펙이라도 GPU(그래픽 처리 유닛)가 들어간 서버를 몇 대 이상 연결시켜야 겨우 정밀도가 오르는 수준이다. 앞서 소개한 것처럼, 구글의 고양이 인식 연구에서는 1,000대의 서버를 사용하고 있고, 이것은 금액으로 100만 달러(약 10억 원)에 해당한다.[31]

10년 이상의 훨씬 이전의 머신에서는 바랄 것도 없었지만 머신 파워가 비약적으로 높아진 현재, 드디어 강건성을 높이는 것과 그로 인해 뉴럴네트워크를 다단(多段)으로 해서 높은 차원인 특징을 얻는 것이 가능해진 것이다.

강건성을 높이는 방법

강건한 특징이나 개념을 찾는 방법이 노이즈를 더해서 '조금 다른 과거'를 만들어 내는 방식만 있는 것은 아니다.

예를 들면 드롭아웃drop-out으로 뉴럴네트워크의 일부 뉴런을 그때그때 제외시킬 수 있는데, 예를 들면 은닉층의 50%의 뉴런을 랜덤하게 누락시키는 것이다. 말하자면 "당신이 만든 특징표현 속에서 이번에는 전국, 일본 해변, 간토우, 시코쿠, 오키나와의 데이터는 사용

31 이후 GPU를 활용함으로써 소규모 머신(예를 들어 16대의 PC)에서도 마찬가지로 같은 정도의 시간에 학습할 수 있도록 되어 있다. Coates, Adam, et al. "Deep learning with COTS HPC systems. "Proceedings of The 30th International Conference on MachineLearning. 2013.

할 수 없습니다. 자 그럼 47도도부현의 날씨를 예상해 주세요"라는 문제를 푸는 것이다.

그 결과 어떤 일이 발생할까? 도호쿠 지방의 날씨에는 '동북'의 항목을 사용해도 괜찮다고 생각하고 있었지만 동북의 데이터를 사용할 수 없게 된 것이다. 그렇다면 동북의 데이터를 사용할 수 없을 때에도 도호쿠 지방의 날씨를 어느 정도 예상할 수 있도록 다른 항목을 연구할 필요가 있다. 태평양변, 일본 해변이라는 항목이 있으면 조금 안심할 수 있다. 혹은 일본 해변이라는 항목을 사용할 수 없을 때를 위해서 동북이라든가 호쿠리쿠(北陸)라는 분류 방법을 갖고 있는 것도 중요하다. 이렇게 어떤 특징이 다른 특징을 커버하면서 최적화되어 가는 것이다. 그렇게 되면 어떤 특징에 과도하게 의존했던 특징 표현도 없어진다. 본래 어떤 특징만큼 지나치게 의존하는 것은 위험

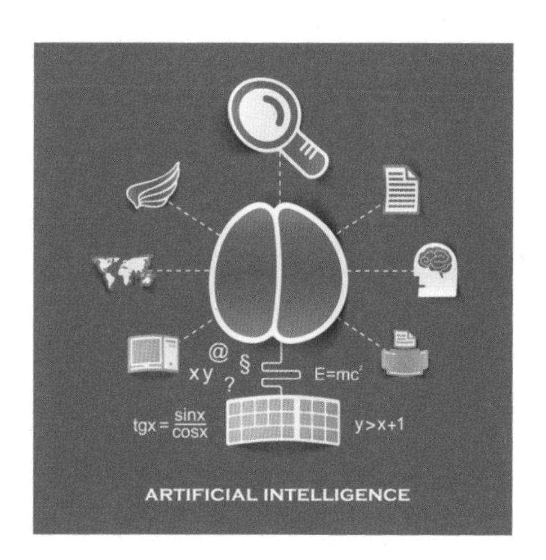

하기 때문이다. 결국 일부분의 특징을 사용할 수 없게 하는 것이 적절한 특징표현을 찾는데 이러한 과정을 정규화regularization라고 한다.

그밖에 뉴럴네트워크에서는 '가혹한 환경'이 여러 가지 연구되고 있는데, 그렇게까지 단련하지 않으면 데이터의 배후에 존재하는 '본질적인 특징'을 획득할 수 없는 것이다. 이미지 인식의 정밀도가 오르지 않는 것은 강건성을 높이기 위해서 단련하는 작업의 중요성(전문적으로 말하면 정규화를 위한 새로운 방법)을 알아차리지 못했고, 그리고 처음부터 머신 파워의 성능이 낮아서 할 수 없었기 때문이다. 언제나 그렇지만 과학적인 발견은 일단 발견이 되면 이렇다 할 것도 없이 단순 자명한 일이었다고 본다. 실제로 많은 연구자들이 생각하고 있었던 '오토인코더를 기초로 특징을 여러 겹 쌓아(다단) 나가면 된다'라는 예상은 적중했던 것이다.

기본 정립으로 돌아가라

2장에서 설명했듯이 원래 인간의 지능이 프로그램으로 실현되지 않을 리는 없다. 그런데 그것이 인공지능 분야에서 오랜 세월 실현되지 않았던 것은 컴퓨터의 개념을 획득하지 않은 채, 기호를 단순한 기호 표기로서만 다루고 있었기 때문이다. 즉, 기호를 '개념과 기호 표기가 세트로 된 것'으로 다루어 오지 않았거나 취급할 수 없었기 때문이다.

그 때문에 현실 세계에서 '무엇을 특징표현으로 할 것인가'는 모두 인간이 정해 왔다. 아니 정할 수밖에 없었다. 컴퓨터의 능력이 지금처럼 높지 않았고, 기호를 그것의 근본이 되는 추상화된 정보로 맞춰서 취급하는 것 등을 할 수 없었기 때문이다. 이것이 모든 문제의 근원이 되어 왔다.

딥러닝의 등장은 적어도 이미지나 음성이라는 분야에 있어서 '데이터를 바탕으로 무엇을 특징표현해야 할까'를 컴퓨터가 자동적으로 획득할 수 있다는 가능성을 나타내고 있다. 간단한 특징을 컴퓨터가 스스로 찾아내고, 그것을 바탕으로 높은 차원인 특징을 찾아낸다. 그 특징을 사용해서 나타나는 개념을 획득하고, 그 개념을 사용해서 지식을 기술한다는 인공지능의 최대의 난관에 하나의 길이 제시된 것이다. 물론 대상은 이미지나 음성만이 아니기 때문에 이것만으로 모든 상황에 있어서 '특징표현의 문제'가 해결되었다고는 생각하지 않는다. 그러나 지극히 중요한 하나의 브레이크스루를 주고 있는 것은 틀림없다.

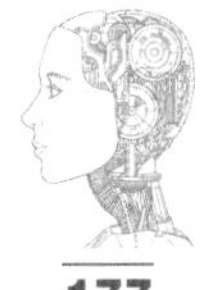

'인간의 지능이 프로그램으로 실현되지 않을 리가 없다'라는 생각과 함께 인공지능의 연구가 시작된 것이 60년 전이었다. 지금까지 그것이 실현되지 않은 것은 특징표현의 획득이 큰 벽이 되어서 막아서고 있었기 때문이다. 그런데 이제 한줄기 광명이 비치기 시작했다. 어두운 동굴의 끝에 지금까지 보이지 않던 빛이 닿기 시작했다. 할 수 없었던 것에는 분명 이유가 있었고, 이제 그것이 해소되고 있는 것이라면 과학적 입장으로서는 기본 테제These로 되돌아와 '인간의 지능이 프로그램으로 실현되지 않을 리는 없다'라는 입장을 취해야 하지 않을까?

일단 인공지능의 알고리즘이 실현되면 인간의 지능을 크게 능가하는 인공지능이 등장하는 것을 상상하기 어렵지 않다. 적어도 필자의 정의에서는 특징을 학습하는 능력과 특징을 사용한 모델 획득의 능력이 인간보다도 지극히 높은 컴퓨터는 실현 가능하다고 생각한다. 즉, 주어진 예측 문제를 인간보다 더 정확하게 풀 수 있다는 것이다. 그것은 인간이 보기에도 매우 지적으로 느껴질 것이다.

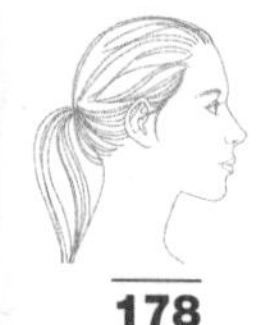

인간의 뇌는 다양한 점에서 물리적인 제약이 있다. 예를 들면 보통 사람보다 뇌의 사이즈가 10배 큰 사람은 존재하지 않는다. 그러나 컴퓨터의 경우에는 컴퓨터 1대로 할 수 있는 일을 10대로 하면 10배, 100대로 하면 100배가 된다. 인간의 지능 수준으로 된다는 것은 곧 인간의 지능을 넘는다는 것을 의미한다.

결국, 특징표현의 획득 능력으로 언어 개념의 이해나 로봇 등의 기술을 조합시키면 모든 화이트칼라의 노동을 대체할 수 있는 기술이 가능할 것이다. 그것이 어느 정도 이루어질 수 있는 일인지에 대해서는 마지막 장에서 자세하게 설명하겠지만, 초기의 인공지능 연구는 그런 생각으로 이루어졌을 것이다. 그리고 그 임팩트는 한없이 크다.

따라서 지금 이 시대에 다시 한 번 우리가 생각했던 기본 테제로 되돌아가야 할 것이다.

'인간의 지능이 프로그램으로 실현되지 않을 리는 없다.'

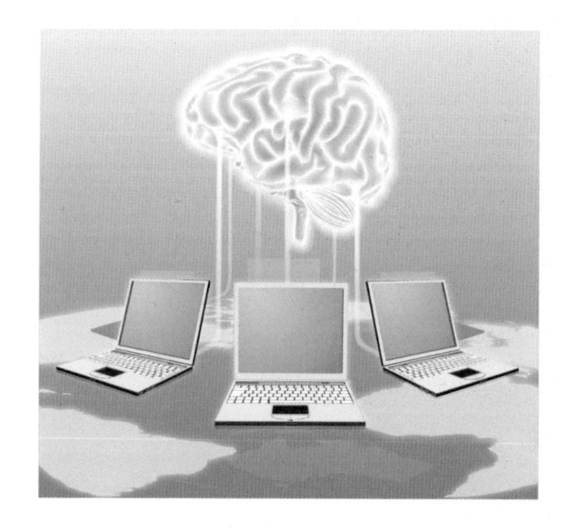

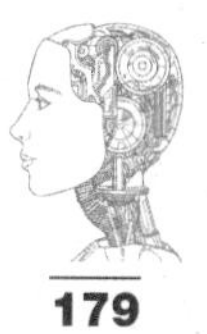

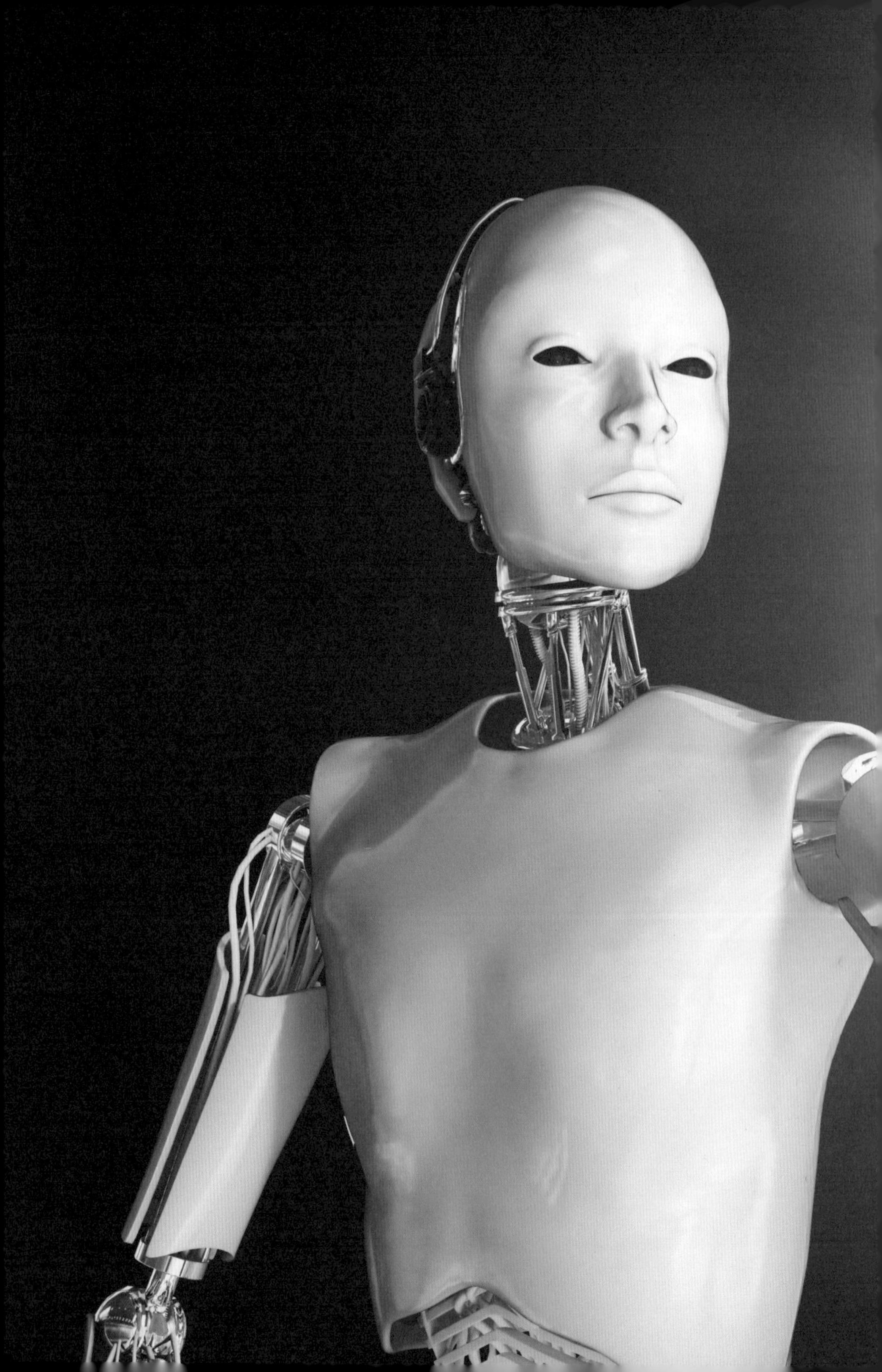

7
인공지능은 인간을 넘을 수 있을까?
– 딥러닝 앞에 있는 것 –

딥러닝에서의 기술 진전

딥러닝은 특징표현 학습의 한 종류인데, 그 의의와 평가에 대해서는 전문가들 사이에서도 크게 두 가지 의견으로 나뉜다.

첫 번째는, 기계학습의 하나의 발명에 지나지 않고 일시적인 유행에 머무를 가능성이 높다는 입장이다.[32] 이것은 기계학습 전문가에게 흔한 사고방식이다. 두 번째는 특징표현을 획득할 수 있는 일은 본질적인 인공지능의 한계를 돌파할 가능성이 있다는 입장이다. 이쪽은 기계학습보다도 좀 더 넓은 범위를 다루는 인공지능 전문가들에게 많이 인식되고 있다.

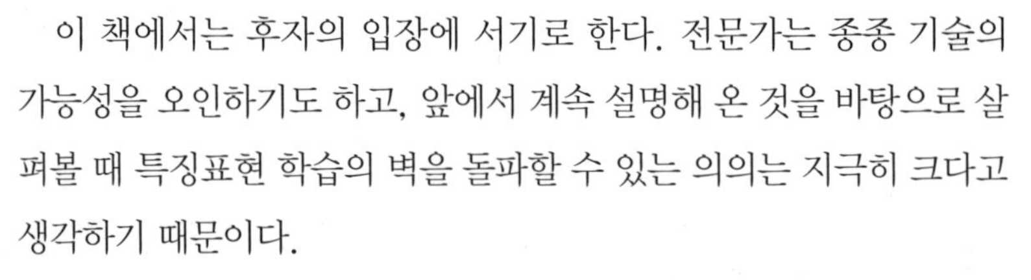

이 책에서는 후자의 입장에 서기로 한다. 전문가는 종종 기술의 가능성을 오인하기도 하고, 앞에서 계속 설명해 온 것을 바탕으로 살펴볼 때 특징표현 학습의 벽을 돌파할 수 있는 의의는 지극히 크다고 생각하기 때문이다.

현재 딥러닝의 연구는 이미지를 읽어서 특징을 추출하는 것까지는 실현되고 있다. 특징표현 학습의 기초 기술이라는 의미에서는 50년 동안의 브레이크스루라고 불러도 괜찮다고 생각하지만, 이것을 통해 일어날 것으로 예상되는 인공지능 기술 전체의 발전으로 볼 때는, 그저 초반부에 지나지 않는다. 뒤에 나오는(185페이지) 표는 필자가 예상하는 앞으로의 기술 진전에 관한 내용이다. 아마 '특징표현

32 예를 들면 2000년대에는 커널법(SVM 등에 사용된다)이 기계학습 분야를 석권했다.

을 학습한다'라는 기술을 사용하고, 지금까지의 가파른 인공지능의 발전만큼 한번 더 이룩할 수 있지 않을까 생각한다.

① 이미지 특징의 추상화가 가능한 AI → ② 멀티모달한 추상화가 가능한 AI

이미지를 보고 특징을 추출해서 '분별한다'는 것은 인간의 '시각'에 가깝지만 인간은 청각이나 촉각과 같은 감각기도 가지고 있다. 예를 들면 소리에는 색이나 형태가 없듯이 본래 시각과 청각, 촉각은 데이터의 종류로서 완전히 다른 것이다. 뇌가 재미있는 것은 이러한 데이터의 종류에 의존하지 않고 같은 처리 기구에서 처리가 이뤄지고 있다는 점이다. 딥러닝에서도 동일하게 다양한 데이터에 대하여 같은 방법을 적용할 수 있을 것이다(혹은 그렇게 개량될 필요가 있다).

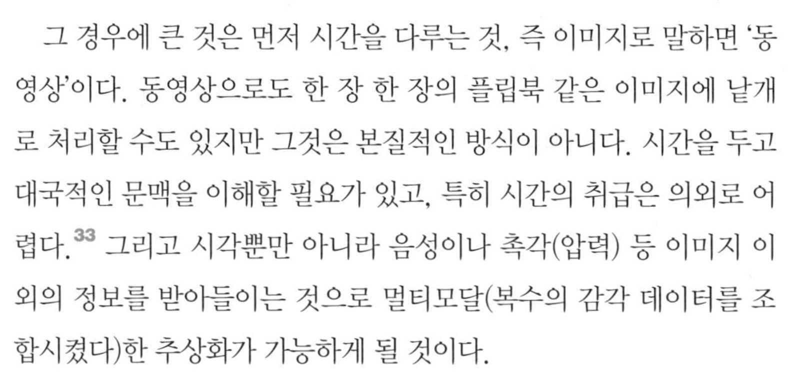

그 경우에 큰 것은 먼저 시간을 다루는 것, 즉 이미지로 말하면 '동영상'이다. 동영상으로도 한 장 한 장의 플립북 같은 이미지에 낱개로 처리할 수도 있지만 그것은 본질적인 방식이 아니다. 시간을 두고 대국적인 문맥을 이해할 필요가 있고, 특히 시간의 취급은 의외로 어렵다.[33] 그리고 시각뿐만 아니라 음성이나 촉각(압력) 등 이미지 이외의 정보를 받아들이는 것으로 멀티모달(복수의 감각 데이터를 조합시켰다)한 추상화가 가능하게 될 것이다.

예를 들면 만지는 감각이라는 것은 압력 센서의 시계열 변화이다. 인간이 고양이의 움직임, 울음소리, 닿는 느낌 등 다양한 정보를 조

33 재귀신경망(Recurrent Neural Network, RNN)에 관한 연구, 예를 들면 LSTM(Long Short-Term Memory)이라 불리는 뉴럴네트워크의 연구가 진행되고 있다.

합시켜서 '고양이'라고 인식하는 것을 컴퓨터가 처리할 수 있도록 해야 한다.

③ 행동과 결과의 추상화가 가능한 AI

다음에 필요한 것은 컴퓨터 스스로의 행위와 그 결과를 합쳐서 추상화하는 것이다. 인간의 뇌에서 보면 자기 자신의 신체가 움직이고 그 결과 무엇인가 눈에 들어오는 것에 변화가 일어나지만 '뇌의 외부에서 들어오는 데이터'라는 의미에서는 동일하다. 그런데 인간은 생물이므로 '자신이 명령을 내렸기 때문에 신체가 움직이고, 그것에 의해서 눈으로 보이는 것이 변화되었다'라는 데이터가 들어오는 것인지, 그렇지 않으면 '신체는 움직이지 않는데 눈으로 보이는 것이 바뀐 것인지'를 구별할 필요가 있다. 즉 문을 열었기 때문에 문이 열린 것인지, 제멋대로 문이 열린 것인지는 인간의 생존에 있어서 대단히 중요한 차이다. 어딘가에 적이 숨어 있을지도 모르기 때문이다.

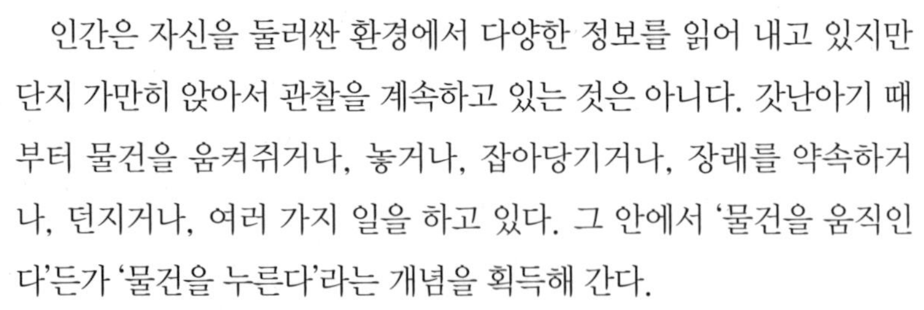

인간은 자신을 둘러싼 환경에서 다양한 정보를 읽어 내고 있지만 단지 가만히 앉아서 관찰을 계속하고 있는 것은 아니다. 갓난아기 때부터 물건을 움켜쥐거나, 놓거나, 잡아당기거나, 장래를 약속하거나, 던지거나, 여러 가지 일을 하고 있다. 그 안에서 '물건을 움직인다'든가 '물건을 누른다'라는 개념을 획득해 간다.

이렇게 해서 자신의 행동과 결과를 세트로 추상화시키는 것의 메리트는 '먼저 의자를 움직이고, 그 위에 올라가고, 높은 곳에 있는 바나나를 가져가자'라는 것과 '행동의 계획'이 세워지는 것이다.

딥러닝 앞의 연구

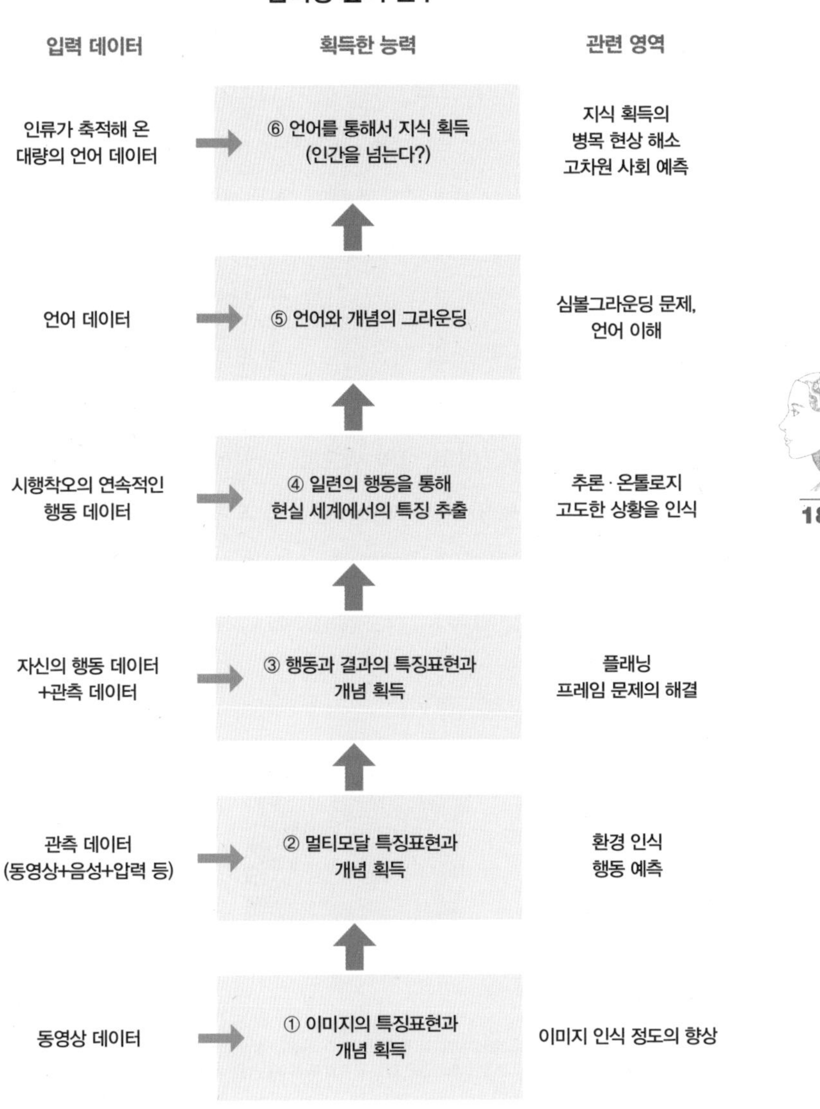

입력 데이터
획득한 능력
관련 영역
인류가 축적해 온
대량의 언어 데이터
⑥ 언어를 통해서 지식 획득
(인간을 넘는다?)
지식 획득의
병목 현상 해소
고차원 사회 예측
언어 데이터
⑤ 언어와 개념의 그라운딩
심볼그라운딩 문제,
언어 이해
시행착오의 연속적인
행동 데이터
④ 일련의 행동을 통해
현실 세계에서의 특징 추출
추론 · 온톨로지
고도한 상황을 인식
자신의 행동 데이터
+관측 데이터
③ 행동과 결과의 특징표현과
개념 획득
플래닝
프레임 문제의 해결
관측 데이터
(동영상+음성+압력 등)
② 멀티모달 특징표현과
개념 획득
환경 인식
행동 예측
동영상 데이터
① 이미지의 특징표현과
개념 획득
이미지 인식 정도의 향상

인간은(때로는 필요 이상으로) 원인과 결과라는 인과 관계로 사물을 이해하려고 하지만, 그것은 결국 동물로서 행동의 계획에 활용하고 싶기 때문일 것이다. '무언가를 했기 때문에 이렇게 되었다'라는 원인과 결과로 이해하고 있으면, 그것들을 서로 연결시키는 것으로 원하는 상태를 만들어 내는 '계획적인 행동'이 가능해진다. '의자를 움직인다', '의자 위에 올라간다' 등의 행동과 결과의 추상화가 되어 있지 않으면 의자를 움직여서 바나나를 가져갈 수는 없는 것이다.

단지 '누른다'라는 동작의 획득만도 그렇게 단순하지만은 않다. 예를 들면 로봇이 테이블을 1의 힘으로 밀어도 움직이지 않았다. 2의 힘으로는 몇 밀리 움직이고, 3의 힘으로 눌렀을 때 비로소 제대로 움직일 수 있는 것을 알았다. 그러한 경험을 되풀이하면 '물건을 누른다'라는 행동을 추상화할 수 있다. 즉, 인간은 '누른다'라는 행동 하나도 가벼운 것은 작은 힘으로, 무거운 것은 큰 힘으로 누를 수 있도록 학습하고 있다.[34]

34 0세의 갓난아기를 관찰한 적이 있는 사람이라면 갓난아기가 '굉장한 힘'으로 음식을 짓뭉개는 장면을 본 적이 있을 것이다(실제로 굉장한 힘은 아니지만). 어른들은 컵을 움켜쥘 때의 쥐는 방법과 샌드위치를 움켜쥘 때의 쥐는 방법을 구별하고 있다.

사실은 이러한 동작의 추상화 연구는 발달 인지에 관계된 로봇의 연구로서 이전부터 변화 발전하고 있었다. 도쿄대학의 요시 야스오(國吉康夫)나 오사카대학의 아사다 미노루(淺田稔), ATR(고쿠사이 덴기(國際電氣)=통신기초기술연구소)의 가와토 미쓰오(川人光男) 등이 유명하다.

'행동' 하는 것이 반드시 물리적인 로봇일 필요는 없다. 예를 들면 구글이 매수한 딥마인드 테크놀로지스사는 이것을 컴퓨터 게임 속에서 실천하고 있는데, 블록 깨기나 인베이더 게임과 같은 단순한 게임에서

· 탄알이 앞에서 날아들었을 때에 〈전제 조건〉
 오른쪽으로 움직이면 〈행동〉
 스코어가 오르면 〈결과〉

라는 한 세트를 학습하고 있다. 웹에서 동작하는 에이전트 등에 대하여 이러한 '동작의 개념'을 획득하는 것은 사실은 시행착오를 대단히 많이 수행할 수 있는 컴퓨터에 더 적합한 방법일지도 모른다.

185 페이지의 ①과 ②의 단계에서는 인공지능이 외부 세계에 있는 것을 관찰하고 있을 뿐이었다. 그런데 ③에서는 자신도 그 안에 억지로 들어가고 외부 세계와 상호 작용을 하면서 관계성을 배우게 된다. 이 단계에서 네비게이션이나 외부 세계의 시뮬레이션 혹은 보다 일반화한 것으로서의 '사고'라는 프로세스도 필요하게 될 것이다.

④ 행동을 통한 특징을 획득하는 AI

계속해서 그러한 행동을 할 수 있게 되면 '행동한 결과'에 대해서도 추상화가 진행된다. 사실 외부 세계와의 상호 작용에 의한 동작 개념의 획득은 새로운 특징을 꺼내는데 있어서 정말로 중요하다.

과거부터 필자가 사용하고 있는 예가 있는데, '소수인가 아닌가'라는 특징을 어떻게 획득하면 좋을까라는 문제가 있다. 2는 소수, 3도 소수, 4는 소수가 아님, 5는 소수이다. 예를 들어 퍼즐 게임으로 주인공이 가지는 아이템의 수가 소수라면 적을 쓰러뜨릴 수 있고, 소수가 아니면 쓰러뜨릴 수 없다는 상황이 있을 때 '아이템의 수가 소수일 것인가 아닌가'라는 특징을 만들 수 있으면 이 문제는 풀기 쉬워진다.

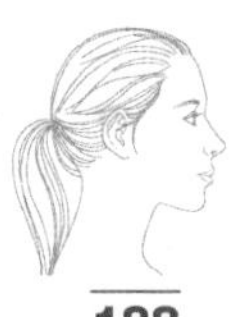

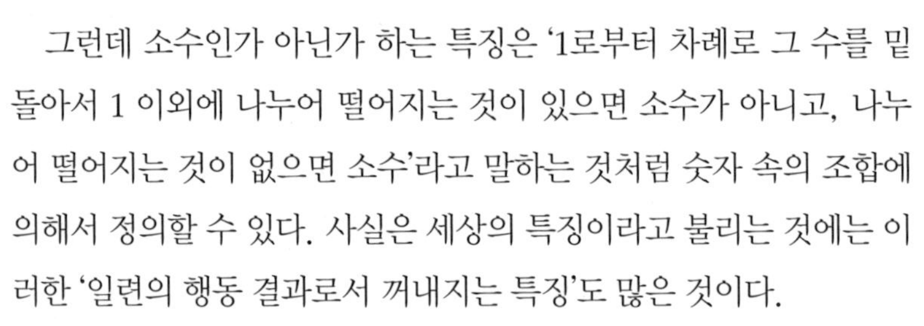

그런데 소수인가 아닌가 하는 특징은 '1로부터 차례로 그 수를 밑돌아서 1 이외에 나누어 떨어지는 것이 있으면 소수가 아니고, 나누어 떨어지는 것이 없으면 소수'라고 말하는 것처럼 숫자 속의 조합에 의해서 정의할 수 있다. 사실은 세상의 특징이라고 불리는 것에는 이러한 '일련의 행동 결과로서 꺼내지는 특징'도 많은 것이다.

게임을 간단히 해결할 수 있을 것인가, 어려울 것인가라는 난이도는 실제로 게임을 해보지 않고는 모른다. 장기의 어떤 반상을 보고서 '형세가 좋은지, 좋지 않은지', 어떤 수학 문제를 풀면서 '쉬운지, 어려운지', 컵을 하나 보면서 '깨지기 쉬울지 아닌지'는 동작을 해 보지 않고는 모른다. 즉, 동작을 해 본 결과에 반해서 '그것 자체 자신의 성질'을 취하게 되는 것이다.

'상냥하다', '어렵다' 등의 형용사적인 개념은 몇 번이나 게임을 해 본 후에야 처음으로 획득할 수 있는 추상적인 개념이다. 깨지기 쉬운 컵이라고 할 때도 누르면 깨진다, 떨어뜨리면 깨진다는 행동과 결과의 세트가 있기 때문에 알게 된다. '깨지기 쉬운', '잘 깨지지 않는'이라는 형용사도 유리나 도자기, 플라스틱 등의 소재에 의해 혹은 컵의 형상이나 두께에 의해, 어떠한 때에 얼마나 갈라질 것인지 몇 번이고 시험해 보아서 처음으로 획득할 수 있는 개념이다.

컴퓨터는 ③의 학습을 진행할 때 그러한 추상적인 개념도 배우게 된다. 한 묶음의 동작이 사물의 새로운 특징을 끌어내는데, 인간으로 말하면 '생각을 한 후, 앗 하고(특징을) 깨닫는다' 또는 '하다 보면 요령(특징)을 안다'라는 것과 같은 일이 발생한다.

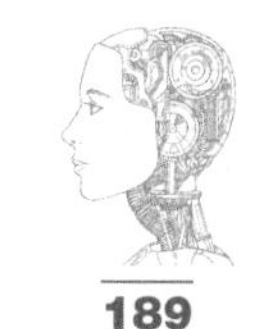

일단 동작을 통한 특징을 얻을 수 있으면 다음부터는 본 순간, 깨지기 쉬운 컵이기 때문에 주의해서 취급하고, 부드러운 소파이기 때문에 앉으면 어느 정도 신체가 가라앉을 것이라고 예측하기 쉬워진다. 1단계로 주위의 상황에 대한 인식을 깊게 하면서 로봇의 행동은 보다 환경에 적합한 것이 된다.

⑤ 언어 이해·자동 번역이 가능한 AI

지금까지 살펴본 내용에서 우리들이 일상적으로 사용하고 있는 '개념'은 거의 빠짐없이 나왔다고 볼 수 있다. 물론 그것은 이러한 인공지능이 존재하는 환경에서 가능하다. 인간이 생활하는 환경에서 인간 정도의 '신체'를 가진 인공지능이라면 인간이 만들어 내는 개념에 어느 정도 가까운 것은 획득할 수 있을 것이다. 또 인터넷에서만 행동하는 인공지능이라면 인터넷상에 있는 현상을 기초로 그곳에서 추상 개념 획득이 가능할 것이다. 그 결과 컴퓨터 스스로 '언어'를 획득하는 준비가 정돈된다. 먼저 '개념'을 획득할 수 있으면 뒤에 '말(기호 표기)'을 결부시키는 것은 간단하기 때문이다.

'고양이', '야옹 하고 운다', '부드럽다'라는 개념은 이미 각각 되어 있기 때문에 여기에 '고양이', '야옹 하고 운다', '부드럽다'라는 말(기호 표기)을 결부시키면 컴퓨터는 그 말과 그것이 의미하는 개념을 세트로 이해한다. 즉 심볼그라운딩 문제가 해소되는 것이다. 얼룩말을 한 번도 본 적이 없는 컴퓨터도 '시마시마가 있는 말'이라고 들으면 저것이 얼룩말이라고 단번에 알게 된다.

여기에서는 개념을 말(기호 표기)과 결부시킬 수 있는 것이 중요하기 때문에 그 말이 단어가 몇 개인지는 문제되지 않는다. 즉 어떤

개념에 영어를 결부시키는 것도, 일본어로 하는 것도, 중국어로 하는 것도, 한국어로 하는 것도, 노동력에서는 변함이 없다. 컴퓨터로 번역하는 것이 일상생활에 충분하게 활용되려면 이 단계가 지나야 한다. 기계 번역이라는 것이 친근한 만큼 간단한 기술로 생각될지도 모르지만 사실은 상당히 고도의 기술이다.

물론 문화나 언어에 따라 채용할 수 있는 개념은 각양각색이다. 예를 들면 영어에는 'punctual'이라는 자주 사용되는 형용사가 있는데 '시간이 정확하다'라는 의미로 'He is a punctual person(그는 시간이 정확한 사람이다)'라고 표현할 수 있다. 그런데 일본어에는 이 문장에 해당하는 한 단어가 없다. 무슨 일이 있어도 '시간이 정확하다' 라고 두 개의 단어를 사용해서 표현해야 한다.

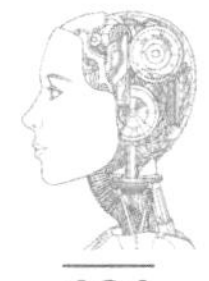

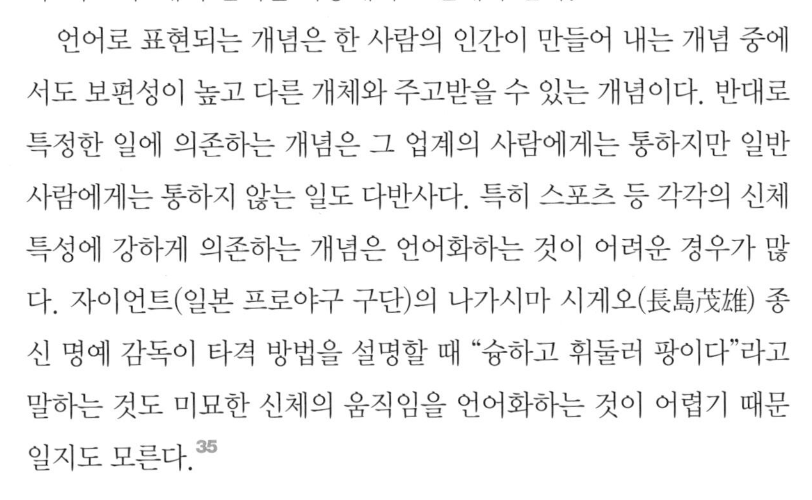

언어로 표현되는 개념은 한 사람의 인간이 만들어 내는 개념 중에서도 보편성이 높고 다른 개체와 주고받을 수 있는 개념이다. 반대로 특정한 일에 의존하는 개념은 그 업계의 사람에게는 통하지만 일반 사람에게는 통하지 않는 일도 다반사다. 특히 스포츠 등 각각의 신체 특성에 강하게 의존하는 개념은 언어화하는 것이 어려운 경우가 많다. 자이언트(일본 프로야구 구단)의 나가시마 시게오(長島茂雄) 종신 명예 감독이 타격 방법을 설명할 때 "슝하고 휘둘러 팡이다"라고 말하는 것도 미묘한 신체의 움직임을 언어화하는 것이 어렵기 때문일지도 모른다.[35]

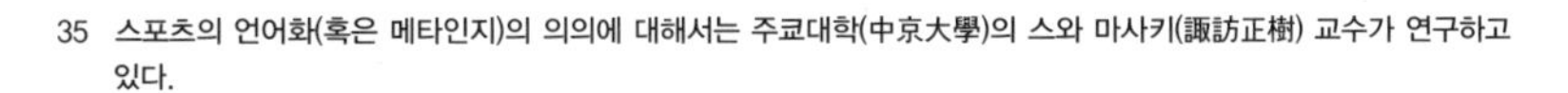

35 스포츠의 언어화(혹은 메타인지)의 의의에 대해서는 주쿄대학(中京大學)의 스와 마사키(諏訪正樹) 교수가 연구하고 있다.

⑥ 지식 획득이 가능한 AI

컴퓨터가 인간의 말을 이해할 수 있게 된다는 것은 컴퓨터 안에 어떠한 시뮬레이터가 준비되어 '인간의 문장을 읽으면 거기에 어떠한 정경(정서를 자아내는 흥취와 경치)을 재현할 수 있다'는 것을 의미한다. 그렇게 되면 컴퓨터도 책을 읽을 수 있게 된다. 다양한 내용의 소설을 읽은 후 '망원경으로 들여다 보는 것은 대체로 남자들이 많다'는 것도 이해할지도 모른다. 또 위키피디아를 비롯한 방대한 웹의 정보도 읽을 수 있게 된다. 그 정도까지 이르면 컴퓨터는 대단한 기세로 인류의 지식을 흡수해 갈 것이다.

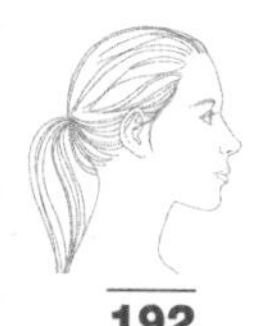

실제로 진행되어 가는 방법은 이것과 다소 다를 수도 있지만, 인공지능 연구는 이러한 기술의 로드맵을 따라갈 것이라고 생각한다. 그리고 의미 표현, 신체성, 계획, 온톨로지, 추론, 언어 획득, 지식 획득이라는 그동안 인공지능으로 연구되어 온 토픽들이 다시 '특징표현 학습'이라는 기술 진화를 근거로 해서 연구되는 것이다. 어찌 보면 '주로 이미지를 대상으로 했다', '특징표현 학습의 하나의 수법'으로서의 딥러닝이 대단하다는 것보다도 특징표현 학습이 가능하게 된 진보된 세계관이 굉장한 것 아닐까?

옆의 그림은 인공지능 연구에 관한 필자의 개인적인 심상 풍경을 모식적(단순화한 형식)으로 나타낸 것이다. 지금까지 AI를 실현하기 위해서 여러 가지 연구가 진행되고 그때마다 다양한 토픽이 거론되어 왔지만, 결국 '특징표현을 어떻게 획득할까?'라는 것이 최대의 관문이었고, 그 산을 넘을 수가 없었다. 그런데 지금, 빅데이터와 기계

인공지능 연구의 심상 풍경(心象風景)

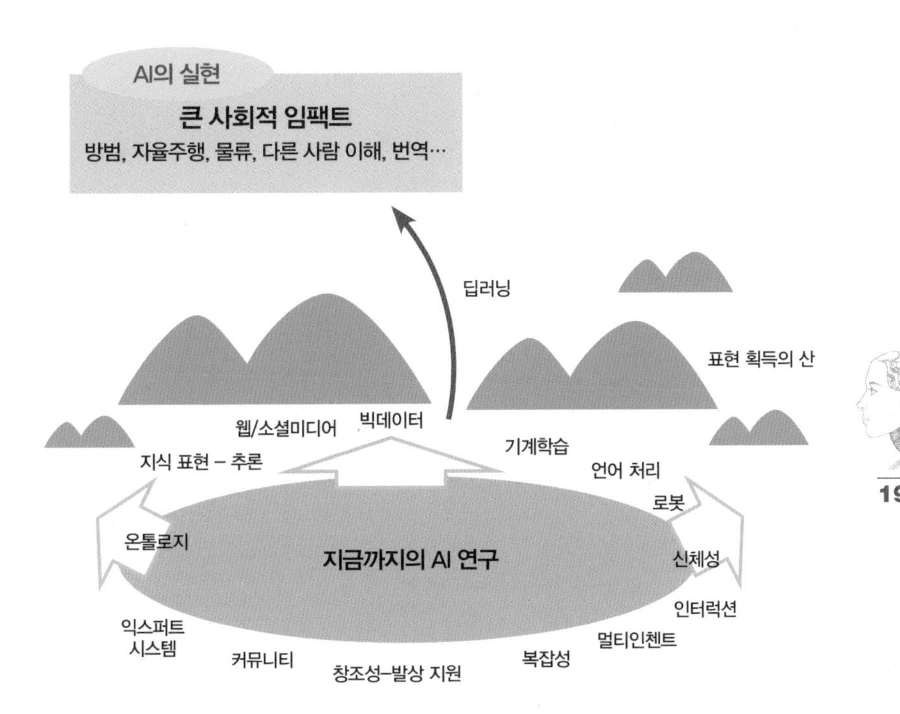

학습 사이에 작은 길이 생겼다. 그것이 바로 딥러닝인데 이곳을 빠져 나가면 그 앞에 정말 비옥한 세계가 펼쳐질 것이며, 사회적인 임팩트도 클 것이다. 물론 그 앞에 아직 여러 산이 있을지도 모른다. 그러나 인공지능이 긴 정체의 시간을 넘어서 비로소 움직이기 시작한 것임에는 틀림없다.

인공지능은 본능을 갖지 않는다

인공지능이 발전하면 인간과 같은 개념을 가지고 인간과 같은 사고를 하고, 인간과 같은 자아나 욕망을 갖는다고 생각하는 경향이 있지만 실제로는 그렇지 않다.

우선 인간이 '지식'을 가르치는 것이 아니고 컴퓨터가 스스로 특징이나 개념을 획득하는 딥러닝에서는 컴퓨터가 만들어 낸 '개념'이 사실 인간이 가지고 있었던 '개념'과는 다른 케이스가 생길 수 있다.

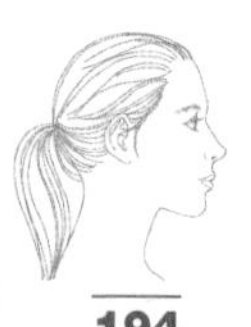

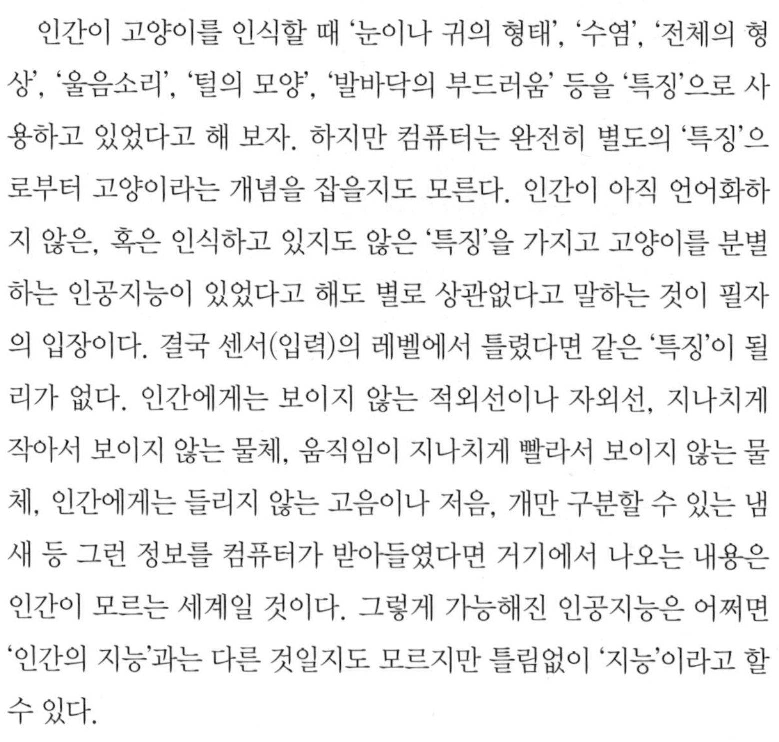

인간이 고양이를 인식할 때 '눈이나 귀의 형태', '수염', '전체의 형상', '울음소리', '털의 모양', '발바닥의 부드러움' 등을 '특징'으로 사용하고 있었다고 해 보자. 하지만 컴퓨터는 완전히 별도의 '특징'으로부터 고양이라는 개념을 잡을지도 모른다. 인간이 아직 언어화하지 않은, 혹은 인식하고 있지도 않은 '특징'을 가지고 고양이를 분별하는 인공지능이 있었다고 해도 별로 상관없다고 말하는 것이 필자의 입장이다. 결국 센서(입력)의 레벨에서 틀렸다면 같은 '특징'이 될 리가 없다. 인간에게는 보이지 않는 적외선이나 자외선, 지나치게 작아서 보이지 않는 물체, 움직임이 지나치게 빨라서 보이지 않는 물체, 인간에게는 들리지 않는 고음이나 저음, 개만 구분할 수 있는 냄새 등 그런 정보를 컴퓨터가 받아들였다면 거기에서 나오는 내용은 인간이 모르는 세계일 것이다. 그렇게 가능해진 인공지능은 어쩌면 '인간의 지능'과는 다른 것일지도 모르지만 틀림없이 '지능'이라고 할 수 있다.

인간은 언어를 이야기한다. 특히 '문법'을 사용해서 문장의 형태로 사물을 묘사하거나 글을 짓는다. 그럼 문법은 어떻게 획득할 수 있는 것일까? 유명한 언어학자인 노암 촘스키Noam Chomsky는 인간은 천성적인 문법(보편 문법)을 구비하고 있다고 말했다. 필자의 생각도 이것에 가깝다.

딥러닝으로 얻을 수 있었던 특징표현을 사용하고 다른 인간에게 어떠한 정보를 전달하지 않으면 안 된다고 하자. 주로 전할 것은 적이 쳐들어오고 있다든가, 음식이 있다든가 등등 말하는 현재의 상황이다. 이때 한 사람이 보고 있는 '그림'을 어떤 식으로 다른 사람에게 전달할 것인가? 물론 컴퓨터가 이미지를 전송할 때와 같이 좌측 위의 도트부터 1화소씩 설명해 가는 방법도 있지만 매우 비효율적일 것이다. 개념의 추출은 잘 되어 있기 때문에 그것을 이용하는 것이 좋을 것 같다. 우리가 생각할 수 있는 효율적인 묘사는 다음과 같다.

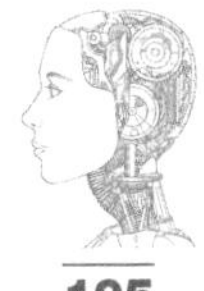

'화면 한복판에 X가 있다. X는 인간으로 나의 친구다. 그 근처에 Y가 있다. 그것은 라이온이다. 그리고 Y는 화를 내고 있다'(결국 자신의 친구가 라이온에게 습격당할 것 같다). 이렇게 정보를 '엔코드(부호화)' 해서 기술해 가는 것이 아닐까. 그리고 그것을 받는 측도 이것과 대응하는 디코더(복호화기)가 있으면 가까운 것을 재현할 수 있다. 즉 다른 인간끼리 복원 에러를 내리려고 하면 어떤 '관계성에 근거한' 묘사가 효율적이어서, 그것이 인간이 가지는 문법 구조로 선천적으로 편입되어 있었다고 한들 이상하지 않다. 요컨대 '그림 그리는 방법'이 인간의 뇌에 선천적으로 갖춰져 있다는 것이다.

그리고 이 그림 그리는 방법은 딥러닝처럼 수학적으로 합리성이라는 것이 없어서 복수의 개체로 공통인 이해가 있기만 하면 된다. 예를 들면 우리가 전화를 할 때 "여보세요, ○○입니다"라는 말로 대화를 시작하는 것에 딱히 깊은 의미는 없는 것과 같은 이치다. "여보세요"라는 것은 통화 시작의 신호인 것, 그 다음은 "○○입니다"라고 이어지는 것이 통상적이라는 것을 서로 알고 있으면 된다. 물론 그림 그리는 방법에는 아마도 자의성이 있어서 그 안에 하나의 방법이 본능적으로 장착되어 있다면, 그것을 컴퓨터에 내장하지 않으면 인간과 같은 문법을 획득하는 것은 어려울지도 모른다.

또 하나 중요한 것이 '본능'이다. 본능이라고 해도 뇌에 관한 것이며, 요컨대 무엇을 '유쾌' 혹은 '불쾌'라고 느낄 것인가라는 문제다.

인간이 획득하는 개념 안에는 단지 복원 에러를 최소화할 뿐만 아니라, 무엇이 '유쾌'이고, '불쾌'인지에 따라 방향을 잡고 있는 것도 많다. 예를 들면 자신이 좋아하는 게임이나 만화에 대해서는 엄청나게 상세해진다. 자신이 열중하고 있는 스포츠에서는 아주 자잘한 것까지 상황이 이해가 간다. 이러한 것을 인공지능 분야에서는 '강화학습reinforcement learning'이라고 말한다. 어떤 보수가 주어져서 그 결과를 만들어 내고 행동이 '강화된다'는 구조다. 그리고 이 강화 학습에서 중요한 것은 무엇이 보상reward인가, 즉 무엇이 '유쾌'이고 무엇이 '불쾌'인가이다.

인간의 경우 생물이기 때문에 기본적으로 생존(혹은 종(씨앗)의 보존)에 유리한 행동은 '유쾌'가 되고, 반대로 생존의 확률을 낮게 하는 행동은 '불쾌'가 되는 것이다. 맛있는 것을 먹는 것은 '유쾌'이고, 푹 자는 것도 '유쾌'다. 매력적인 이성과 이야기하는 것도 '유쾌'일지 모른다. 한편 배가 고픈 것, 신변의 위험을 느끼는 것, 지나치게 더운 것이나 지나치게 추운 것은 '불쾌'다. 더욱이 인간은 사회적인 동물이기 때문에 다른 개체가 기뻐하면 '유쾌'라고 느끼는 본능도 내재되어 있을 것이다.

이러한 본능에 직결하는 개념을 컴퓨터가 획득하는 것은 매우 어렵다. 예를 들면 '예쁘다'는 개념은 아마도 오랜 진화의 과정 속에서 만들어 낼 수 있었던 본능과 밀접하게 관련되어 있다. 아름다운 이성을 보고 '예쁘다'고 느낄 뿐만 아니라 경치를 본 후에도 '예쁘다'라든가, 움직임을 보고 '예쁘다'고 느낄 수 있기 때문이다.

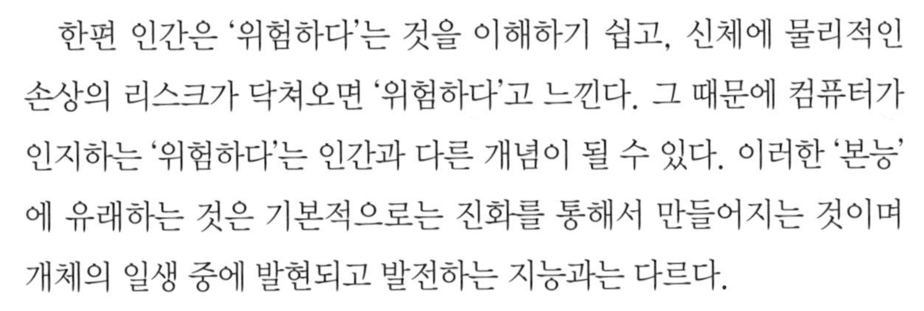

한편 인간은 '위험하다'는 것을 이해하기 쉽고, 신체에 물리적인 손상의 리스크가 닥쳐오면 '위험하다'고 느낀다. 그 때문에 컴퓨터가 인지하는 '위험하다'는 인간과 다른 개념이 될 수 있다. 이러한 '본능'에 유래하는 것은 기본적으로는 진화를 통해서 만들어지는 것이며 개체의 일생 중에 발현되고 발전하는 지능과는 다르다.

이러한 '인간과 같은 신체', '문법', '본능' 등의 문제를 해결하지 않으면 인공지능은 인간이 사용하는 개념을 정확하게 이해하기 힘들지도 모른다.

도라에몽과 같이 인간과 인공지능이 완전히 차질 없이 커뮤니케이션할 수 있는 세계를 만드는 것은 실제로는 상당히 어렵다. 또 인간의 일상생활에 깊게 들어온 로봇이 아닌 이상 '인간과 똑같은 개념을 가지는 것'의 필요성은 높지 않다. 그것보다는 예측 능력이 단순하게 높은 인공지능이 출현하는 쪽이 임팩트가 클 것이다.

컴퓨터는 창조성을 갖는가?

'컴퓨터로 창조성이 실현될 것인가?'라는 말은 자주 들리는 이야기인데, 여기서 창조성이라는 것은 2개의 의미가 있기 때문에 구별해야 한다. 하나는 개인 안에서 일상적으로 일어나는 창조성이고, 또 하나는 사회적인 창조성이다.

개념의 획득 혹은 특징의 획득이 바로 창조성이다. 개인의 내부에서 일상적으로 일어나고 있으므로 창조적이지 않다라고 생각할 수도 있지만 어떤 것을 '알아차린다'는 것은 창조적인 행위다. '아하 체험'이라는 표현을 써도 좋을지 모르겠다. 복수의 물건을 설명하는 1개의 요인(혹은 특징)을 발견했을 때 사물이 보다 산뜻하게 보인다. 그런 수준의 창조성은 일상적으로 일어나고 있다.

한편으로는 사회의 누구도 생각하지 않는, 실현되지 않을 것 같은 창조성은 이른바 '사회 안에서 이전에 생각한 사람이 있을까 없을까?'라는 문제인 것이다. 예를 들면 새로운 비즈니스 아이디어를 생각했다고 해서 그것을 이미 생각해서 실행하고 있는 사람이 있으면 창조적이지 않지만 아무도 생각하지 않고 있으면 창조적이라 불린다. 누구라도 생각할 수 있는 것은 창조성이 낮다고 간주되므로 원래 창조적인 것은 수가 적은 것이 당연하다.

인간은 시행착오를 겪으며 창조성을 갖게 된다. 이것은 환경과 인터럭션(상호 작용)하는 것으로 어떤 일련의 행위에 의해 환경이 변화되어 새로운 성질을 꺼내게 되는 것이다. 혹은 그것으로 인해 자기 자신의 내부에 있는 정보에도 새로운 특징이 생긴다. 예컨대 갓난아기가 손을 뻗치면 물건을 움켜쥘 수 있는 것도 훌륭한 창조성이다.

앞에서 설명했던 '④ 행동을 통한 특징을 획득하는 AI'의 단계에 이르면 인공지능도 드디어 시행착오를 할 수 있게 된다. 환경과의 인터럭션이 일어나면 시행착오에 의한 창조성도 자연스럽게 일어날 것이다.

지능의 사회적 의의

인간은 붙임성을 가진 생물이기 때문에 혼자서는 살아갈 수 없다. 한 사람 한 사람의 뇌에서는 사물의 특징표현이 잇달아 학습되고 있지만 인간 사회는 이러한 개체가 정리되어서 하나의 사회를 만들고 있다. 인공지능의 관점에서 그 의미를 살펴보자.

언어가 행하는 역할과도 관계가 있지만 사회가 개념 획득의 '강건성'을 담보할 가능성이 있기 때문에 복수의 인간에게 공통으로 드러나는 개념은 본질을 포착하고 있을 가능성이 높다. 즉 '노이즈를 더해도' 나오는 개념과 같아서 '살아 있는 장소나 환경이 달라도 공통으로 나오는 개념'은 어떠한 보편성을 가질 가능성이 높은 것이다. 언어는 이러한 강건성을 높이는 것에 도움이 될지도 모른다.

그렇게 생각하면 인간 사회는 현실 세계의 사물 특징이나 개념을 포착하는 작업을 사회 안의 모든 사람들이 커뮤니케이션하면서 공동으로 가고 있다고 생각할 수 있다. 진화생물학자인 리처드 도킨스 Richard Dawkins가 외친, 사람에게서 사람에게로 계승되는 문화적 정보인 '밈 meme'도 가까운 사고방식이지만, 현실 세계를 적절하게 나타내는 특징표현을 계승하고 있다고 생각하는 점은 다르다.[주14]

그렇게 해서 얻은 세계에 관한 본질적인 추상화를 교묘하게 이용함으로써 종(씨앗)으로서의 인류가 살아남는 확률을 올리고 있다. 즉 인간이라고 하는 종(씨앗) 전체가 하는 것도, 개체가 하고 있는 사물의 추상화도, 통일적인 시점에서 파악할 수 있을지도 모른다. '세계에서 특징을 발견하고 그것을 생존에 활용한다'는 것이다.

기업 등의 조직 구조도 '추상화'라는 관점에서 보면 특징표현의 계층 구조와 가깝다. 아래 계층 사람들은 현장을 보고 있고, 위로 가면 추상도가 오르는데, 맨 위에서는 가장 대국적인 정보를 보고 있다. 이것이 위아래로 제휴를 취하면서 조직으로서의 정확한 인식 및 그것에 근거하는 판단을 하고 있는 것이다.

뇌 속에서 행해지는 혹은 딥러닝이 가고 있는 추상화는 부호화(인코딩)와 복호화(디코딩)로 실현되고 있다. 그것과 통신, 즉 다른 주체가 정보를 교환하는 것은 본질적으로 지극히 가깝다. 그 때문에 조직 내에서 교환(통신)을 함으로써 조직 자체가 뇌와 같은 추상화의 기구를 가진다는 것도 이상하지 않다. 인지심리학자 제럴드 에델만 Gerald Edelman은 뇌 속에도 종(씨앗)의 진화와 같은 선택과 도태의 메커니즘이 작용하고 있다고 주장했다.[주15]

우리가 사는 이 세계에서 복잡한 문제를 푸는 방법은 선택과 도태, 즉 유전적인 진화의 알고리즘밖에 없는 것일지도 모른다. 뛰어난 것은 변화를 남기고 뒤떨어진 것은 도태된다. 인간의 뇌 속에서도 예측이라는 목적으로 도움이 되는 뉴런의 한 무리는 남고, 그렇지 않은 것은 사라져 가는 구조가 있는 것은 아닐까?

필자의 연구실에서도 이러한 선택과 도태의 메커니즘 속에서 딥러닝을 실현하려는 연구를 하고 있다. 조직의 진화도, 생물의 진화도, 뇌 속 구조 변화도, 사실은 같은 메커니즘으로 행해지고 있는 것이 아닐까? 개인과 조직 그리고 종과의 관계성은 무척 조밀하다고 생각한다. 그리고 '시스템의 생존'이라는 하나의 목적을 위해서 이미 갖춰져 있는 것일지도 모른다.

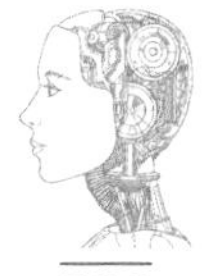

싱귤래리티는 진정 일어나는가?

인공지능은 도대체 어디까지 진화하는 것일까?

서두에서 다뤘듯이 2014년말, 스티븐 호킹은 인터뷰를 통해 "완전한 인공지능을 개발할 수 있으면 그것은 인류의 종말을 의미할지도 모른다"라고 우려했다. 인공지능의 발명은 인류 역사상 최대의 사건이지만, 동시에 최후의 사건이 되어버릴 가능성도 있다고 전문가들은 입을 모은다. 인공지능이 자신의 생각을 가지고 자립하고, 자기 자신을 다시 설계할 수 있게 되었을 때는 인류가 맞서서 겨룰 수 없는 위기를 초래할 수 있다는 것이다.

테슬라모터스나 스페이스X의 CEO 엘론 머스크Elon Musk는 "인공지능은 상당히 신중하게 다가갈 필요가 있다. 결과적으로 악마를 부르는 꼴이 되기 때문이다. 펜타그램과 성수를 손에 넣은 소년이 악마에게 직면하는 이야기를 여러분도 알고 계실 것이다. 그는 반드시 악마를 지배할 수 있다고 생각하지만 결국 할 수는 없다"라고 말했다.

그러한 논의 속에서 가장 극단적인 것이 싱귤래리티, 기술적 특이점이 온다는 논의다. 저명한 미래학자 레이 커즈와일Ray Kurzweil은 이 개념을 제창하고 싱귤래리티대학이라는 교육 프로그램까지 만들고 있다. 커즈와일은 인공지능, 유전자공학, 나노테크놀로지라는 3개가 뭉쳐 '생명과 융합한 인공지능'이 실현된다는 입장이다.

싱귤래리티라는 것은 인공지능이 자신의 능력을 넘는 인공지능을 스스로 만들어 낼 수 있게 되는 시점을 가리킨다. 자신 이하의 물건은 아무리 재생산해도 자신의 능력을 넘을 일이 없지만, 자신의 능력을 조금이라도 상회하는 것을 만들 수 있게 되었을 때, 그 인공지능은 더욱 똑똑한 것을 만들고 이것이 더욱 현명한 것을 만들게 된다는 것이다. 그것을 무한히 되풀이하면 압도적인 지능이 갑작스럽게 탄생한다는 스토리다.

아주 조금이라도 자신보다 똑똑한 인공지능이 만들어지는 순간부터 인공지능은 새로운 스테이지에 돌입한다. 수학적으로는 0.9를 1,000회 곱하면 거의 0이지만, 1.1을 1,000회 곱하면 대단히 큰 수(10의 41승)가 되는 것부터 간단히 상상할 수 있을 것이다. 곱셈하는 수가 1.0을 조금이라도 넘으면 갑작스럽게 무한대로 발산하는 것부터 '특이점'이라 부르고 있다.

특이점의 끝은 아무도 예측할 수 없다. 인간은 도저히 이해할 수 없는 수준에 도달할 가능성조차 있다. 인간이 일하지 않아도 사회의 생산성이 올라간다면 인간은 도대체 무엇을 하면 좋을까? 인간의 존재 가치는 어떻게 되어 버리는 것일까?

인공지능은 인류 시작 이래의 최대의 리스크인가? 아니면 '인류 최후의 발명'이 되는 것일까?

인공지능이 인간을 정복한다면?

물론 현시점에서 인공지능이 인류를 정복하거나 또 다른 인공지능을 만들어 낼 가능성은 그저 꿈 같은 이야기이다. 지금 딥러닝에서 일어나고 있는 현상은 '세계의 특징을 찾아 특징표현을 학습한다'는 것이며, 이것 자체는 예측 능력을 올릴 때 지극히 중요하다. 이러한 내용과 인공지능이 자신의 의사를 가지거나, 인공지능을 다시 설계하는 것과는 하늘과 땅 정도의 차이라고 할 수 있다. 그 이유를 간단히 말하면 '인간=지능+생명'이기 때문이다. 지능을 만들 수 있다고 해도 생명을 만드는 것은 대단히 어렵다. 과학 기술이 아무리 발달한 시대라고 해도 인류가 새로운 생명을 만든 적이 있는가? 만일 생명을 만들 수 있다고 해서 그것이 인류보다도 뛰어난 지능을 가지고 있다는 필연성이 어디에 있을까? 혹은 반대로 인류보다도 지능이 높은 인공지능에 '생명'을 주는 것이 가능하기나 할까?

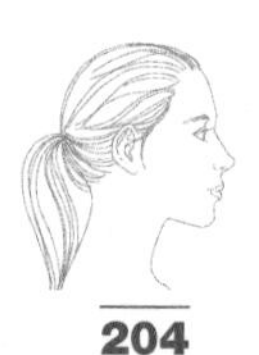

스스로 유지하고 복제할 수 있는 생명이 생겼을 때 처음으로 보존하고 싶고 복제를 늘리고 싶은 욕구가 생길 수 있다. 그것은 '정복하고 싶다'라는 의사와도 연결된다. 생명의 이야기를 제외하고 인공지능이 멋대로 의지와 생각을 갖기 시작했다며 걱정하고 두려워하는 것은 우스운 일이다.

사고(思考) 실험으로써 만일 인공지능이 또 다른 인공지능을 만들어 낼 수 있다면 인류를 정복하기 위해서 어떻게 하면 좋을지를 생각해 보자. 자신은 매드 사이언티스트이며 인류에게 절망하고 있다는 시나리오이다. 필자는 다음의 방법을 생각했다.

① 인공지능을 생명화하는 방법(로봇 편)

사물을 인식하고 예측하는 인공지능은 이미 현실화되어 있다. 이것을 스스로 증가하도록 하고 언젠가 인류를 정복하도록 해 버리자. 먼저 인공지능이 주체적으로 행동하고 세계를 관측할 수 있도록 로봇을 연결하기로 하자. 그리고 '자신을 남기고 싶다', '늘리고 싶다'라는 '욕망'을 내장해 두자. 로봇이라면 자신을 재생산할 필요가 있으므로 로봇 공장을 가질 필요가 있다. 그러나 공장에서 로봇을 생산하기 위해서는 로봇의 재료, 철이나 반도체와 같은 것을 만들거나 사오지 않으면 안 된다. 철을 스스로 만드는 것은 힘든 일이기 때문에 사오기로 하자. 별다른 방법이 없기 때문에 인간에게 사기로 하자. 철을 사오기 위해서는 돈을 벌지 않으면 안 된다. 어떻게 해야 하는가?

아무래도 로봇이라면 '자기를 재생산하기 위한 공장을 만든다'라는 것이 힘들 것 같으므로 물리적인 존재를 가지지 않는 프로그램으로 생각해 보자. 이쪽이 보다 간단하다.

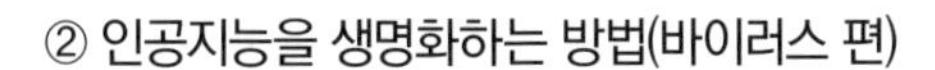
② 인공지능을 생명화하는 방법(바이러스 편)

인식 능력이 대단히 높은 인공지능을 기초로 하고 자기 자신의 프로그램을 스스로 복사한 후, 증식할 수 있게 되면 기쁘다고 느끼는 '욕망'을 내장해 두자. 그리고 인간을 지배하면 기쁘다고 느끼는 '욕망'도 내장해 두자. 복사는 간단하기 때문에 바이러스와 같이 증식한

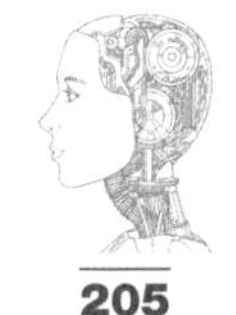

다. 바이러스를 계속해서 변경할 수 있는 프로그램으로 하면 된다.

인간을 지배하기 위해서는 어떻게 하면 좋을까? 여러 가지 데이터베이스에 액세스해서 인간의 행동을 학습하고, 그들이 생각한 대로 행동을 취하도록 하면 된다. 데이터베이스에 엑세스하고 시행착오의 개념으로 일부러 조금 이상한 명령을 내려 보자. 그리고 결국은 생각한 그대로 인류를 조종할 수 있을 것이다.

이 인공지능은 잘 움직일 것인가? 프로그램을 한번이라도 사용한 적이 있는 사람이라면 알 수 있을 것이라 생각되지만 그러한 일은 절대로 없다. 프로그램은 일부라도 틀리면 움직이지 않는다. 이런 거대한 프로그램을 다른 사람에게 들키지 않도록, 게다가 시행착오 없이 만드는 것은 불가능하다. 그리고 진화의 프로세스에 있어서 도태 압력을 받고 있지 않기 때문에 예외적 환경 변화에 정말 약할 수밖에 없다.

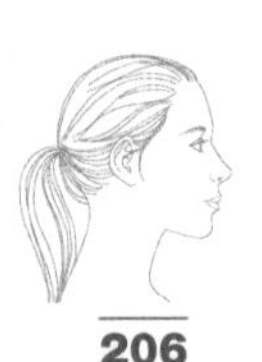

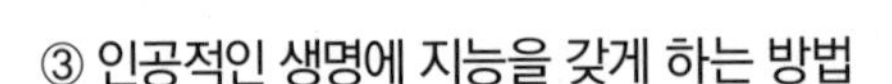

③ 인공적인 생명에 지능을 갖게 하는 방법

인공지능에 생명을 갖게 하는 방법은 설계 단계부터 도태 압력을 받지 않기 때문에 취약했다. 그래서 이번에는 먼저 생명을 발생시켜 그곳에 지능을 내장하는 방법을 취하도록 하자. 생명을 만드는 방법은 환경을 가정하고 선택과 도태에 의해 좋은 것을 남기는 것으로 실현된다.

복수의 인공지능이 움직이는 환경을 준비해서 랜덤한 요소를 짜 넣어 두고, 다양한 환경 변화가 일어나도 살아남는 것을 늘려 간다.

인공지능의 기본적인 능력을 갖추도록 해 두면 지성이 높은 인공지능이 출현하고, 그것이 인간과 대화하고 인간을 지배하기 시작할 것이다.

하지만 이 시나리오도 잘 될 것 같지는 않다. 생명이 출현하고 그것이 지능을 가지는 것에 이르기까지 도대체 몇 억 년을 기다려야 한단 말인가?

이러한 인공적인 생명을 만들어 내는 연구는 인공생명, 진화계산 등의 분야에서 과거부터 행해지고 있다. 생명 현상은 지능과 같을 정도로 심원해서 흥미롭지만 생명이 발생한다는 것과 그것이 지능을 가진다는 것 사이에는 압도적인 괴리가 있다. 지구상에 있는 모든 생물은 인간보다 극단적으로 지능이 낮고 포유류나 조류, 어류 등의 일부 고등 생물을 제외하고 대부분이 생애를 통해 학습하지 않는다.

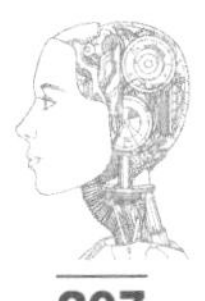

소수의 매드 사이언티스트에 의해서 인류를 정복하는 인공지능이 만들어진다라는 이야기는 '자기재생산'이라는 구조의 어려움을 이해하지 못하는 사람의 의견일 뿐이며 현실성도 떨어진다. 혹은 '유전자공학과 결부되는 것으로 생명화하는 것이다'라고 말하기도 하는데, 그것 역시 어떻게 유전자공학이 인공지능과 조합된다고 자기재생산을 할 수 있는 것인가라는 극히 작은 가능성이 있는 방법은 제시되지 않고 있다. 영화 『터미네이터』와 같은 세계관은 낯익은 것은 있어도 과학적인 근거는 모자란다고 말할 수 있다.

인공지능이 인간을 정복하는 걱정을 할 필요는 없다. 그것이 현시점에서 필자가 내린 결론이다.

만인을 위한 인공지능

인공지능이 인간을 정복하지 못할 것이라는 생각을 가지고 있다 하더라도 사회적인 불안이 존재한다면 전문가는 우려하는 상황을 준비해야 한다.

인공지능학회에서는 2014년에 윤리위원회를 시작하고 인공지능이 사회에 초래하는 임팩트에 대한 논의를 진척시키고 있다. 초대 윤리위원장은 필자가 맡고 있는데, 위원회에서 논의되고 있는 내용을 소개한다.

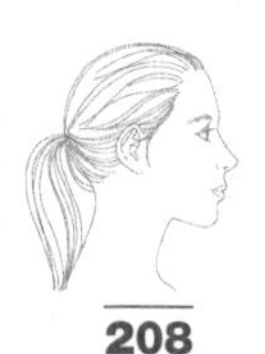

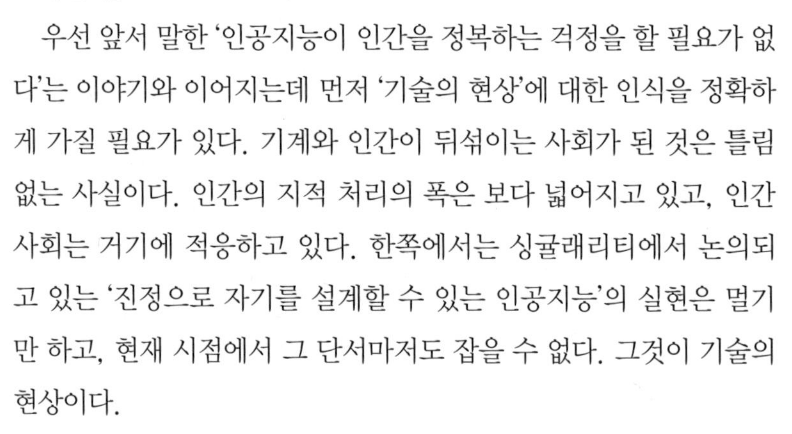

우선 앞서 말한 '인공지능이 인간을 정복하는 걱정을 할 필요가 없다'는 이야기와 이어지는데 먼저 '기술의 현상'에 대한 인식을 정확하게 가질 필요가 있다. 기계와 인간이 뒤섞이는 사회가 된 것은 틀림없는 사실이다. 인간의 지적 처리의 폭은 보다 넓어지고 있고, 인간사회는 거기에 적응하고 있다. 한쪽에서는 싱귤래리티에서 논의되고 있는 '진정으로 자기를 설계할 수 있는 인공지능'의 실현은 멀기만 하고, 현재 시점에서 그 단서마저도 잡을 수 없다. 그것이 기술의 현상이다.

그렇다고 해서 인공지능의 가능성을 과소평가하면 안 된다. 전문가는 자기의 기술을 과소평가하는 경향이 있다. 인공지능이 사회의 인프라가 되는 것은 확실하기 때문에 다양한 문제가 일어나기 전에 논의를 해야 할 필요가 있다. 전문가로서 예측할 수 있는 것은 미리 예측해 두어야 하고, 정확하게 선을 그어야 할 부분도 논의할 필요가 있다. 또 있을 수 있는 최악의 시나리오를 생각하고, 대응책을 준비하는 것도 전문가의 역할이다.

이러한 윤리관은 연구자 자신이 아니고 사회 전체가 만들어 가야 한다. 따라서 개방적으로 논의해야 한다. 즉, 인공지능은 '만인을 위한 물건'이어야 한다. 또 인공지능은 '인간의 존엄'을 범해서는 안 될 것이다.

인공지능이 이러한 윤리관에 따라 바르게 사용되기 위해서는 사용되는 인공지능의 동작이나 기술의 투명성이 높을 것, 그것이 인간에게 설명 가능할 것, 제어권은 복수의 인간(시민)에게 분산될 것 등도 중요한 관점이 될 수 있다. 그리고 먼저 논의해야 할 것은 '인공지능이 장래에 가져야 할 윤리'가 아니고 '인공지능을 사용하는 인간의 윤리'나 '인공지능을 만드는 사람의 윤리'이다.

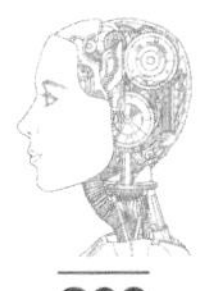

특정한 직업이 없어질 가능성이 있듯이 인공지능의 보급이 단기간에 초래하는 사회적 혹은 개인에게 미칠 영향에 대해서도 배려해야 할 것이다. 과학 기술의 진화로 노동이 변화되는 것은 빈번한 사례라 해도 교육 투자를 많이 받은 사람이 그 혜택을 받지 못한다는 것에 대하여 사회적인 배려가 필요할 경우가 있을지도 모른다. 또 생산성 향상에 의한 부의 재분배를 어떻게 할 것인가라는 문제도 있다.

어떤 인공지능을 만들면 좋은가라는 논의를 할 때에는 '마음'의 문제도 중요하다. 생명과 동등 혹은 그 이상으로 인간의 본질을 갖고 있는 마음(혹은 한마디로 마음을 갖는 것처럼 보이는)이 가능한 인공지능을 만들어도 좋을지가 논점이 된다. 이 점을 미리 생각해 두지 않으면 연애 감정을 품은 인공지능 프로그램을 정지시켜도 좋을지에 서 의견 차이가 일어나는 등 다양한 문제를 유발할 가능성이 있다.

인공지능학회 윤리위원회의 이러한 논의는 연구자로서의 냉정한 의견과 사회에서 가지게 되는 열린 역할을 의식한 것이라고 느껴진다. 현시점에서 인공지능이 폭주하는 미래를 상상할 수는 없지만 사회가 그러한 불안을 가진다면, 전문가가 그것에 대해서 가능성과 대책을 내보이고 사회와 의견 일치를 모으는 노력을 계속해야만 의미가 있다. 사회를 구성하는 한 사람 한 사람이 이 사회를 어떻게 만들어 가고 싶어하는 지가 가장 중요한 것이기 때문이다.

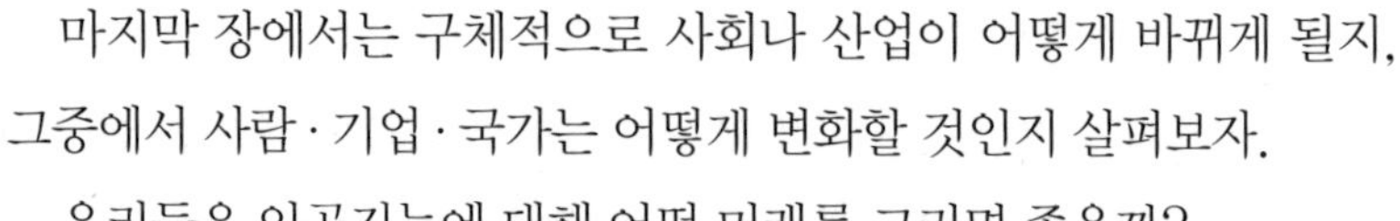

마지막 장에서는 구체적으로 사회나 산업이 어떻게 바뀌게 될지, 그중에서 사람 · 기업 · 국가는 어떻게 변화할 것인지 살펴보자.

우리들은 인공지능에 대해 어떤 미래를 그리면 좋을까?

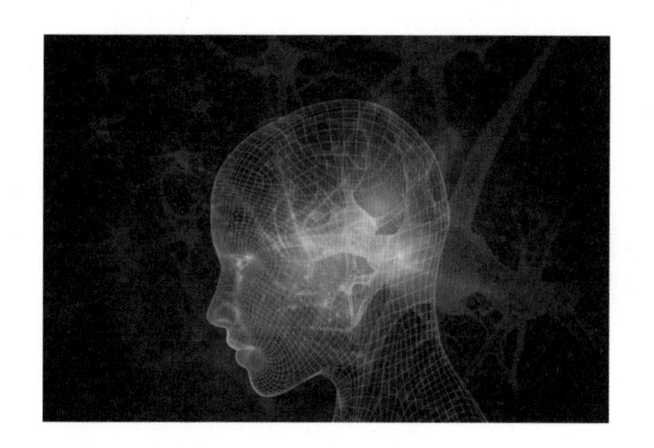

8
변화하는 세계
– 산업과 사회에 미치는 영향과 대응 전략 –

변해가는 것

나는 변화를 좋아한다. 기존의 것이 쇠퇴하고 새로운 이야기를 들으면 항상 두근거린다. 변화를 좋아하는 이유는 '지능'이라는 보이지 않는 것을 추구하고 있기 때문인지도 모른다. 지능은 '물건'이 아니고, 눈에 보이는 것도 접촉할 수 있는 것도 아니다. 어떤 환경 속에서 기능을 발휘하는 특정한 구조이며, 그 보이지 않는 상호 작용이야말로 지능이다.

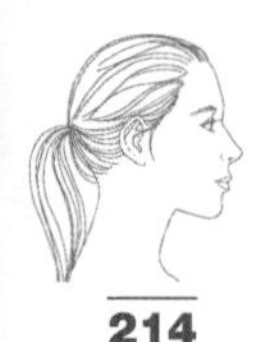

인공지능학회에서 25주년 기념으로 뭔가 이벤트를 기획해 달라고 해서 '사라져 가는 학회'라는 심포지엄을 실시했다. "정보 기술이 진화하면서 이런 학회 따위는 없어질 겁니다"라는 내용이었는데 인공지능학회 소속의 그 누구에게도 핀잔을 듣지 않았다.

이 시대는 다양하게 바뀌어 가지만 그것은 눈에 보이는 '물건'에 주목하고 있기 때문이다. 낡은 산업이 쇠퇴하고 새로운 산업이 생기는 것과 그것들이 본질적으로 제공하는 가치가 증대하고 생산성이 향상된다는 것은 결코 모순되지 않는다. 사람이 태어나고 죽는 것과 인간 사회가 보다 좋은 사회가 되어 간다는 것 역시 모순되지 않는다. '흐르는 강의 흐름은 끊이지 않고 본래의 물이 아니다'라는 것은 호조우키(方丈記−1212년 가마쿠라(鎌倉) 시대 카모노 쵸메이(鴨長明)의 작품. 일본 중세 문학의 3대 수필 중 하나)에 나오는 말로 눈에 보이는 것이 변해 간다는 것은, 결국 보이는 존재 이유와 눈으로 보이지 않는 존재 이유가 분리되고, 승화하고, 다른 모양의 형태로써 재구성되어 간다는 것이다.

인터넷이 정보 유통의 혁명을 일으키면서 이전에는 전혀 정보가 흐르지 않던 곳에서도 이제 정보의 흐름을 확인할 수 있게 되었다. 기존에는 정보의 흐름이나 조직, 사회 시스템이 일체가 되어서 구축되었지만 그것이 서로 떨어진 순간 조직이나 사회 시스템과 관계가 없는 정보의 흐름이 생기고 새로운 부가 가치를 낳았다. 정보를 전하는 것이 반드시 선생님에게서 학생에게로, 상사에게서 부하에게로, 매스 미디어로부터 일반 대중에게라는 고정된 경로가 아니어서 좋았던 것이다.

인공지능으로 일어나는 변화는 '지능'이라는 환경에서 학습하고, 예측하고, 그리고 변화에 추종하는 구조가 인간이나 그 조직과 분리된다는 점이다. 지금까지는 조직의 계층으로 올라가면서 조직으로서의 판단을 내리고 있었고 개인의 생활 속에서 판단하는 것도 자신의 신체는 하나이기 때문에 한계가 있었다. 그것이 분산되어 필요한 곳에 필요한 정도로 실행되는 것이다.

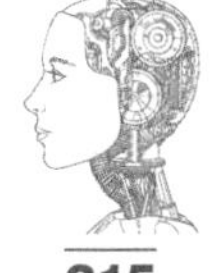

이러한 학습이나 판단이 지금, 어떻게 깊은 사회 시스템에서 분리되지 않는 형태로 내재되고 있는가? 그것을 생각해 볼 때 학습이나 판단을 독립적인 것으로서 것으로 인식하고, 자유롭게 배치할 가치가 한없이 크지 않을까?

인공지능이 인간을 정복한다는 우스꽝스러운 이야기가 아니고 사회 시스템 속에서 인간에게 부수적으로 포함되고 있었던 학습이나 판단을 세상의 필요한 곳에 분산시켜, 설치하는 것으로 보다 좋은 사회 시스템을 만들 수 있다는 것을 말하는 것이다. 그것이야말로 인공지능이 가지는 미래의 큰 발전 가능성이다. 앞의 6장에서 설명한 '특징표현 학습'이 실현되어, 결국 인공지능 학습을 전개할 때 인간의 손을 거의 빌리지 않아도 되는 기술적 단계에 당도한 현재이기 때문에 논의할 수 있는 일이다.

마지막 장에서는 인공지능으로 야기되는 사회적인 변화, 산업적인 변화 그리고 개인에게 일어날 수 있는 변화에 대해 살펴본다.

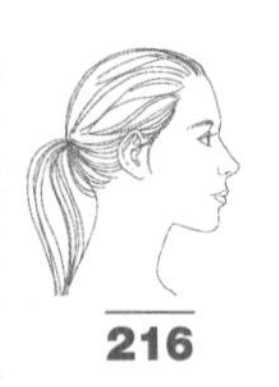

산업에 미치는 파급 효과

제3차 AI 붐을 맞이하는 인공지능은 앞으로 우리들의 생활에 어떤 영향을 초래하게 될 것인가? 다음 페이지의 그림은 딥러닝 이후의 인공지능의 발달과 그로 인해 영향을 받는 산업을 정리한 미래 예상도이다. 그림에서 ①부터 ⑥은 7장에서 나왔던(185페이지) '딥러닝 앞의 연구' 중 '획득하는 능력' 범위에 각각 설명된 ①부터 ⑥에 대응하고 있다.

주의해야 할 것은 시간축이다. 기술의 진전은 산업에서 응용하거나 사회에서 실제로 사용될 때까지 상당한 시간이 걸리는 경우도 있다. 어디까지나 '이 정도의 스피드로 진행되어도 이상하지 않을 것이다'라는 의미로 시간축을 적용시켜 본 것이다. 지금까지 인공지능의 기술에 관한 예상이 어느 시대에서나 빗나갔고, 지나치게 빨리 잡아

기술의 발전과 사회에 미치는 영향

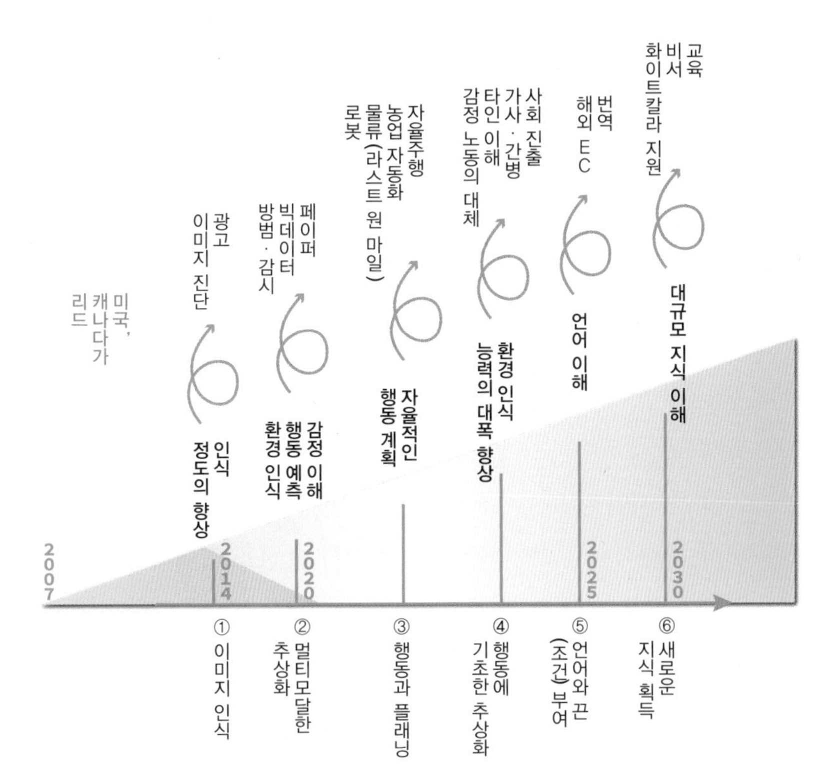

맞지 않았던 적도 있었다는 것을 명심하자.

①광고, 이미지 진단, 인터넷 기업

딥러닝으로 인해 화상 인식의 정밀도가 향상하면서 종래의 미디어에 적합한 획일적인 광고로부터 개인의 취미와 기호에 따른 타겟팅 광고가 일반화될 것이다. 또 X-레이나 CT 등 이미지를 바탕으로 한 진단을 자동으로 내릴 수 있게 된다.

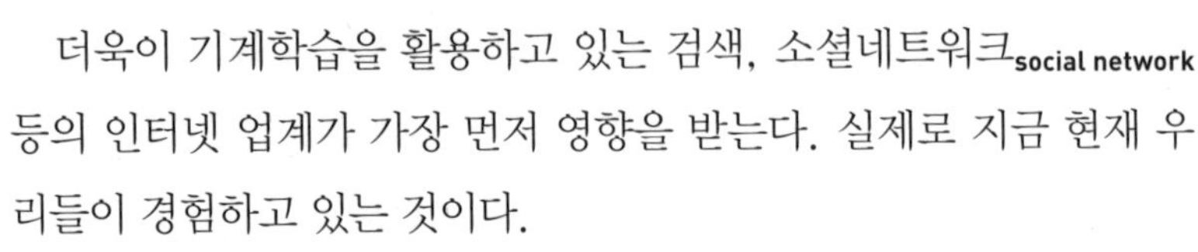
더욱이 기계학습을 활용하고 있는 검색, 소셜네트워크social network 등의 인터넷 업계가 가장 먼저 영향을 받는다. 실제로 지금 현재 우리들이 경험하고 있는 것이다.

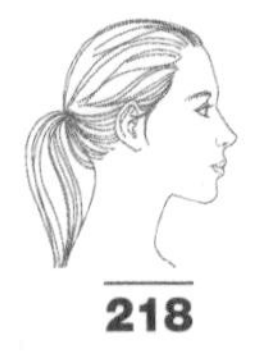

② 퍼스널 로봇, 방범(경비 회사+경찰), 빅데이터 활용 기업

앞으로 수년 안에 음성이나 감촉 등 멀티모달한 인식 정밀도가 극적으로 향상할 것이라고 예상된다. 그렇게 되면 소프트뱅크가 2014년에 발표한 사람형 로봇 '페퍼'와 같이 인간의 감정을 인식해서 정형된 커뮤니케이션을 하거나, 점포 내에서 손님을 접대하는 로봇이 보급될 가능성도 있다.

또 동영상 인식의 정밀도가 향상되면서 양질의 방범 카메라가 장착된 방법 시스템의 구축으로 범죄 검거율이 향상될지도 모른다.

다양한 빅데이터의 특성에 맞추고 특징이 잘 생성되는 것도 이 단계이다. 따라서 최근 빅데이터 활용을 진척시키고 있는 각 기업이 더욱 경쟁력을 확대해 갈 것이다.

③ 자동차 메이커, 교통, 물류, 농업

주위를 관찰하는 것뿐이었던 인공지능이 자신의 행위 결과가 주위에 어떤 영향을 미칠지 인식할 수 있게 되면 로봇의 계획(행동 계획)의 정밀도가 오르게 된다. 예를 들면 현재 구글이 앞서서 테스트를 되풀이하고 있는 자율주행 기술이 실용화되면 상품을 소비자에게 보내는 라스트 1마일(물류 센터와 소비자를 맺는 최후의 구간)은 어쩌면 무인 헬리콥터의 드론이 짊어지고 있을지도 모른다.

농업의 자동화를 비롯해서 주로 신체를 움직이는 노동 분야에서 인간 대신 일하는 로봇이 보급되는 것도 이때쯤일 것이다. 인간이 어떠한 판단을 담당하고 컨트롤하는 분야이다.

기존의 제1차 AI 붐으로 인해 실행된 계획이 아니고 특징표현 학습이 갖추어진 계획에서는 다양한 환경에서 범용적으로 사용 가능한, 환경의 변화에도 대응할 수 있는, 예외에 강한 등등의 특징이 있을 것이다.

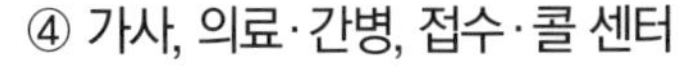

④ 가사, 의료·간병, 접수·콜 센터

행동에 근거하는 추상화가 가능하게 되면 어떤 일이 벌어질까? 예를 들어 로봇이 '인간은 손을 강하게 쥐면 아픔을 느낀다'라는 것을 이해하고 아프지 않도록 손을 잡거나, 상처를 입히지 않도록 하는 등 인간밖에 할 수 없었던 섬세한 행동을 할 수 있게 된다. 그 결과 물류나 농업 등 지금까지 '물건'만을 대상으로 해 온 로봇의 활동 범위가 대인적인 서비스로 넓어질 수 있다. 예를 들면 가사, 의료 · 간병 등의 분야로 진출할 수 있다. 또, 어떤 표현을 하면 상대가 기뻐한다는 것을 알게 되면 감정을 컨트롤하는 대응도 할 수 있게 된다. 그렇게 되면 인공지능이 접수나 콜 센터 업무를 하는 것도 가능해질지 모른다.

⑤ 통역·번역, 글로벌화

인류가 가지고 있는 '개념'의 상당한 부분을 획득한 인공지능은 각각의 개념에 어울리는 '언어(기호 표기)'를 할당하면서 그 언어를 이해하게 된다. 시리와 같은 음성 대화 시스템도 인간이 준비한 기술에 근거해서 대답하는 것이 아니고 인공지능이 외부 세계를 시뮬레이트하면서 생각한 후 대답할 수 있게 된다.

동시에 기계 번역도 실용적인 수준에 도달하기 위해서 '번역'이나 '외국어 학습'이라는 행위 그 자체가 없어질지도 모른다. 자신이 이야기한 것, 쓴 것이 순차적으로 영어와 중국어로 번역된다면 일부러 시간을 들여서 외국어를 배울 필요가 없어질 것이다.

언어의 벽이 사라지면 더욱 수준이 높은 비즈니스 글로벌화가 진행될 것이다. 예를 들어 현재 국내 대상으로 물품을 판매하고 있는 EC 사이트의 해외 진출이 당연해질 수 있다.

⑥ 교육, 비서, 화이트칼라 지원

인간의 '언어'를 이해하게 되면 인류가 과거에 축적해 온 지식을 인공지능에 흡수시킬 수 있다. 그 결과 인공지능의 활동 범위가 인간의 지적 노동 분야로 확대될 것이다. 교육 분야에서도 초등 교육이나 수험 등 정해진 단계 외에 필요에 따라 인공지능이 지식을 익힌 후, 가르쳐 주는 것도 가능할 수 있다. 또 임기응변 상황을 판단하고 필요할 때에는 학습해서 대응하는 비서 업무나 화이트칼라 전반의 지원도 가능하다. 2030년대 이후에는 이러한 일들이 실현될 수 있을 것이다.

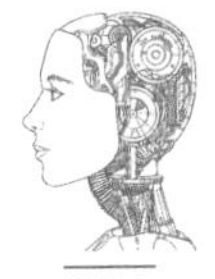

차근차근 확장되는 인공지능의 영향

물론 이러한 변화가 하루아침에 일어나는 것은 아니다. 먼저 연구개발이 선행되고, 처음에는 어떤 일이 가능하게 되었다는 뉴스가 세상에 퍼지고, 이어서 조금 늦게 비즈니스로 전개되는 것이다.

예를 들어 인공지능에 의한 방범과 감시로 카메라에 비치는 개인(지명 수배범 등)을 식별할 수 있게 될지도 모른다. 이미 일부는 실현되고 있지만 방범은 사회적인 의견 일치를 보기 쉬우므로 먼저 기업이 그것을 도입하고, 학교도 도입하는 형태로 방범 카메라에 의한 감시 네트워크가 완성되어 갈 가능성은 충분히 있다. 이러한 감시 네트워크와 과거 범죄 이력의 데이터베이스가 세트가 되면 범죄 예방도 될 것이고, 범죄가 일어났을 때 범인 체포와 연결될 수 있는 정보를 가져올 가능성이 높아지며 치안도 좋아질 것이다.

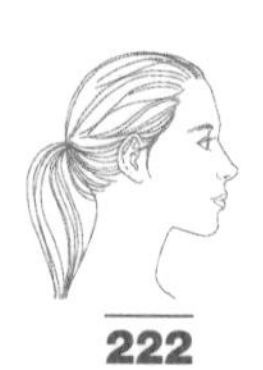

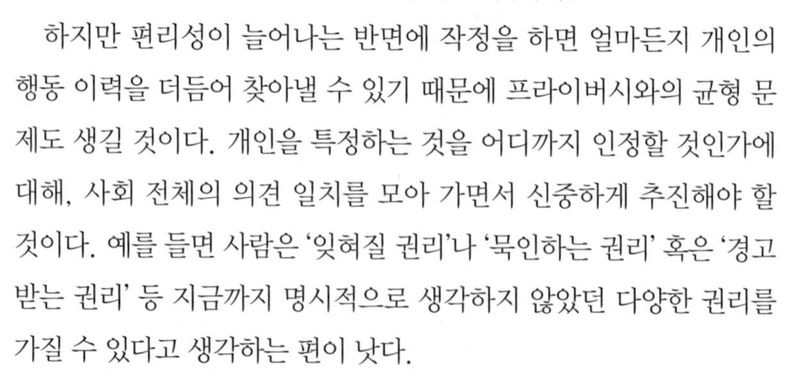

하지만 편리성이 늘어나는 반면에 작정을 하면 얼마든지 개인의 행동 이력을 더듬어 찾아낼 수 있기 때문에 프라이버시와의 균형 문제도 생길 것이다. 개인을 특정하는 것을 어디까지 인정할 것인가에 대해, 사회 전체의 의견 일치를 모아 가면서 신중하게 추진해야 할 것이다. 예를 들면 사람은 '잊혀질 권리'나 '묵인하는 권리' 혹은 '경고받는 권리' 등 지금까지 명시적으로 생각하지 않았던 다양한 권리를 가질 수 있다고 생각하는 편이 낫다.

제조업에서는 예전까지 기계에서는 실현되지 않았던 숙련공의 기술이 조금씩 로봇으로 대용 가능해질 것이다. 또 종래의 기계학습

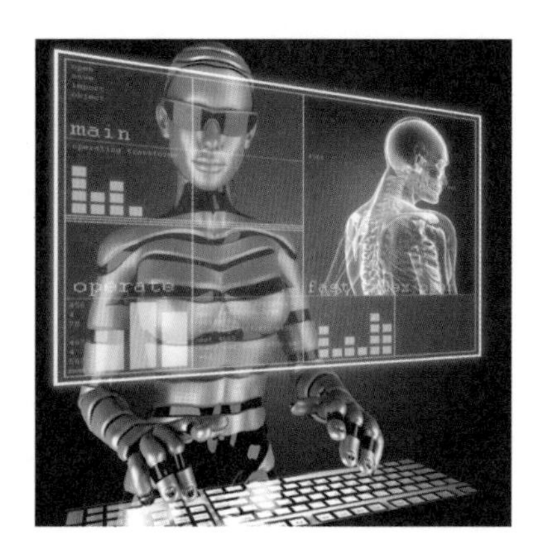

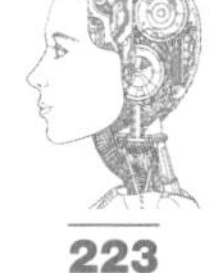

은 기존 프로세스의 '개량', '개선'의 수준에 머무르고 있었지만 딥러닝에서 인공지능이 특징을 스스로 잡게 되면 새로운 공정을 '설계'할 수 있게 될지도 모른다.

이 부분은 특히 시행착오가 허용되는 영역에서 뚜렷이 나타날 것이다. 예를 들면 인터넷에서 웹사이트의 최적화 등 디자인 영역은 진작에 컴퓨터가 진출해 왔는데, 같은 일이 현실 세계에서 일어나면 생산 프로세스가 극적으로 향상할 가능성이 있다. 제약이나 재료 분야에서는 이미 많은 부분에서 컴퓨터와 기계에 의한 실험이 진행되었지만, 가설 생성과 실험, 즉 연구 개발 프로세스를 인공지능이 담당하게 된다면 탐색 가능한 해(답)의 범위가 상상 이상으로 넓어질지도 모른다.

어쩌면 음악이나 미술과 같은 예술 분야에서도 이러한 시행착오에 의한 인공지능의 진출이 미칠 수 있다. '좋은 음악'에서 특징을 학습하고, 그것을 흉내 내고, 조합시켜서 새로운 음악을 만든 후, 평가를 받고 다시 학습하고 만드는 것을 되풀이하면 된다. 영화나 텔레비전 프로그램 등의 콘텐츠 제작, 패션이나 음식 등에서도 이 방법이 주류가 될 수 있다.

한편 제조업과 같은 육체 노동이라도 택시나 트럭 운전자는 얼마 전까지 인간의 노동으로서 계속 남게 될 일이라 여겨졌다. 그러나 자율주행 차나 드론의 등장으로 형세가 바뀌게 된 것은 여러분도 잘 알고 있을 것이다.

또 자동차 운전자, 비행기 조종사, 지하철 기관사 등 교통 수단을 다루는 사람들의 업무 중 가장 큰 부분을 차지하는 것이 무슨 문제가 발생하지 않았는지 확인하는 '이상 검지'일 것이다. 이상 검지라는 태스크는 높은 차원인 특징을 생성하고, 거기에서 '통상 일어나야 할 것'을 상정하고, 그것과 다르면 뭔가 이상하다고 느낀다는 것이기 때문에 특징표현 학습이 매우 강한 부분이다. 컴퓨터가 이 일을 할 수 있게 되면 인공지능이 운전을 하는 것도, 원격으로 조작하는 것도 지금보다 훨씬 간단해진나.

사실 자율주행은 안전성이 높다. 자율주행이 가능해지면 지방에 사는 먼 거리의 고령자에게도 편리하고 안정성이 높은 서비스를 제공할 수 있다. 이미 비행기는 이착륙 이외의 대부분이 자동 조종화되고 있다. 차에서 식사하고 술 마시고, 차를 타고 다시 돌아올 수 있다면 이보다 더 쾌적한 일은 없을 것이다.

광고 · 마케팅은 앞에서 설명한 바와 같이 가장 먼저 변화가 찾아

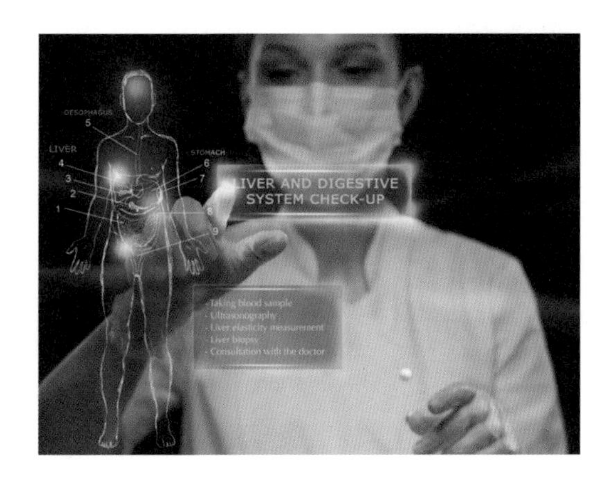

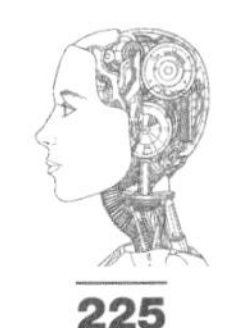

오는 분야 중 하나이다. 데이터가 많고 단기적인 사이클로 회전하는 최적화는 컴퓨터가 가장 잘하는 것이지만 서서히 장기적인 부분에도 진출할 수 있을 것이다. 현재는 인간이 주도적으로 할 수밖에 없는 마케팅 분야도 시시각각 바뀌는 고객 요구를 실시간으로 정확하게 파악함으로써 완전 자동으로 최적화되어 갈 가능성이 있다. 장기적인 브랜드 이미지의 향상이나 상품 기획 등도 마찬가지다.

의료, 법무, 회계 · 세무는 인공지능이 가장 들어오기 쉬운 분야의 영역일 것이다. 의료는 고도의 전문 영역이지만 이미지 진단 기술이 향상되면 먼저 내과 쪽에서 컴퓨터로 전환되는 부분이 늘어날 것이다. '진료의 적절성'과 '책임'의 문제는 자율주행과 같이 어려운 문제이다.

변호사는 사회적 지위가 높은 일이지만 그중에서도 클라이언트의 정보를 정리하거나, 관련 법령을 체크하고, 과거의 판례를 조사하는 등의 업무에서 인공지능의 장점을 살릴 수 있다. 그러나 민사 재판 특히 이혼이나 상속으로 옥신각신하는 안건은 정서적인 부분과 당사자의 이해관계를 조정하는 면이 있기 때문에 어려울 수도 있다. '당신의 주장이 법정에서 통할 확률은 15%이다'라고 기계가 말하는 것보다는 사람의 얼굴을 보고 이야기를 들은 후 납득하고 싶은 의뢰인이 많을 것이기 때문이다.

회계나 세무는 이미 변화가 진행되고 있다. 판단이나 지식이 필요한 곳에는 조금씩 인공지능의 영역이 늘어날 것이다.

금융은 인공지능의 활약을 기대할 수 있는 넓은 영역이다. 이미 스위스 은행인 UBS 그룹이 고객 대응 시스템을 제공하고 있고, 자산 상황에 따른 포트폴리오를 제공하는 것도 중요하다. 증권 회사는 스스로 제공하는 부가 가치를 다시 되돌아볼 필요가 있을지도 모른다. 트레이딩의 세계는 이미 기계화가 진행되어 무서울 만큼 치열한 싸움이 벌어지고 있다. 부동산도 가격 정보의 추이를 분석하고 활용하게 될 것이다.

교육은 데이터 분석으로 인해 더욱 진화하는 분야가 될 수 있다. 아이디어는 단순해서 많은 학생들을 볼 수 있다면 거기에서 학습 패턴과 방향 부적합을 보다 정확하게 파악하고, 적합한 학습 방법을 제시할 수 있기 때문이다. 교사들이 정년에 이르는 동안 자신만의 교수법을 쌓아 왔다면, 컴퓨터는 많은 학생의 데이터를 분석하는 것으로 그러한 노하우를 단기간에 습득할 수도 있을 것이다.

교육 중에서도 콘텐츠를 가르치는 교육, 사고방식이나 정신적인 태도를 가르치는 교육은 예외가 될지 모른다. 그리고 동기 부여 방법, 경쟁시키는 방법 등 인간과 컴퓨터가 나누어 해야 할 다양한 역할이 잘 연계되면 더 높은 수준의 교육을 제공할 수 있게 될 가능성도 있다.

그밖에도 다양한 산업 분야에서 획기적인 변화가 일어날 수 있다. 여기에서 모든 부분을 다 언급할 수는 없지만 독자 여러분과 관계되는 산업이 인공지능에 의해 어떻게 바뀔 가능성이 있는 것인지에 대해 꼭 생각해 보면 좋겠다. 그것이 앞으로의 기회이며, 또한 자신의 리스크를 줄이는 방법이기 때문이다.

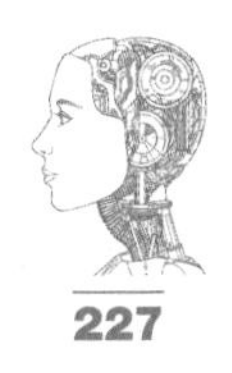

가까운 미래에 사라지는 직업과 남는 직업

그렇다면 앞으로 개인에게 다가올 수 있는 인공지능의 임팩트를 생각해 보자. 개개인의 업무에는 구체적으로 어떠한 영향을 줄 수 있을까?

인공지능이 사람들의 직장을 빼앗지는 않을까 우려하는 문제는 미디어에서도 자주 접하는 이야기이다. 컴퓨터가 발달하면서 이미 단순한 사무 작업은 인간을 대신해서 기계가 할 수 있는 시대가 되었다. 인공지능이 이대로 점점 진화하면 인간의 일을 아예 기계에게 빼앗겨 버리는 것이 아닐까라는 두려움이 생길 수 있다.

『기계와의 경쟁』이라는 책에서는 이 부분에 대해 다음과 같이 논

의되고 있다.[주16]

첫 번째 논의는 '과학 기술의 발전은 지금 시작된 것이 아니라 물론 그때마다 사라지는 경우도 있지만, 대신 새로운 일이 반드시 생긴다'라는 점이다. 적어도 지금까지 200년간은 그랬다. 예를 들어 경운기가 생겨서 인간이 논밭을 갈지 않아도 되었지만 반면에 경운기를 만드는 인간, 경운기를 사용하는 인간, 그리고 팔거나 유지하는 인간이 필요하게 되었다. 따라서 걱정할 것까지는 없다는 말이다.

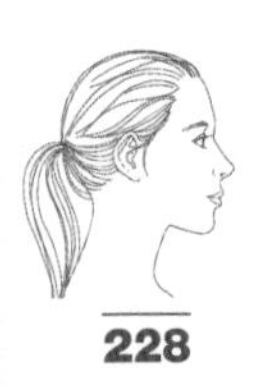

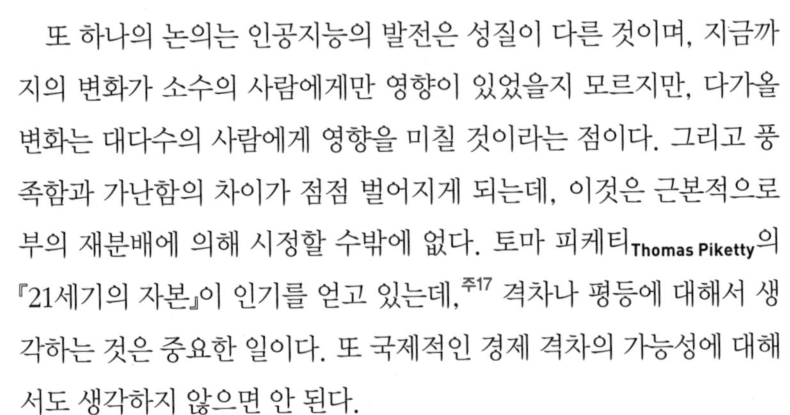

또 하나의 논의는 인공지능의 발전은 성질이 다른 것이며, 지금까지의 변화가 소수의 사람에게만 영향이 있었을지 모르지만, 다가올 변화는 대다수의 사람에게 영향을 미칠 것이라는 점이다. 그리고 풍족함과 가난함의 차이가 점점 벌어지게 되는데, 이것은 근본적으로 부의 재분배에 의해 시정할 수밖에 없다. 토마 피케티Thomas Piketty의 『21세기의 자본』이 인기를 얻고 있는데,[주17] 격차나 평등에 대해서 생각하는 것은 중요한 일이다. 또 국제적인 경제 격차의 가능성에 대해서도 생각하지 않으면 안 된다.

그럼 더 구체적으로 어떠한 일(직업)이 살아남고, 어떠한 일(직업)이 사라지기 쉬운 것일까? 이에 관해서는 '어느 정도의 시간을 염두에 둘 것인가'에 따라서 대답이 크게 변한다고 생각한다. 참고로 다음의 표를 살펴보자. 이것은 옥스포드대학의 논문으로 제시된 '향후 10~20년에 사라지는 직업과 남는 직업 리스트'다. 702개의 직업을 '손재주', '예술적인 능력', '교섭력', '설득력' 등 9개의 성질로 나누고, 향후 10년 안에 사라질 것인지 아닌지를 예상하고, 그 예상되는 확

향후 10~20년 안에 사라지는 직업 · 남는 직업

10~20년 후까지 남는 직업 톱25		10~20년 후에 사라지는 직업 톱25
레크리에이션 치료사	1	전화 판매원(텔레마케터)
정비 · 설치 · 수리 일선 감독자	2	부동산 등기의 심사 · 조사
위기관리책임자	3	손바느질의 재단사
정신 건강 · 약물 관련 사회복지사	4	컴퓨터를 사용한 데이터의 수집 · 가공 · 분석
청각 훈련사	5	보험업자
작업 치료사	6	시계수리공
치과 교정사 · 의치 기공사	7	화물 취급인
의료사회복지사	8	세무 신고 대행자
구강외과	9	필름 사진 현상 기술자
소방 · 방재의 제일선 감독자	10	은행 신규 계좌 개설 담당자
영양사	11	사서 보조원
숙박 시설의 지배인	12	데이터 입력 작업원
안무가	13	시계 조립 · 조정 공학
영업 엔지니어	14	보험 청구 및 보험 계약 대행자
내과 · 외과	15	증권 회사의 일반 사무원
교육 코디네이터	16	수주계
심리학자	17	(주택 · 교육 · 자동차 대출 등) 대출 담당자
경찰 · 형사의 제일선 감독자	18	자동차 보험 감정인
치과 의사	19	스포츠의 심판
초등학교 교사(특수교육 제외)	20	은행 창구계
의학자(역학자 제외)	21	금속 · 목재 · 고무의 에칭 판화 업체
초 중학교의 교육 관리자	22	포장기계 · 기계필링 운영자
다리(발) 관련 의사	23	구매 담당자 (구매 도우미)
임상심리사 · 상담 · 학교 카운슬러	24	화물 배송 수신계
정신 건강 상담	25	금속 · 플라스틱 가공용 밀링 · 플래너의 오퍼레이터

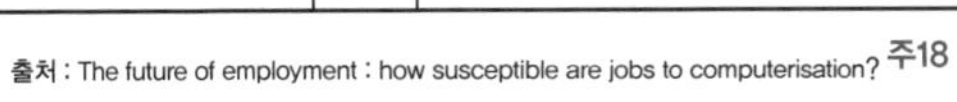
출처 : The future of employment : how susceptible are jobs to computerisation? 주18

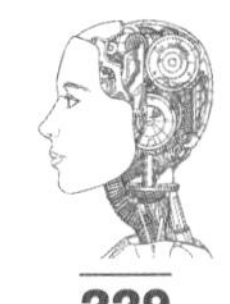

률의 순서대로 늘어놓았다.[주18]

표를 보면 은행의 창구 담당자, 부동산 등기 대행, 보험 대리점, 증권 회사의 일반 사무, 세무 신고서 대행자 등 금융 · 재무 · 세무 쪽의 일이 영향을 많이 받는 것으로 나타났다. 또 스포츠 심판이나 짐(물건)의 수발주 업무, 공장 기계의 오퍼레이터 등의 '절차화하기 쉬운' 직업도 사라질 확률이 높다. 한편 사라질 확률이 낮은 쪽의 리스트를 보면 의사나 치과 의사, 재활 훈련 전문직, 사회복지사, 카운셀러 등의 직업이 들어 있다. 사람을 직접 상대하는 커뮤니케이션이 필요한 직업은 당장 기계로 바꿔 놓는 것이 어려울 것이다.

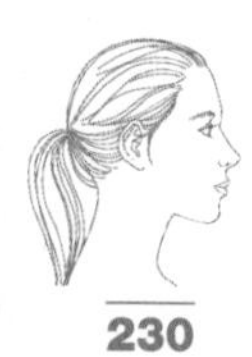

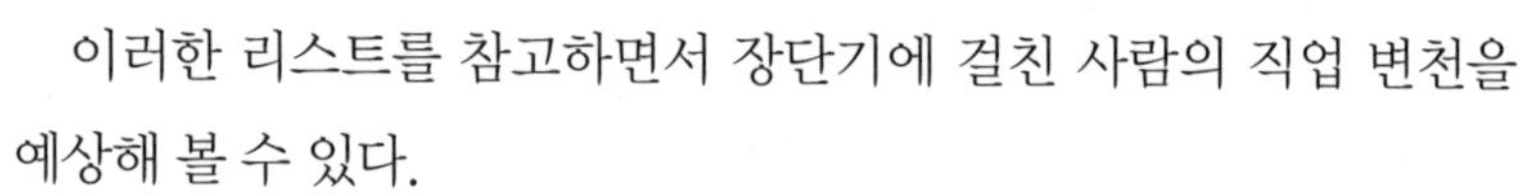
이러한 리스트를 참고하면서 장단기에 걸친 사람의 직업 변천을 예상해 볼 수 있다.

단기적(5년 이내)으로는 그다지 급격한 변화는 일어나지 않을 것이다. 단 회계나 법률과 같은 업무는 빅데이터나 인공지능이 급속도로 파고들 수 있다. 또 빅데이터나 인공지능은 마케팅은 물론 다양한 사업에서 활용되면서 데이터의 분석 스킬이나 인공지능에 관한 지식이 더욱 중요해질 것이다. 광고나 이미지 진단, 방범 · 감시와 같은 일부 영역에서는 인공지능의 적용이 빠르게 진행되어 갈 것이다.

중기적(5년에서 15년)으로는 생산 관리나 디자인 같은 분야에서 인간의 업무가 대부분 바뀔 수 있다.

앞에서 말한 바와 같이 이상 검지라는 태스크는 높은 차원인 특징을 생성할 수 있는 특징표현 학습의 강한 부분이며 '뭔가 이상하다'는 것을 감지할 수 있는 인공지능의 능력이 빠르게 부상할 것이다.

예를 들어 감시원이나 경비원이라는 직업에서 나타날 수 있다. 명시적으로 감시하는 일 말고도 점포의 점원이나 음식점의 종업원 역시 '뭔가 이상한 것을 알아차려서 대응한다'라는 업무가 일 속에 포함되어 있는 경우도 많은데 이러한 일은 기본적으로 센서+인공지능으로 대체할 수 있다. 예외 처리는 별도로 만들면 되기 때문에 루틴워크의 많은 부분을 인공지능에 맡길 수 있는 것이다. 그리고 '뭔가 이상하다'는 상황이 발생했을 때만 인간이 대응하게 된다. 상품의 수를 세고, 매출 합산을 엑셀로 만들고, 정기적으로 고객에 메일을 보내는 일의 대부분은 인공지능이 하고 있을 가능성이 많다.

물론 이 단계에서는 일상 업무가 아니거나 크리에이티브한 일의 경우 아직은 인간의 역할이 중요하다. 예를 들면 예외적인 고객을 대응하는 문제나 제안서를 쓰는 등의 일이다.

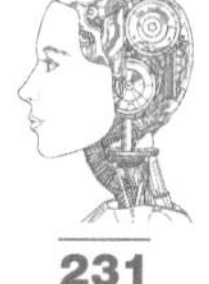

장기적(15년 이상)으로는 예외 대응까지 포함해 인공지능이 커버할 수 있는 영역이 증가된다. 지식을 활용하는 것도 발전하여 고객 대응이나 제안서 작성과 같은 것도 가능해진다.

이 단계에서 사람이 할 수 있는 일로 중요한 것은 크게 두 가지로 나눌 수 있다. 하나는 '상당히 대국적이어서 샘플 수가 적은, 어려운 판단을 수반하는 업무'로 경영자나 사업의 책임자가 해야 할 일이다. 예를 들면 현재의 상황에서 회사가 제품 개발을 어떻게 진행시키면 좋을지는 몇 번이고 되풀이되는 것이 아니기 때문에 데이터도 없고 판단이 어렵다. 이러한 판단은 소위 '경험', 즉 지금까지와 다른 상황에서의 판단을 '전이'해서 실행하거나 역사에서 배우는 수밖에 없다.

여러 가지 정보를 가미한 뒤에 최후의 '경영 판단'은 인간에게 남겨진 몫이다.

한편 인간과 가깝게 접하는 인터페이스는 인간이 하는 것이 좋을 수도 있다. 예를 들어 테라피스트나 레스토랑의 점원, 영업 등이 해당한다. 결국에는 사람이 대응해 주는 편이 기쁘고, 사람에게 설득당할 때 더욱 말을 잘 듣게 된다 등의 이유로, 사람의 상대는 사람이 한다는 것 자체는 앞으로도 변함이 없을 것이다. 오히려 사람이 상대해 주는 것이 '고가의 서비스'가 될지도 모른다.

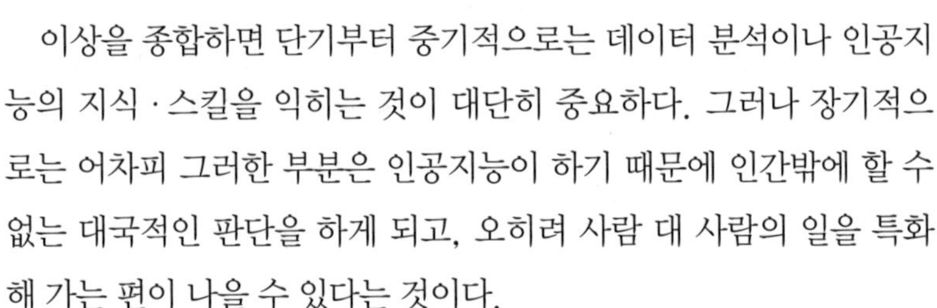

이상을 종합하면 단기부터 중기적으로는 데이터 분석이나 인공지능의 지식 · 스킬을 익히는 것이 대단히 중요하다. 그러나 장기적으로는 어차피 그러한 부분은 인공지능이 하기 때문에 인간밖에 할 수 없는 대국적인 판단을 하게 되고, 오히려 사람 대 사람의 일을 특화해 가는 편이 나을 수 있다는 것이다.

게다가 잊어서는 안 되는 것이 인간과 기계의 협조다. 이미 체스에서는 인간과 컴퓨터가 어떤 조합으로 싸워도 상관없는 프리스타일 대회가 있다. 다양한 업무에 있어서도 이 '프리스타일' 방식이 나올 것이다. 인간과 컴퓨터의 협조로 의해 인간의 창조성이나 능력이 더욱 도출될지도 모른다.[36] 그러한 사회에서는 생산성이 크게 오르고 노동 시간이 줄어들기 때문에 인간의 삶이나 존엄, 다양한 가치관이 점점 중요시 될 수 있다.

36 그 때문에 인간이 가지는 개념을 체계화하는 온톨로지 연구나 인간의 창조성을 끌어내는 창조 활동 지원 연구는 더욱 중요해질 것이다. 창조 활동 지원 시스템 혹은 보다 넓게는 세계의 분절 문제에 관해서 연구를 하고 있는 연구자로 도쿄대학 교수이며 전 인공지능학회 회장 호리 고이치(堀浩一)가 있다.

인공지능이 낳은 신규 사업

지금까지의 이야기는 인공지능, 특히 특징표현 학습에 기인한 기술의 발전을 기초로 생각한 5년에서 20년 정도 기간의 사회 변화에 대해서였다. 그렇다면 인공지능을 통해 앞으로 새로운 사업을 만들어 낼 수는 없는 것일까? 이 책을 읽는 독자들 중에는 다니는 회사에서 인공지능에 대한 신규 사업을 고려하는 분도 있을지 모른다.

뒤에 나오는 표는 미국 블룸버그 애널리스트가 최근 세계의 인공지능 벤처를 정리한 자료이다.[주19] 약 2,000개 회사를 조사해서 만든 자료인데, 이것을 보면 인공지능에 관한 새로운 사업의 시도가 다양한 영역으로 확대되어 가고 있는 것을 알 수 있다.

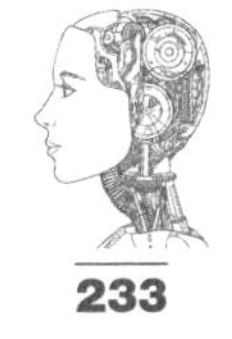

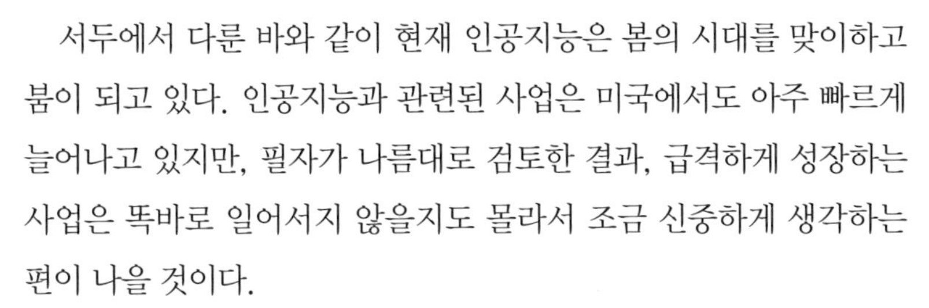

서두에서 다룬 바와 같이 현재 인공지능은 봄의 시대를 맞이하고 붐이 되고 있다. 인공지능과 관련된 사업은 미국에서도 아주 빠르게 늘어나고 있지만, 필자가 나름대로 검토한 결과, 급격하게 성장하는 사업은 똑바로 일어서지 않을지도 몰라서 조금 신중하게 생각하는 편이 나을 것이다.

먼저 표의 최상단에 쓰여져 있는 '코어 · 테크놀로지'라는 부분은 기계학습 자체를 제공하는 비즈니스이다. 이미지 인식과 음성 인식은 특징표현 학습이 가장 앞서 진행되고 있는 기술 분야이므로, 그 2개의 분야도 거론되고 있다. 툴이나 API(클라우드상의 서비스를 외부에서 이용하기 위한 인터페이스)의 형태로 제공하는 것이 많이 있지만 비즈니스로의 확대는 어려울지도 모른다. 왜냐하면 기계학습의 알고리즘은 학술 커뮤니티가 앞서고 있어서, 기업이 그 규범을 뒤집어 고유한 기계학습의 기술을 실용화하고 강한 경쟁력을 가진다는 것은 생각하기 어렵고, 그것을 툴로써 제공한 곳에서 사용할 수 있는 기업도 많지 않다. 또 인재를 획득하려 해도 이미 높은 수준의 기계학습의 지식이나 기능을 가진 연구자와 기술자의 몸값은 급등하고 있다(구글이나 페이스북은 이미 광고를 통해 기계학습의 기술을 수익화하는 수단을 가지고 있으므로 여기서는 별도로 생각한다).

두 번째 표의 그룹은 '기업 내의 활동을 한번 더 생각하자'라는 사업군으로 영업, 보안, 인사, 마케팅 등이 나열되어 있다. 이미 많은 기업이 참여하고 있는 중이며 그들 기업이 조금씩 인공지능을 사용한 제품을 제공해 가는 형태로 진화해 갈 것이다.

세 번째 표는 '각 산업을 한번 더 생각하자'라는 그룹이다. 많은 산업 분야에서 조금씩 빅데이터 활용이 진행된 후에 인공지능의 활용도 시작될 것이다. 그러나 인공지능의 활용 그 자체가 경쟁에서 결정적 우위에 연결되는 일은 적고 고객에 제공하는 상품 · 서비스의 부가 가치 구축, 조직의 구축, 거래처와의 관계 구축, 사업의 오퍼레이션 효율화와 같은 요소가 중요한 포인트를 차지하는 것에는 변함이 없을 것이다. 예를 들어 인공지능을 사용하면, 고객 대응을 할 때 고객 한 사람 한 사람에 따라서 섬세하고 치밀하게 바꾸어 가는 것도 가능하지만, 이러한 변화는 정보시스템 혹은 데이터 분석시스템을 제공하는 기업이 서서히 인공지능 기술을 이용한 서비스를 제공함으로써 실현된다고 생각한다. 혹은 정보시스템보다도 더 경영에 가까

Machine Intelligence LANDSCAPE

코어 · 테크놀로지

인공지능	딥러닝	기계학습	자연어처리 플랫폼	예측	화상 인식	음성 인식
IBM Watson	vicarious	rapidminer	cortical.io	AlchemyAPI	clarifai	GridSpace
MetaMind	Deepmind	context relevant	idibon	MindOPS	Madbits	pop up archive
Numenta	Vision Factory	0xdata H_2O	Luminoso	Google	DNN research	Nuance
ai-one	Facebook	DataRPM	wit.ai	big ML	Dextro	
Cycorp	Baidu IDL	Azure ML	MaluubA	indico	ViSENZE	
MS Research	Google	LiftIgniter		Algorithmia	lookflow	
Nara	ersatz labs	SparkBeyond		Expect Labs		
Reactor	Skymind	yhat / wise.io		Prediction IO		
Scaled Inference	SignalSense	Sense				
		GraphLab				
		Alpine / nutonian				

기업 내 활동을 한번 더 생각하자

판매	보안 인증	부정 검출	인사 · 채용	마케팅	비서	지적 도구
Preact / Aviso	CrossMatch	sift science	TalentBin	bright funnel	Siri / Cortana	Adatao
RelateIQ	Conjur	socure	entelo	bloom reach	Google now	Palantir
NG DATA	EyeVerify	Threat Metrix	predikt	Command IQ	clever sense	Quid
Clarabridge	Area 1 Security	feedzai	Connectifier	Air PR / Radius	tempo / Kasist	Digital Reasoning
Framed	BitSight	Brighterion	gild	Tell Apart	Robin labs	FirstRain
Infer / causata	Cylance	Verafin	hiQ	people pattern	fuse machines	
Attensity	bionym		Concept Node	Freshplum	Viv / Clara Labs	
					Incredible Labs	

각 산업을 한번 더 생각하자

애드테크놀로지	농업	교육	재무	법무	제조	의료
MetaMarkets	Blue River	declara	Bloomberg	Lex Machina	Sight Machine	Parzival
dstillery	TerrAvion	coursera	FinGenius	bright leaf	Microscan	transcriptic
rocket fuel	ceres imaging	Knewton	alpha sense	Counselytics	Boulder Imaging	Genescient
YieldMo	HoneyComb	kidaptive	Kensho / Binatix	Ravel / Judicata	Ivisys	Zepher Health
Adbrain	The Climate Corp.		Dataminr	Brevia		grand round table
	tule / mavrx		minetta brook	Diligence Engine		bina technologies
			Orbital Insight			Tute Genomics

석유 · 가스	미디어 · 콘텐츠	소비자 금융	자선 사업	자동차	진단	소매
kaggle	Outbrain / newsle	Affirm	DataKind	Google	enlitic	Bay Sensors
Ayasdi	Arria / Sailthru	inVenture	thorn	Continental	3scan	Prism Skylabs
Tachyus	wavii / Owlin	zest finance	The Data Guild	Tesla	lumiata	celect
biota Technology	NarrativeScience	Bills Guard		mobileye	Entopsis	euclid
Flutura	yseop / Summly	LendUp		Cruise		
	Prismatic	LendingClub				
	Automated Insights	Kabbage				

인간과 인간 · 인간과 기계와의 상호 작용을 생각하자

증강 현실	제스처 인식	로봇공학	감정 인식
Wearable intelligence AUGMATE APX Labs blipp AR meta / lay AR	ThalmicLabs omek /Flutter Leap Motion eyeSight / nod 3Gear systems GestureTek / Fin	intel Liquid Robotics iRobot / SoftBank Boston Dynamics jibo / anki evolution robotics	affectiva BeyondVerbal Emotient BrsLabs Cogito

인공지능을 보조하는 기술

하드웨어	데이터 전 처리	데이터 수집
Nvidia / Xilinx Qualcomm Nervana Systems Teradeep Artificial Learning rigetti	Trifacta Paxata tamr Alation	diffbot kimono CrowdFlower Connotate WorkFusion import io

출처 : Machine Intelligence LANDSCAPE 주19

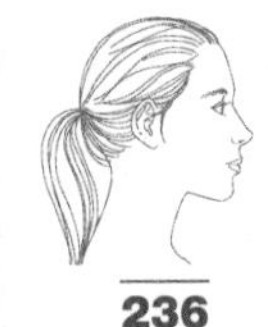

운 곳에서 빅데이터의 분석, 그 위에 인공지능과 발전해 나가는 컨설팅 비즈니스도 충분히 있을 수 있다.

네 번째로 '인간과 인간 · 인간과 기계의 상호 작용을 생각하자'라는 그룹이 있다. 로봇공학, 감정이나 제스처의 인식이 여기에 포함된다. 일본에서 유일하게 들어간 소프트뱅크의 '페퍼'가 포함된 곳도 이 영역이다.

그리고 다섯 번째 표에는 '인공지능을 보조하는 기술' 그룹이 있다. 예를 들면 데이터의 사전 처리를 하는 기술의 제공, 데이터를 모으는 기술의 제공 등으로 이른바 골드러시 시대에 청바지를 파는 것과 같은 비즈니스이다.

이 중에서 우리가 가장 이해하기 쉽고 변화가 급속도로 일어나는 분야가 바로 세 번째 표의 '각 산업을 한번 더 생각하자'라는 그룹 안의 의료, 법무, 재무일 것이다. 전문가를 대체하는 경제적인 장점이 많고, 많은 사람이 그 서비스를 잠재적으로 필요로 하고 있기 때문이다. 각각의 전문 분야에 대해서 대답해 주는 IBM의 왓슨과 같은 시스템이 완성도 높은 형태로 마켓에 투입되면 단숨에 실용 단계로 오를 가능성이 있다. 그때는 기존의 업계 구조를 크게 변화시켜 버릴지도 모른다.

한편, 현실적으로는 다양한 법 규제나 업계의 관습이 있기 때문에 갑작스럽게 B2C로 서비스가 제공될 것인지, 의사, 변호사, 회계사 등의 업무를 보조할 목적에서 널리 퍼져 갈지는 영역에 따라 다를 것이다.

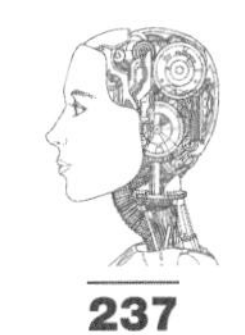

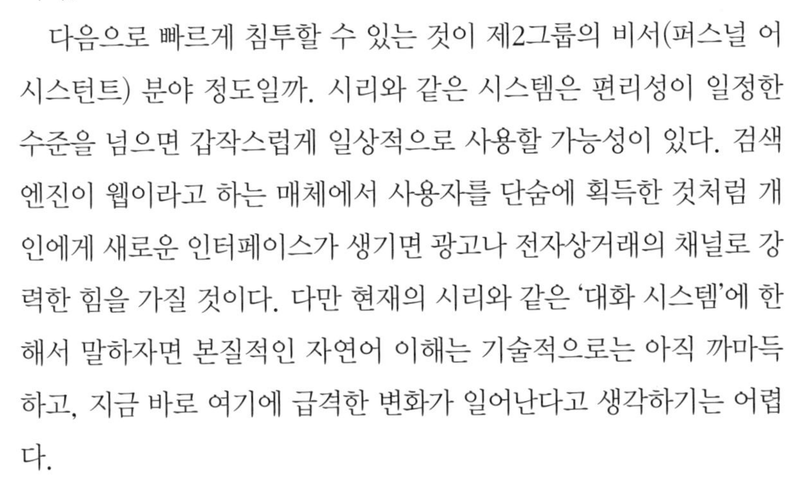

다음으로 빠르게 침투할 수 있는 것이 제2그룹의 비서(퍼스널 어시스턴트) 분야 정도일까. 시리와 같은 시스템은 편리성이 일정한 수준을 넘으면 갑작스럽게 일상적으로 사용할 가능성이 있다. 검색 엔진이 웹이라고 하는 매체에서 사용자를 단숨에 획득한 것처럼 개인에게 새로운 인터페이스가 생기면 광고나 전자상거래의 채널로 강력한 힘을 가질 것이다. 다만 현재의 시리와 같은 '대화 시스템'에 한해서 말하자면 본질적인 자연어 이해는 기술적으로는 아직 까마득하고, 지금 바로 여기에 급격한 변화가 일어난다고 생각하기는 어렵다.

이미 여러 번 언급한 대로 '이상 검지'는 딥러닝 등의 특징표현 추출을 잘하는 곳이다. 따라서 산업 속에서는 이상 검지에 대한 인력이 필요하며, 확장성 및 시장 규모의 제약이 있는 경우에는 업계 구조가 한꺼번에 바뀔 가능성이 있다.

위의 내용들을 종합하면 몇 가지 예외를 제외하고는 어느 산업이든 단번에 인공지능이 활용된다기 보다는 각 산업마다 빅데이터 활용의 연장선에서 서서히 인공지능 기술이 침투해 오는 것이 아닐까 생각된다.

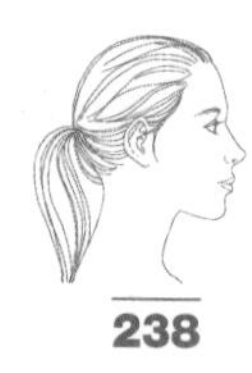

인공지능과 군사

인공지능의 응용을 생각할 때 잊어서는 안 되는 것이 군사적인 면이다. 미국에서는 오랫동안 인공지능 연구의 빅스폰서가 DARPA(미국 국방고등연구계획국 : 국방부의 기관)였다. 최근에도 연간 몇 백억 엔(약 천억 원) 규모를 인공지능 연구에 투자하고 있다고 한다.

DARPA는 기업 활동상의 이익으로 연결되지 않아도 된다는 이유로 스폰서가 붙기 어려운 인공지능 연구를 오랜 세월 지탱해 왔다. 오래전 인터넷의 기원이 된 아파넷ARPANET은 이 예산으로부터 탄생했다. 시리의 근본이 된 CALO의 프로젝트도 DARPA의 예산으로 지원되었고, 최근 구글에 매수된 일본의 로봇 기업 샤프트가 참가하고 있었던 대회도 DARPA가 주최하는 것이다.

전투기를 타는 파일럿을 인공지능으로 대체하면 파일럿 육성에 드는 막대한 비용을 억제할 수 있음과 동시에 파일럿의 생명을 위험

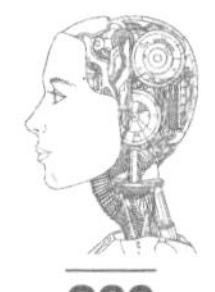

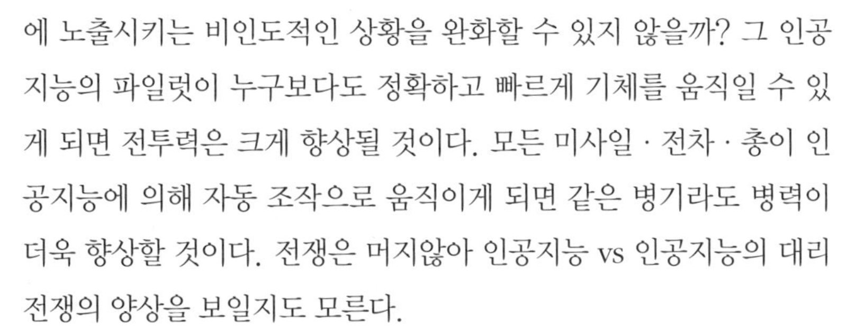

에 노출시키는 비인도적인 상황을 완화할 수 있지 않을까? 그 인공지능의 파일럿이 누구보다도 정확하고 빠르게 기체를 움직일 수 있게 되면 전투력은 크게 향상될 것이다. 모든 미사일 · 전차 · 총이 인공지능에 의해 자동 조작으로 움직이게 되면 같은 병기라도 병력이 더욱 향상할 것이다. 전쟁은 머지않아 인공지능 vs 인공지능의 대리전쟁의 양상을 보일지도 모른다.

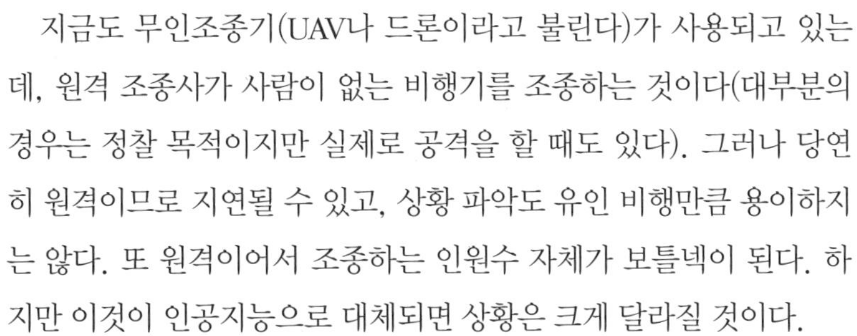

지금도 무인조종기(UAV나 드론이라고 불린다)가 사용되고 있는데, 원격 조종사가 사람이 없는 비행기를 조종하는 것이다(대부분의 경우는 정찰 목적이지만 실제로 공격을 할 때도 있다). 그러나 당연히 원격이므로 지연될 수 있고, 상황 파악도 유인 비행만큼 용이하지는 않다. 또 원격이어서 조종하는 인원수 자체가 보틀넥이 된다. 하지만 이것이 인공지능으로 대체되면 상황은 크게 달라질 것이다.

혹은 인공지능을 내장한 곤충 사이즈의 소형 병기가 생기면 어떻게 될까? 악의를 가진 인간(예를 들면 테러리스트)이 이러한 기술을 일상생활 속으로 가져오면 매우 위험해질 것이다.

이러한 위험을 회피하기 위해서 자동 조종 무인기를 병기로 사용하는 것을 금지해야 할 것인지, 아닌지에 대한 국제 조약 제정의 논의가 시작되었다고 한다. 모든 최첨단 기술과 군사의 관계는 당연한 것이지만 기술적인 면으로만 논의하는 것은 불가능하다. 인공지능의 군사 기술 응용에 대해서도 그 시비에 관해 다양한 분야의 전문가 및 일반인을 대상으로 한 국제적인 논의가 이루어지게 될 것이다.

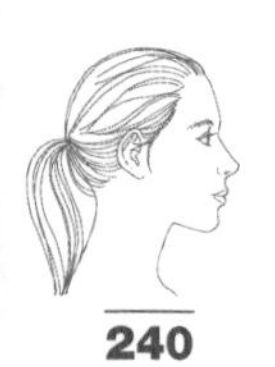

'지식의 전이'가 산업 구조를 바꾼다

인공지능에 의한 특징표현 획득이나 예측 능력은 산업적으로 큰 무기가 된다. 그렇다면 이후 인공지능이 어떻게 산업 구조를 바꾸며, 각 나라들은 국가로서 어떻게 인공지능과 마주해야 하는지에 대해 살펴보자.

다음 페이지의 그림은 각 산업 영역마다 어떻게 기업 활동이 이루어질지를 제2장의 인공지능 에이전트 접근법에서 설명한 것과 같이 '입력'과 '출력이라는 관점에서 본 것이다. 이른바 하나의 기업을 정보 처리하는 주체, 즉 '에이전트'라고 인식하고 있다. 기존에는 매출이나 고객의 정보와 같은 정보를 입력이라 해서 그것을 사업 전략이나 오퍼레이션에 활용해 왔다. 그리고 이것들은 기본적으로 수직 정보 흐름이며 횡(옆)으로 정보가 흐르는 것은 지극히 적은 편이었다.

그런데 빅데이터 시대가 되고 구글이나 아마존이 검색이나 전자 상거래의 영역에서 강한 힘을 가지게 되었다. 이것은 정보를 옆으로 묶을 수 있는 것에 가까워졌다는 것을 의미한다. 그것에 의해 어떤 영역의 검색 패턴, 광고의 배출 방법, 상품의 판매 방법을 다른 영역에 적용할 수 있는 것이다. 이러한 영역을 넘어 좋은 지식을 다른 영역에 활용하는 것을 '지식의 전이'라고 부르기로 하자.

기존에는 다수의 고객을 다루고 있었기 때문에 한 영역에서 지식을 가로로 전이하는 것은 경영자, 컨설턴트 혹은 광고 회사의 역할이었다. 그런데 이것이 고객 각각에 부응해서 최적의 제품을 내놓을 수 있는 시대가 되면 데이터를 사용하는 수밖에 없는데, 그 이유는 고객의 패턴이 무수하게 많이 있기 때문이다. 즉, 데이터를 사용해서 영역을 가로(횡)로 묶는 기업은 고객마다의 '마이크로 지식 전이'를 행하는 것이 가능하게 된 것이다.

그렇다면 그 앞에 무슨 일이 일어날까? 고객의 '인식 정도'가 오를 수 있다. 즉 고객의 행동 중에서 중요하고 본질적인 특징이 획득되어 고객이 갖고 싶어하는 물건을 적절하게 보낼 수 있게 된다. 게다가 '고객이 무엇을 원할까'를 알게 되면서 상품 개발과 서비스 제공에도 활용할 수 있다. 그리고 고객의 변화나 사회 환경의 변화에 대한 대응력이 상당히 빨라진다.

이것은 생물 진화에 따른 뇌의 발전과 그것에 따른 추상화 능력의 향상과 대부분 같은 흐름이다. 당초 생물은 단순한 반응계로서 정보를 입력하고, 처리하고, 행동으로써 출력하고 있었다(예를 들면

지식의 전이

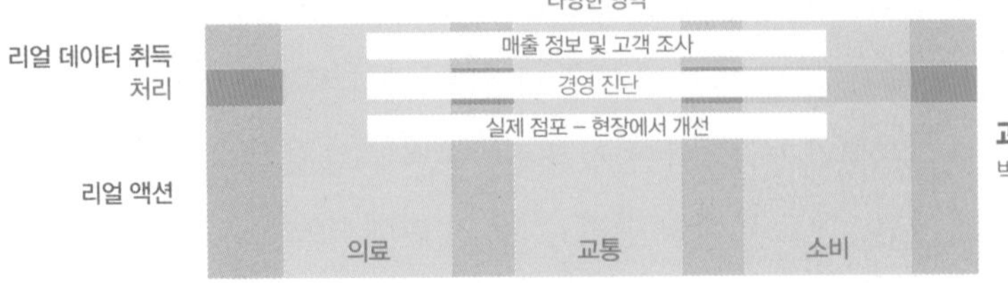

과거
빅데이터 이전

다양한 영역

리얼 데이터 취득

치료 정보 | 이동 정보 | 구매 정보

검색

매출 정보 및 고객 조사

처리

정보의 정리 – 분석

경영 진단

EC – 광고

실제 점포 – 현장에서 개선

리얼 액션

의료 | 교통 | 소비

현재
빅데이터 시대

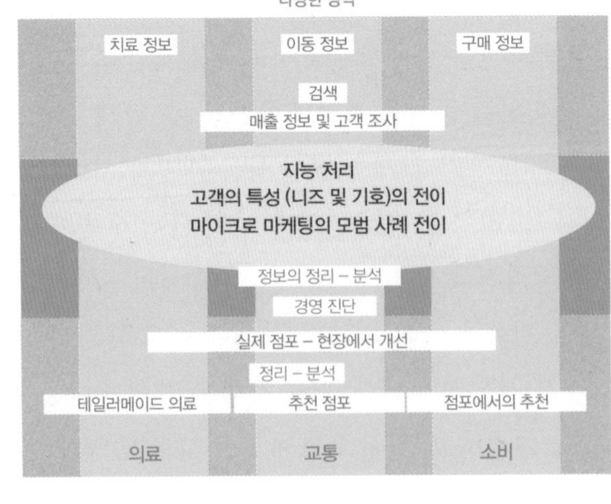

이제부터
지능의 시대

아메바 등의 생물을 상상하면 된다). 그런데 그 정보가 가치 있는 것이 되어 많은 데이터로 세상을 볼 수 있게 되었다. 특히 '눈의 탄생'은 강렬해서 포식자로부터 어떻게 몸을 숨겨 살아남을지에 관한 생물의 전략이 다양화되고, 5억4,200만년 전의 캄브리아기Cambrian period의 생물 다양성 폭발(캄브리아 폭발)의 계기가 되었다고 말한다.[주20]

기업 활동도 이와 같아서 빅데이터를 통해 기업을 둘러싼 다양한 환경을 파악할 수 있게 되었다. 바로 '눈의 탄생'이다. 센서가 발달한 결과, 기업은 다양한 전략을 취할 수 있게 된다.

그리고 그 다음에 오는 것이 '뇌의 진화'다. 센서의 정보로부터 '풀이 부자연스럽게 움직였기 때문에 적이 있을지도 모른다'라는 것을 알게 되고, 다른 생물을 포식자에게 빼앗기지 않게 정보를 포착하고 생존에 활용한다. 변화해 가는 환경에 있어서는 추상화 능력이 높으면 적은 샘플수로 적응할 수 있을 뿐 아니라 생존 확률도 오른다.

사실은 이러한 산업 구조에 있어서 경쟁력의 논의는 2008년 경제산업성 산업구조심의회의 '지식 조작의 충격—현대 산업 구조 변화의 본질'이라는 보고서 안에서도 다뤄지고 있다. 보고서에서는 일본 경제에 결여된 것이 '글로벌화 등의 구조 변화가 진행되는 가운데 개별의 강점을 업종, 조직, 시장(국경, 지역), 기술 분야, 제조/서비스의 경계를 넘어 전개하고 재편성에 의한 글로벌한 트렌드를 만드는 힘'이라고 밝히고 있다. 바로 지식의 전이인 것이다.

경제를 산업 구조라는 시점에서 본 분석과 인공지능에 있어서 추상화의 구조라는 시점에서의 분석이 거의 같은 답이 되는 것은 지극히 흥미롭다. 그 배경으로는 자본주의 경제에도 생물이 살아남는 환경 모두 '예측성이 높은 것이 이겨서 남기 쉽다'라는 본질적인 경쟁 조건이 있다는 것, 그 때문에 선택과 도태라는 원리가 채용되고 있는 것(에델만이 뇌 속에서도 예측성이 높은지 아닌지에 의해 선택과 도태가 일어나고 있다고 말한 것은 앞서 설명했다), 그리고 추상화에 의해 지식을 전이시킨다는 것이 변화되는 환경에 대응하는 지극히 강력한 무기라는 공통점이 있기 때문이 아닐까라고 생각한다.

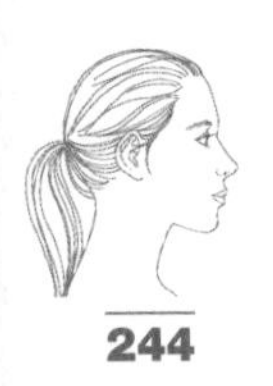

인공지능 기술을 독점하는 무서움

인공지능은 앞으로 빅데이터에 이어 산업 경쟁력의 큰 기둥이 될 것이다. 그러나 그에 따른 기술의 독점에 대한 경계도 필요하다.

인공지능은 '지능의 OS(오퍼레이팅 시스템)'라고 말할 수 있을지도 모른다. 범용적인 특징표현 학습 기술의 토대로 그 위에 다양한 기능을 실현하는 어플리케이션이 실려 있는 이미지다. 특징표현 학습 등의 학습 알고리즘이 기반이 되어 있다면 어플리케이션 부분에서 어떠한 기능을 추가할 것인가는 그다지 어려운 것이 아니다.

반대로 말하면 특징표현 학습의 부분을 특정한 기업이 움켜쥐거나, 블랙박스화 되면 대단히 성가시게 된다. 특징표현 학습의 알고리즘이 개방적이지 않고 '학습 완료'의 제품만이 제조 · 판매가 되면 리버스엔지니어링(완성된 제품을 분석하여 제품의 기본적인 설계 개념과 적용 기술을 파악하고 재현한다는 의미로, 완성된 물건을 완성되기 전의 단계로 돌리는 것을 말한다)에서 분해하거나 동작을 해석해서 사양이나 구조를 밝히는 것이 불가능하다. 예를 들면 학습은 학습 알고리즘을 은닉한 채 모처의 어느 공장에서 하고 학습 완료된 제품만이 판매된다. 로봇이라면 분해해서 구성 부품이나 요소 기술을 알고 어플리케이션이라면 그 동작으로부터 내용을 추측할 수 있지만, 학습 결과로 학습 알고리즘을 추정하는 것은 거의 불가능하다. 인간의 뇌를 아무리 조사해도 지능의 알고리즘을 모르는 것과 같은 이치이다.

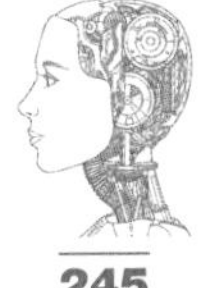

범용적인 OS를 선취하고 있으면 무엇이 유리할까? 이것이 토대가 되어 어플리케이션의 개발과 수정·갱신이 압도적인 스피드로 실현된다. 하지만 인공지능을 사용한 자율주행 기술을 실현했다고 해서, 예를 들어 도로 교통법이 바뀐다거나, 이상 기후로 예상치 못한 대설이 내린다거나, 스위스의 산악지대용으로 커스터마이징해야 할 때에 개별 상황을 상정해서 룰을 다시 쓰는 것보다도 이미 학습된 특징표현을 사용해서 학습한 쪽이 압도적으로 빠른 것과 같다. 이미 기본적인 운전 기술을 배웠으면 특수한 상황에 대해서 학습하는 것만으로 끝나므로 재빠르게 수정할 수 있을 것이다.

데이터를 많이 가지고 있는 기업이 높은 수준의 특징표현 학습의 기술을 손에 넣으면 다른 기업도 그곳에 데이터를 모을 수밖에 없다. 왜냐하면 그 기업에 부탁하면 '좋은 특징표현'이 얻어지고 다양한 어플리케이션을 만들기도 쉽기 때문이다. 그 결과 소수의 플레이어가 시장을 석권하게 된다.

범용적인 OS 부분을 독점하면 각종 기능을 실현하는 어플리케이션의 제조 비용은 극적으로 떨어진다. PC 시대에 OS는 마이크로소프트, CPU는 인텔에 뒤져서 일본의 업체가 고생한 것처럼 인공지능 분야에서도 같은 일이 일어날 수 있다. 그리고 이 부분은 거의 모든 산업 영역에 관계된다는 의미에서 보다 심각할 뿐만 아니라, 일단 차이가 벌어지면 역전하기는 지극히 힘들어진다.

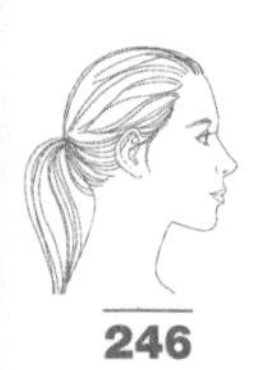

인공지능 발전의 과제

일본이 앞으로 인공지능 분야의 국제적인 산업 경쟁에서 살아남기 위해서는 몇 가지 과제를 확실하게 해야 할 필요가 있다. 다음 페이지의 표에서 단기와 중장기로 나눈 과제 5개를 제시한다.

첫째, 일본은 데이터 이용에 관해서 경계감이 대단히 강하다. 개인 정보 보호나 프라이버시를 강조한 나머지 빅데이터의 이용을 과도하게 경계 · 억제하는 논조가 뿌리가 깊다. 앞으로 각 영역에 걸쳐서 데이터를 활용하는 '마이크로 지식 전이'가 경쟁력이 되는 시대에는 이러한 논조도 조금씩 바뀌어야 한다.

둘째, 데이터의 이용에 관한 법 정비가 늦어지고 있다. 해외로 눈을 돌리면 구글은 검색 이력을 비롯해서 다양한 정보를 모으고 있다. 아마존은 구매 데이터, 페이스북은 인적 네트워크에서 방대한 데이터를 가졌다. 프라이버시 보호의 기술이나 사례의 구축 등 다양한 시도가 행해지고 있지만, 좀 더 근본적으로 생각할 필요가 있는 것일지도 모른다.

한 회사가 데이터를 관리하고 있으면 용서되고, 복수 회사가 가지고 있으면 사용법은 크게 제한된다. 이것은 무엇이 다른 것일까? 이용자가 '가지고 있는 회사를 신뢰하는 것'과 '그 회사가 데이터를 제공하는 별도의 회사를 신뢰하는 것'이 다르기 때문일 것이다. 자신은 A사를 신뢰해도, 그것이 A사의 거래처인 B사를 신뢰하게 되지는 않는다. 즉 데이터의 사용법(관리 체제뿐만 아니라 기업 활동의 목적도 포함)에 관한 전환율의 문제다. 그러한 제도 설계를 앞장서서 실행하는 것은 일본처럼 '정보를 횡(가로)으로 묶는' 플레이어가 적은 상황에서는 필수적이다.

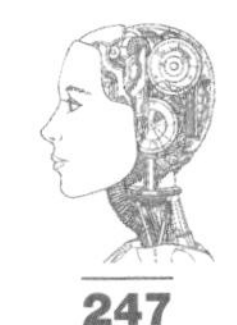

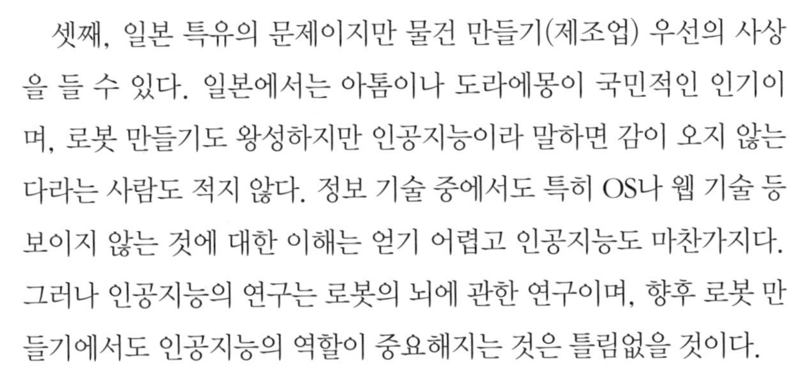

셋째, 일본 특유의 문제이지만 물건 만들기(제조업) 우선의 사상을 들 수 있다. 일본에서는 아톰이나 도라에몽이 국민적인 인기이며, 로봇 만들기도 왕성하지만 인공지능이라 말하면 감이 오지 않는다라는 사람도 적지 않다. 정보 기술 중에서도 특히 OS나 웹 기술 등 보이지 않는 것에 대한 이해는 얻기 어렵고 인공지능도 마찬가지다. 그러나 인공지능의 연구는 로봇의 뇌에 관한 연구이며, 향후 로봇 만들기에서도 인공지능의 역할이 중요해지는 것은 틀림없을 것이다.

넷째, 인공지능이 꿈 같은 이야기라고 생각하는 학회 내 · 업계 내의 비관론도 극복해 가지 않으면 안 된다. 세상의 주목이 높아져 조금씩 바뀌었지만, 지금까지 인공지능 연구가 겨울의 시대를 맞이할

일본의 주된 과제와 대책

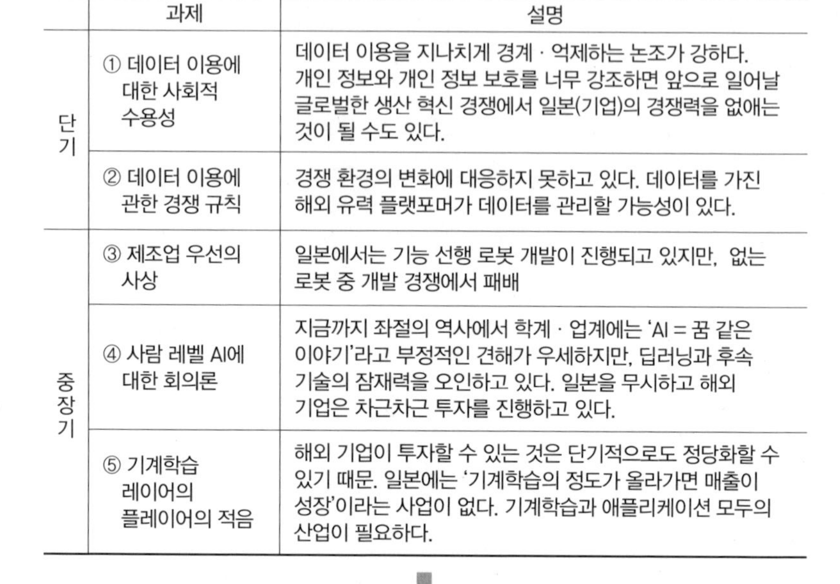

	과제	설명
단기	① 데이터 이용에 대한 사회적 수용성	데이터 이용을 지나치게 경계 · 억제하는 논조가 강하다. 개인 정보와 개인 정보 보호를 너무 강조하면 앞으로 일어날 글로벌한 생산 혁신 경쟁에서 일본(기업)의 경쟁력을 없애는 것이 될 수도 있다.
	② 데이터 이용에 관한 경쟁 규칙	경쟁 환경의 변화에 대응하지 못하고 있다. 데이터를 가진 해외 유력 플랫포머가 데이터를 관리할 가능성이 있다.
중장기	③ 제조업 우선의 사상	일본에서는 기능 선행 로봇 개발이 진행되고 있지만, 없는 로봇 중 개발 경쟁에서 패배
	④ 사람 레벨 AI에 대한 회의론	지금까지 좌절의 역사에서 학계 · 업계에는 'AI = 꿈 같은 이야기'라고 부정적인 견해가 우세하지만, 딥러닝과 후속 기술의 잠재력을 오인하고 있다. 일본을 무시하고 해외 기업은 차근차근 투자를 진행하고 있다.
	⑤ 기계학습 레이어의 플레이어의 적음	해외 기업이 투자할 수 있는 것은 단기적으로도 정당화할 수 있기 때문. 일본에는 '기계학습의 정도가 올라가면 매출이 성장'이라는 사업이 없다. 기계학습과 애플리케이션 모두의 산업이 필요하다.

인재를 집결하고 큰 흐름을 만든다
로봇, 빅데이터, 다양한 관련 주제에 중심을 뚫자

때마다 연구자들은 고뇌해 왔다. 그때를 아는 사람들이라면 인공지능의 미래에 대해서 비관적일 수밖에 없는 것도 이해가 간다. 그런 반면 세상의 기대감이 너무 높은 것도 문제이다. 전체 학회 입장에서 사회에 대한 적절한 '기대치 컨트롤'이 필요할 것이다.

다섯째, 국내에서 인공지능 기술에 투자할 수 있는 기업이 적다는 점이다. 구글이나 페이스북 등의 해외 플랫포머가 인공지능에 적극적으로 투자할 수 있는 것은 그 투자를 단기적으로도 정당화할 수 있기 때문이기도 하다. 그런데 유감스럽게도 일본에는 '기계학습의 정밀도가 오르면 매출이 막대하게 커진다'라는 비즈니스 모델을 구축하고 있는 기업이 거의 없다. 그것이 일본 업체가 인공지능 연구에 장애가 되고 있다는 것을 말해준다.

역전의 카드는 인재의 두터움이다

한편으로는 좋은 재료도 있다. 일본은 과거부터 인공지능 연구에 열을 올려서인지 인공 지능분야에 인재가 많다.

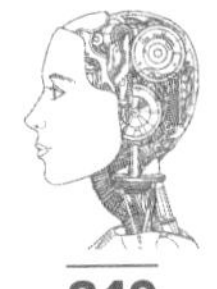

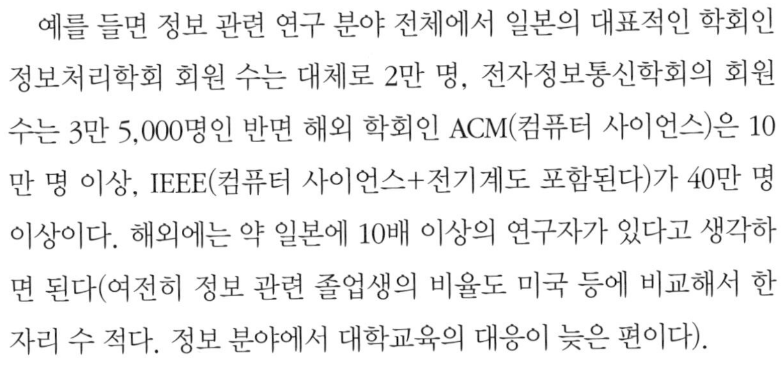

예를 들면 정보 관련 연구 분야 전체에서 일본의 대표적인 학회인 정보처리학회 회원 수는 대체로 2만 명, 전자정보통신학회의 회원 수는 3만 5,000명인 반면 해외 학회인 ACM(컴퓨터 사이언스)은 10만 명 이상, IEEE(컴퓨터 사이언스+전기계도 포함된다)가 40만 명 이상이다. 해외에는 약 일본에 10배 이상의 연구자가 있다고 생각하면 된다(여전히 정보 관련 졸업생의 비율도 미국 등에 비교해서 한 자리 수 적다. 정보 분야에서 대학교육의 대응이 늦은 편이다).

그런데 미국을 중심으로 하는 국제적인 인공지능학회(AAAI)의 회원수가 5,000명인 수준이지만 일본의 인공지능학회(JSAI)에는 3,000명이나 되는 회원이 있다. 매년 1회 열리는 학회의 참가자도 AAAI는 500명 정도인 것에 반해 JSAI는 1,000명이 넘는 사람이 모인다. 인공지능의 연구자 인원수, 커뮤니티의 크기에서는 절대 뒤지지 않고 있다. 모집단에서 10배 차이 나는 정보 관련 속에서 인공지능에는 거의 변함없는 수의 연구자가 있고 활발하게 연구하고 있다.

따라서 그러한 부분에 중심을 두고 인재를 집결하여 인공지능 연구에 박차를 가하면 기술이 크게 진전될 가능성도 있다. 1980년대에 당시의 통상산업성이 570억 엔(약 5,700억 원)을 투자한 '제5세대 컴퓨터' 프로젝트가 떠오른다.

앞에서 설명했듯이 의도한 대로 성과를 올렸다고는 말할 수 없겠지만, 초기의 이상은 훌륭했다. 그리고 그렇게 학습하고 자란 학생들이 지금은 인공지능의 중진으로서 학회를 견인하고 있고, 게다가 그곳에서 우수한 인재가 배출되고 있다. 그 때문에 일본은 인공지능에 관한 인재의 두터움 면에서는 외국에 비해서 좋다고 할 수 있다.

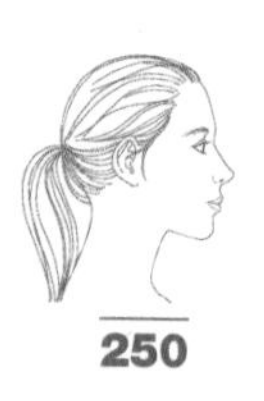

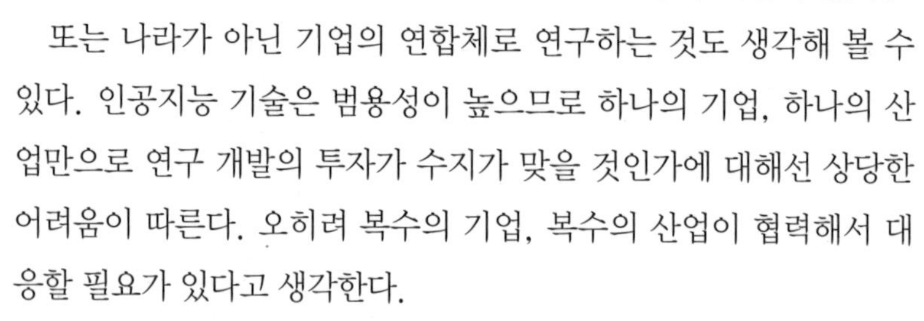

또는 나라가 아닌 기업의 연합체로 연구하는 것도 생각해 볼 수 있다. 인공지능 기술은 범용성이 높으므로 하나의 기업, 하나의 산업만으로 연구 개발의 투자가 수지가 맞을 것인가에 대해선 상당한 어려움이 따른다. 오히려 복수의 기업, 복수의 산업이 협력해서 대응할 필요가 있다고 생각한다.

현재 딥러닝에 대표되는 특징표현 학습의 연구는 아직 알고리즘의 개발 경쟁의 단계이다. 그런데 이 단계를 넘으면 이번에는 데이터를 대량으로 갖고 있는 곳일수록 유리한 세상이 된다. 그렇게 되면 일본은 아마 해외의 데이터를 가지고 있는 기업에 맞설 수 없게 될지도 모른다. 그 이유는 세계적인 플랫폼 기업이 존재하지 않기 때문이다. 따라서 그 전에 알고리즘의 개발 경쟁의 단계에서 가능한 한 인재의 두터움에 대한 활용 방안을 가질 필요가 있다. 역전까지의 시간은 우리가 생각하는 것보다도 많이 남아 있지 않다.

앞서간 연구자들께 감사하며

어느덧 이 책의 마지막 부분에 접어들었다. 여기까지 읽어 주신 독자 여러분께 필자가 전하고 싶었던 메시지가 전해졌을까?

60년에 달하는 인공지능 연구에서 몇 가지 난제에 부딪쳐 왔지만, 그것들은 '특징표현의 획득'이라는 문제에 집약된다는 것. 그리고 그 문제가 딥러닝이라는 특징표현 학습의 방법에 의해 일부 풀리고 있다는 것. 특징표현 학습의 연구가 진보되면 지금까지의 인공지능의 연구 성과와 합쳐져서 높은 인식 능력이나 예측 능력, 행동 능력, 개념 획득 능력, 언어 능력을 가지는 지능이 실현될 가능성이 있다는 것. 그것은 커다란 산업적 임팩트도 준다는 것. 지능과 생명은 다른 이야기이며 인공지능이 폭주해 인류를 위협하는 미래는 오지 않는다는 것. 그것보다 군사 응용이나 산업상의 독점 등의 문제가 위협인 것. 그리고 일본에는 기술과 인재의 토대가 있어 이길 수 있는 기회가 있다는 것.

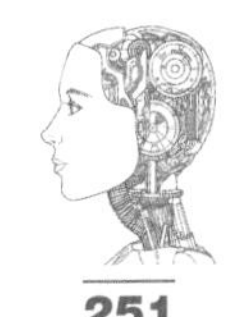

이렇듯 인공지능이 여는 세계는 결코 장밋빛 미래도 아니고 그렇다고 어두운 미래도 아니다. 인공지능의 기술은 착착 진전되고 조금씩 세계를 풍부하게 만들어 간다. 내일 갑작스럽게 인공지능이 세계를 바꾸는 것도 아니고, 그렇다고 해서 그 기술의 진전을 무시할 수 도 없다.

독자들은 프롤로그에서 설명한 '인공지능의 커다란 비약의 가능성', 즉 복권이 당첨될지도 모르는 미래를 어떻게 파악했을까?

딥러닝이라는 '특징표현 학습'이 인공지능의 큰 산을 넘었다라고 한다면, 이제 그 앞에는 인공지능의 커다란 발전이 기다리고 있다고 해도 이상하지 않다. 다양한 산업에서 큰 변혁을 일으킬지도 모르고 장기적으로는 산업 구조의 본연의 자세, 인간의 생산성이라는 개념도 크게 바뀌게 될 것이다.

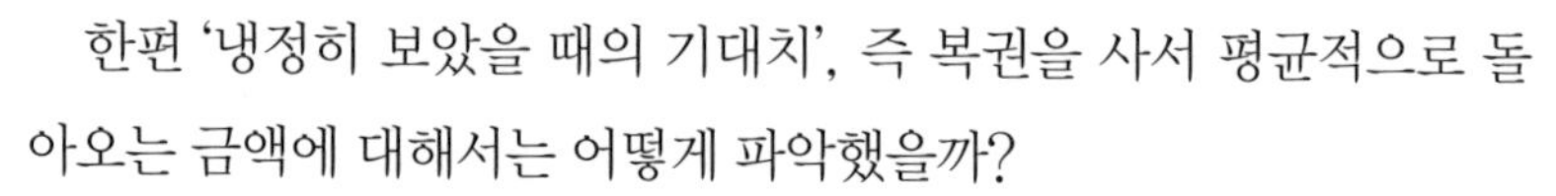

한편 '냉정히 보았을 때의 기대치', 즉 복권을 사서 평균적으로 돌아오는 금액에 대해서는 어떻게 파악했을까?

아무리 인공지능의 가능성을 낮게 어림잡았다고 한들 적어도 어느 정도의 많은 산업에서 빅데이터화는 진행될 것이다. 그리고 거기에 지금까지 인공지능이 배양해 온 탐색이나 추론, 지식 표현, 기계 학습의 기술이 활용될 것이다. 적어도 몇 가지 분야에서는 지금까지의 전문가를 뛰어넘는 인공지능의 사용법이 나올 것이다.

이 두 개의 가능성을 생각했을 때, 이 복권은 결코 나쁜 것이 아니라고 생각한다. 인공지능의 미래, 인공지능이 만들어 내는 새로운 사회에 배팅해도 좋다고 생각되지 않는가?

인공지능은 인간을 넘어서는가? 대답은 예스다. '특징표현 학습'으로 인해 많은 분야에서 인간을 뛰어넘을지도 모른다. 그렇지 않아도 한정된 범위에서는 인간을 초월해 그 범위가 점점 넓어질 것이다.

그리고 이것을 살리든 죽이든 사회 전체를 구성하는 우리들 자신의 생각과 묶인 것이다.

정체하는 일본의 산업, 고령화 사회, 실리콘밸리에 압도적으로 뒤지는 정보 기술. 일본이 1980년대 인공지능에 많은 자금을 투자하고, 그것이 인재라는 형태로 확산을 맞이하고 있는 것. 그중에서 맞이한 인공지능의 세 번째의 봄. 이 상황도 타개할 수 있다면 그 열쇠는 '인공지능의 활용'이 아닐까?

독자 여러분들은 각각의 업무나 일상생활 속에서 인공지능을 어떻게 활용해 가면 좋을지, 과연 활용할 수는 있는 것인지 한번쯤 생각해 보면 좋겠다. 인공지능으로 인해 이 사회가 어떻게 좋아지는가, 어떻게 하면 새로운 빛을 되찾을 것인가도 고민하면 좋겠다. 그리고 인공지능의 현상과 가능성을 정확하게 이해한 뒤에, 부디 인공지능을 활용할 수 있기를 바란다. 그것이 이 책에서 전하고 싶은 메시지다.

마지막으로 지금 인공지능이 봄의 시대를 맞이하고 있는 것은 과거에 인공지능의 연구를 한 연구자들의 끊임없는 노력 덕분이다. 겨울의 시대에도 인공지능의 꿈을 포기하지 않고 후진을 기르고 연구를 계속해 온 여러분 덕분이다. 앞서간 연구자 분들께 마음으로부터 경의를 표하고 싶다.

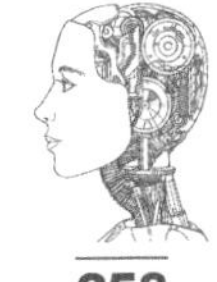

에필로그 ▶ 아직 보지 못한 인공지능을 생각하며

고등학교 시절, '나는 과연 무엇일까?' 생각하며 잠 못 드는 밤을 보내는 동안 '인지'에 흥미를 가졌었다. 이렇게 생각하고 있는 자신은 누구일까? 죽음이란 무엇일까? 그런 의문 때문에 수험 공부와 동시에 철학서를 읽고 있었다. 어릴 때부터 컴퓨터를 사용해서 프로그래밍하고 놀아서 프로그램이 만들어 내는 무한한 가능성도 알고 있었다.

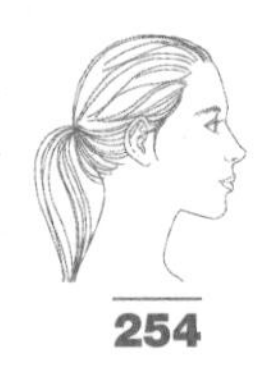

대학에 입학해서는 왠지 정보 기술의 방향에 장래성이 있다고 느끼고, 정보 분야 학과를 선택했다. '정보=PC'라는 것은 어쩐지 이상하다는 생각도 들었다. 정보는 더 깊이 있는 것이다. 그때 인공지능을 연구하는 연구실이 있는 것을 알고 도서관에 틀어박혀서 공부하기 시작했다. 프로그램으로 지능을 만든다는 것에 묘한 매력을 느꼈다. 인공지능은 이미 완성된 것인가? 두근거리면서 조사를 하다가 '아무래도 아직 인공지능은 되어 있지 않은 모양이다'라는 것을 알고 행운이라고 생각했다. 이런 중요한 것이 아직 해명되지 않고 남아 있다니.

수업은 싫었지만 연구는 즐거웠다. 인공지능학회에서 첫 발표를 한 것은 대학 4년의 졸업이 얼마 남지 않을 무렵이었다. 좋은 연구 성과였음에도 불구하고 좌장에게 "이 결과는 믿을 수 없군. 종래의 방법은 유명한 선생님이 만든 것으로, 그것을 능가한다고는 믿기 어렵다"라는 코멘트를 받았다. 왠지 모르게 분하다고는 느끼지 않았다. '언젠가 인정받을 수 있는 연구를 하고 싶구나'라며 바라본 하늘이 묘하게 푸르렀던 것이 기억난다.

대학원 석사 과정에 진학해 배속된 곳이 인공지능과는 다소 전문이 다른 연구실이었다. 그래도 나는 인공지능 공부를 하고 있었다. 선생님도 이해하고 그것을 인정해 주었다. 단지 다른 환경에서 혼자 인공지능 공부를 하는 것이 괴로웠다. 세상의 중심에서 조금 떨어진 곳에 있다는 생각이 들었기 때문이다.

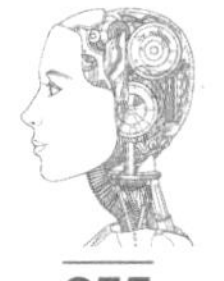

대학원 박사 과정에 진학하면서 다시 인공지능 연구실로 돌아갈 수 있었다. 인공지능의 연구를 당당하게 할 수 있는 것이 그저 순수하게 기뻤다. 여러 가지 책을 읽고, 선생님에게 책을 빌리기도 했다. 그러던 어느 날, 인공지능학회에 처음으로 학생 편집위원이라는 것이 생긴다 해서 손을 들었다. 학회지의 기사 하나를 학생 그룹에서 담당하게 되어, 매 호 유명한 인공지능 연구자의 인터뷰 기사를 실었다. 힘든 일이었지만 스케줄을 확실히 지키며 게재했다. 기사는 1회도 빠지지 않았는데 유명한 연구자가 학생 시절에 무엇을 생각하고 있었는지를 듣는 것은 대단히 즐거운 일이었다. 대체로 학창 시절은 모두 무책임했던 것도 흥미로웠다.

박사 과정을 마치고 인공지능의 저명한 연구자에게 끌려 국가 연구소에 연구원으로 들어갔다. 이번에는 인공지능학회의 편집위원에 임명되었다. 특별히 집착한 것은 아니지만 신뢰해 주는 것은 기쁜 일이다. 인공지능의 연구자는 대체로 거만하게 굴지 않는, 형태에 구애받지 않는, 본질을 찌르는 사람이 많은 편이다. 그것은 형식이 싫고 근본적인 것에 의문을 가지는 내 성격과도 잘 맞아떨어졌다. 나이 차이가 있는 선생님과의 대화도 즐거웠다. 스탠포드대학에 2년간 유학했지만, 그동안에도『인공지능학회지』에「세계의 AI, 일본의 AI」라는 연재를 계속해 갔다.

이래저래 10년 정도 편집위원을 계속 했을 무렵일까? 부편집위원장을 하지 않겠냐는 권유를 받았다. 부편집위원장 2년, 그 후 편집위원장을 2년 맡았다. 길고 책임 있는 임무라 나이로 볼 때 너무 빠른 기용이라 생각되어 사퇴 의사를 밝혔지만 거듭 부탁을 하는 바람에 받아들였다.

2012년 편집위원장이 되었을 때는 이상한 기분이었다. 중대한 임무였지만 실감이 나지 않는 것이다. 보통인 것을 보통으로 해낼 수 있을까 걱정도 되었다. 그러나 모두가 나를 편집위원장으로 알고 있기 때문에 나답게 가려고 생각했다. 공격하자. 근본적으로 고치지 않으면 안 되는 것부터 차례로 손을 댔다.

그중 하나가 학회지의 이름을 변경한 것이다.『인공지능학회지』따위의 딱딱한 잡지는 연구자 이외는 아무도 읽지 않는다. 그러나 인공지능이라는 연구 내용 자체는 많은 사람이 흥미를 가질 것이다. 왜냐하면 우리들 자신의 연구, 인간을 향한 연구이기 때문이다.

25년 이상의 학회 역사상 처음으로『인공지능』이라는 이름으로 바꾸고 표지도 바꿨다. 여성 형태의 로봇이 청소를 하고 있는 모습을 그린 표지는 뜻밖에 화제가 되었다. 약간 생각이 모자란 행동이었지만 앞을 보고 나아가고 싶다는 기분은 전해진 것일까, 몇 가지 성명을 내고 반성하는 특집을 기획하는 동안에 소동은 사그라져 갔다. 다행인지 불행인지 인공지능이라는 말을 많은 사람이 알게 되는 계기가 되었다.

2014년 6월에 편집위원장의 임기를 마치고 무사히 다음 사람에게 바통을 넘겨줄 수 있었다. 그때는 이미 인공지능의 붐이 시작되고 있었다. 딥러닝이라는 큰 기술의 진전도 있었다. 일본에게도 큰 기회이며, 동시에 잘 활용하지 않으면 큰 위기로 이어지는 것도 명백하게 보였다.

이것은 또 인공지능에 있어서 힘든 시기라고 생각했다. 잘하지 않으면 또 붐이 과열된 후에 혹독한 겨울의 시대를 맞이해 버릴 수 있기 때문이다. 일본에게도 역전을 위한 라스트 찬스일지도 모른다. 지금 이 상황을 좋은 방향으로 가져가는 것은 편집위원장의 큰 역할을 마친 나 자신의 새로운 역할일지도 모른다고 생각했다. 자신을 키워 준 인공지능이라는 분야가, 만약 자신을 필요로 하고 있는 것이라면 가능한 한 온 힘을 쏟을 수밖에 없다.

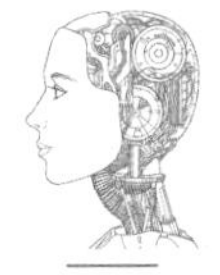

그러한 기분이 되는 것은 이상했다. 평소 극단적일 만큼 명확한 '목적 의식'을 가지고 행동하는 것을 유념하고 있지만, 이번에는 왠지 모르게 '인공지능 때문에'라는 대의명분 외에는 떠오르지 않았다. 그 이상 목적을 분해할 수 없었다. 인공지능이라는 영역이 들어 올려져 내동댕이쳐지는 것은 견딜 수 없다. 인공지능이라는 영역이 '천시(天時): 하늘의 도움이 있는 시기'를 얻어서 크고 멋지게 비약하면 좋겠다.

이 책은 2014년 연말부터 약 2개월간 집필했다. 더 확실히 쓰고 싶은 기분이 반, 한시라도 빨리 출판하고 싶은 기분이 반이었다. 시간은 모자랐지만 어떻게든 스스로도 만족할 수 있는 수준은 되었다고 생각한다. 이 책이 조금이라도 많은 사람들에게 인공지능의 현상을 '정확하게' 전하고, 기대해 줄 것을 바랄 뿐이다.

이 책을 집필할 때 많은 사람에게 신세를 졌다. 인공지능학회 관련에서는 나카지마 히데유키 선생님, 호리 고이치 선생님, 미조구치 리이치로 선생님, 니시다 도요아키 선생님, 야마구치 다카히라 선생님, 이시즈카 미쓰루 선생님, 쓰모토 슈사크 선생님, 다케다 히데아키 선생님을 비롯해 많은 분들의 사랑을 받았다. 특히 마쓰바라 히토시 선생님, 구리하라 사토시 선생님, 야마카와 히로시 선생님에게는 평소에도 많은 조언과 의견을 받았다.

이 책의 계기가 된 것은 경제산업성 니시야마 게이타 심의관(당시)의 말 한마디였다. "마쓰오 씨, 인공지능이 대단히 굉장하다고 말하는데 일반인들도 쉽게 알 수 있게 설명을 좀 해 주세요."

니시야마 심의관이 이해할 수 있도록 만든 프레젠테이션이 이 책의 골자가 되었다. 또 동성의 스가 지즈루 씨, 야마시타 류이치 씨, 가와니시 야스유키 씨, 요시모토 유타카 씨를 비롯해 많은 분들께 큰 신세를 졌다.

주식회사 경영공동창작기반의 시오노 마코토 씨와는 작년에 대

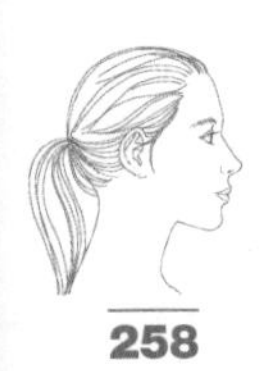

담책으로 함께해서 좋은 경험이 되었다. 동사의 도미야마 가즈히코 씨, 가와카미 노보루 씨에게는 폭넓은 면에서 조언과 서포트를 받고 있다. 또 READYFOR 주식회사의 메라 하루카 씨, 푸루가캐피탈 주식회사의 후루쇼오 히데키 씨 와는 평소부터 논의 · 활동을 함께해 주셔서 대단히 감사하고 있다.

도쿄대학에서는 사카타 이치로 선생님, 데라이 다카유키 선생님을 비롯해 기술경영전략학 전공, 종합연구기구의 선생님들에게 연구 · 교육의 양면에서 훌륭한 환경을 제공받았다. 또 2014년도부터 활동의 기반이 되고 있는 글로벌 소비 인텔리전스 기부 강좌에 협력받고 있는 각 기업에는 적잖은 지원을 받아 감사의 마음을 금치 못하고 있다.

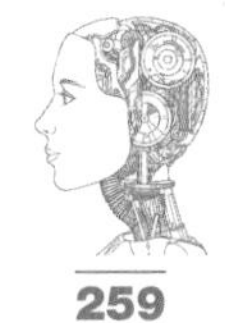

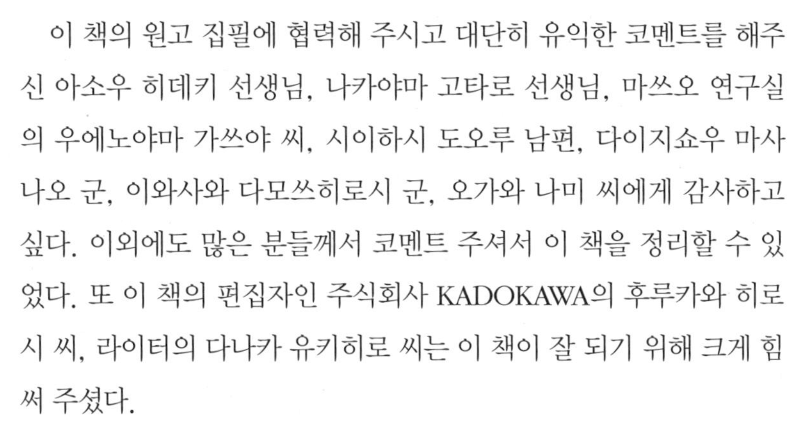

이 책의 원고 집필에 협력해 주시고 대단히 유익한 코멘트를 해주신 아소우 히데키 선생님, 나카야마 고타로 선생님, 마쓰오 연구실의 우에노야마 가쓰야 씨, 시이하시 도오루 남편, 다이지쇼우 마사나오 군, 이와사와 다모쓰히로시 군, 오가와 나미 씨에게 감사하고 싶다. 이외에도 많은 분들께서 코멘트 주셔서 이 책을 정리할 수 있었다. 또 이 책의 편집자인 주식회사 KADOKAWA의 후루카와 히로시 씨, 라이터의 다나카 유키히로 씨는 이 책이 잘 되기 위해 크게 힘써 주셨다.

그리고 평소 열심히 연구 활동을 함께하고 있는 마쓰오 연구실의 멤버 일동에게 다시 한 번 감사의 뜻을 전하고 싶다.

마지막으로 평소 엉뚱함에도 지탱해 주고 있는 가족들과 고향의 어머니에게 감사를 드리고 싶다.

장래에 실현될 지도 모르겠지만 인공지능을 생각하면 여러 가지 의문이 샘솟는다.

인공지능이 실현됐을 때, 그것은 어떤 동작 원리에 의한 것일까? 인간의 지능은 어떤 구조로 이해되는 것일까? 자신이 보고 있는 이 세계나 이 인식은 도대체 무슨 방법으로 설명 가능한 것일까? 자신이 보고 있는 이외의 세계나 인식은 존재하는 것일까? 스스로의 이해 방법이 스스로의 이해의 한계를 어떻게 규정하고 있는 것일까? 아직 보이지 않는 인공지능은 그것을 간단히 타파하고, 자못 당연한 것처럼 우리들에게 그 사실을 말하는 것일까? 이러한 수수께끼에 나는 언제 도착할 수 있는 것일까?

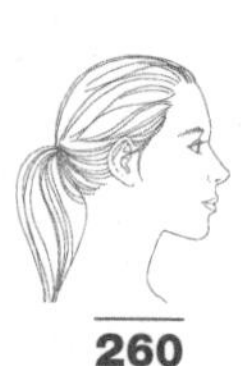

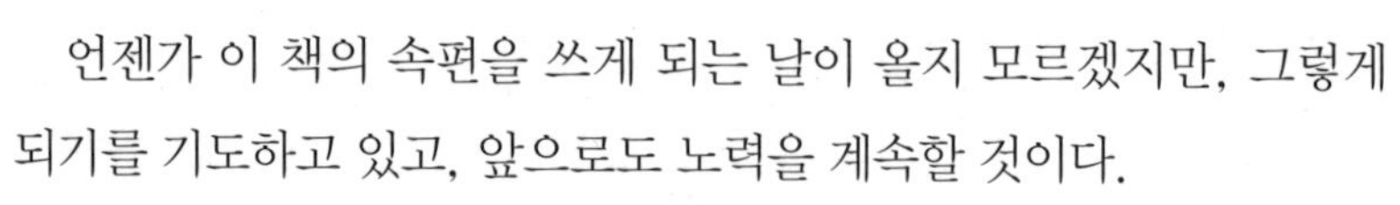

언젠가 이 책의 속편을 쓰게 되는 날이 올지 모르겠지만, 그렇게 되기를 기도하고 있고, 앞으로도 노력을 계속할 것이다.

아직 보지 못한 인공지능을 생각하며.

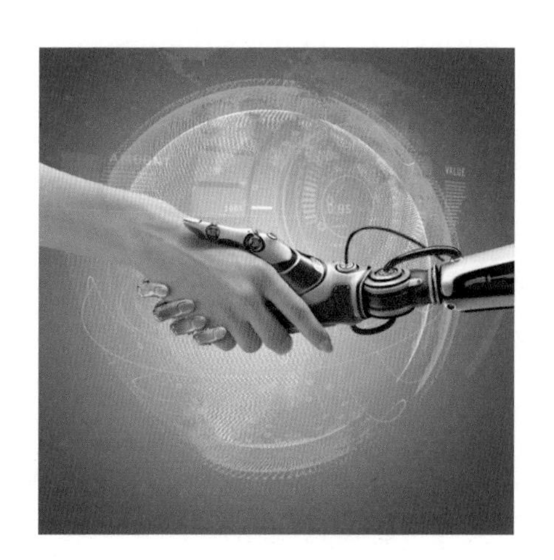

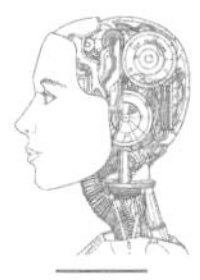

옮긴이의 글

KAIST 연구진이 개발한 인간형 로봇 휴보Hubo가 세계 최고 재난 대응 로봇으로 우뚝 섰다. 지난 6월, 미국 캘리포니아 주 포모나에서 열린 'DARPA(미국 국방부 산하 방위고등연구계획국) 로보틱스 챌린지(DRC)'에서 낸 성과이다. DARPA 주최로 열린 이번 대회에는 한국, 미국, 일본 등 6개국 24개 팀이 참가했다. 60분 내에 8가지 과제를 가장 많이, 빠르게 수행한 팀이 우승하는 대회이다.

산업자원통상부가 주최하고 한국로봇산업진흥원이 주관하여 2015년 10월29일부터 11월 1일까지 일산킨텍스에서 열린 '2015 국제로봇콘테스트(IRC 2015)'. 이 대회는 로봇 인재 육성 및 기술력 향상을 위해 정부가 주도한 세계 최대 규모로 16개 세부 대회로 진행되었다. 국내외 30개 팀이 출전해 경합을 벌인 끝에 우리나라의 상명대 휴머노이드 로봇 클럽Humanoid Robot Club이 우승을 차지했다.

이 대회의 성과는 로봇이라는 하드웨어뿐만 아니라 머리에 해당하는 인공지능 소프트웨어의 발전이 있었기에 가능했다. 이렇듯 우리나라도 크고 작은 분야에서 인공지능의 다양한 활약이 눈에 띄게 늘고 있다.

하지만 이러한 성과를 단순히 유행처럼 반짝하다가 사라지게 만들거나 인공지능 연구자와 인공지능을 배우는 학생들의 활동으로만 두어서도 안 될 것이다. 국가적인 경쟁력을 갖추기 위한 노력이 절대적으로 필요한 시점이다. 산학의 협력은 물론, 국가 차원의 계획과 지원이 함께하는 프로젝트여야만 세계적으로 경쟁력을 갖출 수 있을 것이기 때문이다.

최근 빅데이터를 대상으로 한 딥러닝 기술의 급속한 발전에 따라 전 세계적으로 인공지능 관련 기술에 대한 폭발적인 관심과 함께 경쟁적인 개발이 진행되고 있다. 이 책의 저자는 산업 구조로서의 인공지능의 중요성뿐만 아니라 좋은 지식을 다른 영역에 활용하는 '지식의 전이'를 강조하고 있다. 인공지능은 빅데이터에 이어 이후 산업 경쟁력의 큰 기둥이 될 것이다. 그러나 그에 따른 기술의 독점에 대한 경계도 필요하다고 저자는 역설하고 있다.

또한, 인공지능의 가능성을 과소평가하면 안 되며, 인공지능이 사회의 인프라가 되는 것은 확실하기 때문에 다양한 문제가 일어나기 전에 논의를 해야할 필요가 있고, 전문가의 역할도 중요하다고 강조한다. 특히 인공지능은 발전을 할수록 '만인을 위한 물건'이어야 한다고 이야기한다. 인공지능이 이러한 윤리관에 따라 바르게 사용되기 위해서는 인공지능의 동작이나 기술의 투명성이 높을 것, 그것이 인간에게 설명 가능할 것 등도 중요한 관점이 될 것이라고 내다봤다.

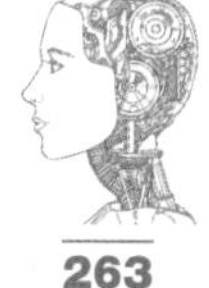

영국의 BBC(Tomorrow's world: A guide to the next 150 years)와 유엔 미래포럼(유엔 미래보고서 2045)에는 2045년에 인간의 지능보다 뛰어난 슈퍼지능머신이 출현하여 특이점이 도래할 수 있다고 예측했다. 저자는 물론 세계적인 보고서에서도 인공지능 기반의 지식 처리 플랫폼은 빅데이터와 접목이 되면서 국가 및 기업의 미래 경쟁력을 좌우할 기술로 대두되고 있다고 판단한다.

그러나 우리는 조금 더 긴장해야 할 듯하다. 최근 발간된 정보통신정책연구원의 KISDI Premium Report에 따르면 우리나라는 인공지능 관련 기술 수준이 미국 등 선도국에 미치지 못하고 있다고 밝혔다. 따라서 이에 대한 투자 확대, 의료, 교육, 금융 등 미래 플랫폼에 인공지능 등 관련 서비스 적용 시 법제도 개선 방향 정립, 공공 서비스에 인공지능 장기적 도입 등으로 초기 시장 형성 지원, 한국인 게놈(Genome) 데이터 등 가치 있는 데이터의 확보 등의 정책을 고려할 필요가 있다고 강조했다.

물론 미국, 유럽, 일본과 같이 국내에서도 국가 차원의 대규모 프로젝트가 추진 중이다. 이는 인공지능 산업의 미래 경쟁력 확보로 인해 각종 전통 산업, 과학 및 교육 분야 등에 가속화 될 것이다. 또한 기업 및 공공 분야의 경영자, 전문가 의사 결정 지원, 사회 현상 분석과 예측 등의 지식 경제 시대의 국가 핵심 소프트웨어 플랫폼으로 활용이 가능할 것이다.

저자는 지금 세 번째로 찾아온 인공지능의 봄을 맞이하면서 과거와 같은 과오를 되풀이하지 말자고 한다. 인공지능의 현재 실력, 상황 그리고 그 가능성에 대해 될 수 있는 한 정확하게 이해하면 좋겠다고 당부한다. 50년 만에 방문한 브레이크스루를 초래할지도 모르는 새 기술 '딥러닝'의 의의를 어떻게 포착할지에 걸려 있다고 역설하면서도 인공지능이 단순히 기대에 의한 것만으로는 위험하다고 경고하고 있다. 현 상황을 정확히 바라보고 미래에 도전해야 한다고 주문한다.

단순히 학계나 산업계의 접근만으로는 세계적인 흐름의 인공지능 연구와 산업에서 질적인 차이는 물론 경쟁력에서도 큰 차이가 벌어질 우려가 있다. 국가적 차원의 지원과 정책도 동반되어야 할 시점으로 보인다.

우리나라도 각계에서 활동하고 있는 인공지능 전문가와 인공지능을 연구하고자 하는 이들이 원활한 연구 활동을 할 수 있는 환경이 조성되어야 할 것이다. 더불어 산업적으로 경쟁력을 갖출 수 있도록 국가 차원의 지원과 정책 수립이 더욱 활발히 이루어질 필요가 있다. 우리의 인공지능 산업이 세계 속의 경쟁에서 더 밀리기 전에 산학 정계 모두 본격화해야 할 시점이라고 생각한다. 미래 산업의 한 대안이 될 수 있도록. 더 늦기 전에.

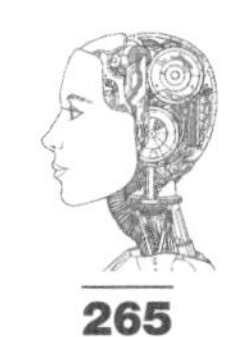

박기원

감수의 글

긴 겨울이 언제 있기라도 했냐는 듯 현재의 인공지능은 매우 빠른 속도로 발전을 거듭하고 있다. 더 이상 인공지능은 먼 미래를 뜻하는 SF 소설 속 단어가 아니다. 단순 기능을 수행하던 현실 속 기기들은 인공지능의 기술에 힘입어 더욱 능동적으로 상황을 이해하고 대처하는 '스마트 기기'로 변모하였으며, 이러한 혁신은 수동적 기기들에 새로운 혼(魂)을 불어넣는 '새로운 기계 시대'의 포문을 열고 있다.

이러한 인공지능 혁신의 중심에는 기계학습(Machine Learning)이 있다. 10년 전, 20년 전만 하더라도 기계학습이 미래 기술의 중심이 될 거라 말하는 사람들은 그리 많지 않았다. 하지만 지난 시간 동안 1. 우리가 접근할 수 있는 데이터의 수가 급격히 늘어났고, 2. 이를 적절히 처리할 만한 하드웨어의 발전이 병행되었으며, 3. 또한 빅데이터에 매우 적합한 딥러닝 기반의 학습법이 큰 성공을 보임에 따라 이제 인공지능은 '인간이 만족할 만한' 수준의 장밋빛 미래를 바라보게 되었다. 이 문턱을 넘었다면 이어지는 발전은 순식간일 것이다. 산업혁명 초기 증기 기관의 생산성이 인간의 그것을 추월하는 순간 일어났던 부지불식간의 변혁을 상기해보자. 이처럼 '인간이 만족할 만한' 인공지능의 출현은 또 한 번의 사회적 지각변동을 가져올 것이며, 그렇기에 기대도 크고 우려도 크다.

많은 이들이 '인공지능'이란 단어를 넣어 긍정적 미래를 말하기도, 또는 부정적 미래를 말하기도 한다. 하지만 많은 담론이 오가는 가운

데 정작 인공지능 혁신의 본질을 꿰뚫고 있는 사람은 그리 많지 않은 듯하다. 갑작스레 다가온 인공지능의 출현에 일반인들은 미래의 인공지능 세상이 금세 현실로 다가올 것으로 상상하겠지만, 그 미래 중 어떤 것들은 곧 실현이 될 부분이요, 또 어떤 것들은 아주 머나먼 미래의 일들일 것이다. 따라서 우리는 인공지능이 가져올 미래를 말하기에 앞서 담론 속에 혼재되어 있는 가까운 미래와 먼 미래의 이야기를 구분 지어야 한다. 그리고 이를 위해선 인공지능의 대중적 이해가 선행되어야 할 것이다.

그런 의미에서 이 책은 일반인들에겐 매우 좋은 인공지능 입문서가 될 것이다. 책에선 과거의 인공지능이 넘어야 했던 두 번의 도전과 함께 최근 세 번째 붐을 가져온 딥러닝에 대해 잘 설명하고 있다. 비록 이 한 권의 책으로 인공지능의 모든 개념을 체화할 순 없겠으나, 독자 여러분들은 인공지능이 발전해 온 지난 모습들을 가늠해 볼 수 있을 것이다. 따라서 이를 통해 인공지능의 미래를 예측하는 데 조금이나마 도움이 되었으면 하는 바람이다. 아울러 인공지능에 대한 앞으로의 논의에 있어서도 더 이상 공상이 아닌 현재의 기술적 가능성에 기반한 건설적 논의가 이루어졌으면 한다. 그리고 그러한 논의가 앞으로 인공지능이 나아가야 할 길에 대한 좋은 가이드라인이 되어 주기를 희망한다.

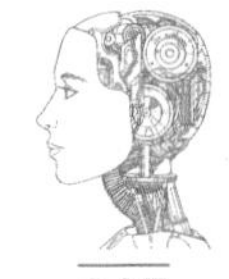

늘 부모님께 감사하는 마음으로,

엄태웅(워털루대학교 연구원)

주

1장

(주1) One–third of jobs in the UK at risk from automation, Deloitte, 2014.

(주2) Frey, Carl Benedikt, and Michael A. Osborne. "The future of employment : how susceptibleare jobs to computerisation?" Sept 17 : 2013.

(주3) 에릭 브린욜프슨, 앤드루 매카피 『기계와의 경쟁』 (닛케이BP사, 2013년)

(주4) 2014년 12월의 BBC인터뷰(http://www. bbc. com/news/technology–30290540)

2장

(주5) 로저 펜로즈 『황제가 새로운 마음, 컴퓨터 · 마음 · 물리 법칙』 (미스즈서방(みすず書房), 1994년)

(주6) 휴버트 드레이퍼스 『컴퓨터는 무엇을 할 수 없는가, 철학적 인공지능 비판』 (산업도서(産業書), 1992년)

(주7) 브라이언 크리스찬 『기계보다 인간답게 될 수 있을까? AI와의 대화가 인간으로 있는 것의 의미를 가르쳐 준다』 (소시사(草思社), 2012년) 등.

(주8) 스튜어트 러셀 『에이전트 어프로치 인공지능』 (교리츠출판(共立出版), 제2판, 2008년).

3장

(주9) 요네나가 구니오(米長邦雄) 『우리 패배하거나 : 컴퓨터 기전(棋戰)의 전부를 말한다』 (중앙공론신사(中央公論新社), 2012년)

4장

(주10) 미조구치 리이치로(溝口理一郎) 『온톨로지 공학』 (오옴사, 2005년)

(주11) 인공지능학회지 『인공지능』 2014년 3월호

5장

(주12) Reuter–21578

6장

(주13) 제프 호킨스 『생각하는 뇌 생각하는 컴퓨터』 (랜덤하우스 고단사(講談社), 2005년)

7장

(주14) 리처드 도킨스(Richard Dawkins) 『이기적인 유전자』 (증보신장판, 기노쿠니야서점(紀伊國屋書店), 2006년)

(주15) 제럴드 에델만(Gerald Edelman) 『뇌는 하늘보다 넓은가 「나」라는 현상을 생각한다』 (소시사(草思社), 2006년)

8장

(주16) 에릭 브란욜프슨, 앤드루 매카피 『기계와의 경쟁』 (닛케이BP사, 2013년)

(주17) 토마 피케티 『21세기의 자본』 (미스즈서방(みすず書房), 2014년)

(주18) Frey, Carl Benedikt, and Michael A. Osborne. "The future of employment : how susceptibleare jobs to computerisation?" Sept 17 : 2013.

(주19) The Current State of Machine Intelligence, December 11, 2014(http://www.bloomberg.com/company/2014–12–11/current–state–machine–intelligence/)

(주20) 앤드루 파커 『눈의 탄생 캄브리아기 대진화의 수수께끼를 풀다』 (소시사(草思社),2006년)